Contraste insuffisant
NF Z 43-120-14

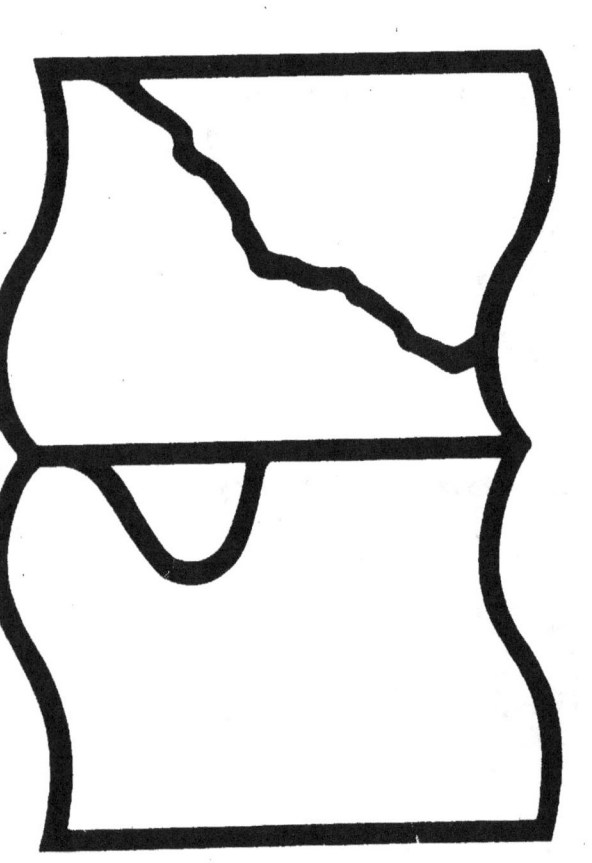

Texte détérioré — reliure défectueuse

NF Z 43-120-11

2193.
A-14.

OEUVRES
DE FRANÇOIS
DE LA MOTHE
LE VAYER,
CONSEILLER D'ETAT, &c.
Nouvelle Edition revuë & augmentée.
Tome VII. Partie II.

avec Privilèges.

imprimé à Pfœrten,
& se trouve à Dresde
chez MICHEL GROELL.

MDCCLIX.

DERNIERS PETITS TRAITES,
EN FORME DE
LETTRES ECRITES
A
DIVERSES PERSONNES STUDIEUSES.

Tome VII. Part. II.   A

A
MONSIEUR
FRERE UNIQUE DU ROI.

MONSEIGNEUR,

Quoique je compte entre mes plus grandes disgraces celle de ne m'être pas trouvé à la suite de vôtre Cour durant le plus long de tous ses voiages, cela n'empêche pas, que je ne me sente obligé de remercier vôtre Bonté, comme à une grace singuliere, d'avoir consideré ma caducité, pour me dispenser d'une chose, qu'elle jugeoit très bien être au dessus de mes forces. Cependant pour ne demeurer pas du tout inutile à vôtre service, je me suis avisé d'écrire ces derniers petits Traités, me souvenant, que quelques-uns de ceux, qui les ont précedés ne vous ont pas déplû; & j'ai crû même, que le lustre avec la regularité de l'impression pourroient vous en rendre la lecture plus agréable. Je prens donc la liberté de vous les addresser, quelques mal polis qu'ils soient, & peu dignes par consequent de vous être présentés; dans l'assurance où je suis de vôtre Générosité, qui ne méprise jamais ce qu'un cœur plein de zéle & de respect, comme est le mien, lui peut offrir. Il me seroit encore aisé, MONSEIGNEUR, d'excuser ma hardiesse, sur la nécessité où m'ont mis vos Bienfaits d'en publier ici la reconnoissance, puisque je ne puis autrement la témoigner. Mais outre la crainte, que je dois avoir de vous deplaire pour peu que j'entamasse cette matiere, (pensée si vraie, que toute ordinaire qu'elle est je suis contraint de l'emploier ici) je sens bien d'ailleurs, qu'il me seroit impossible de donner à mon expression tout le sens, & toute l'étenduë de mon imagination, qui conçoit sans doute beaucoup plus de choses sur ce sujet, que je n'en puis écrire, quand vous me permettriés de le faire. J'ai aussi appris d'une langue que vous vous êtes depuis peu renduë aussi familiere que la Françoise, qu'une obligation moindre que la mienne peut néanmoins par sa gran-

EPITRE.

deur exemter celui qui la reçoit de la reconnoître autrement que du cœur, mercedes y beneficios tales, à fuerça de grandes, defobligan la recompenfa. Ainfi, MONSEIGNEUR, je trouverois facilement un prétexte fpecieux au filence que je m'impofe là deffus. Si eft-ce que j'aime mieux en parler avec plus de confcience, & avouër ingenument, que rien ne m'empêche de repréfenter ici, puifque c'en feroit le lieu, l'excellence de vôtre Genie, & les rares vertus où il vous porte, que l'impuiffance de m'en pouvoir bien acquiter. En effet, je me trouve dans une condition du tout oppofée à celle de l'incomparable Capitaine & Philofophe Grec, dont vous avés fi fouvent admiré la conduite dans fa retraite de Perfe. Il avoit toutes les connoiffances requifes, & particulierement toute l'éloquence néceffaire à décrire un grand Monarque; mais n'en voiant point de fon tems qui lui pût fervir de modele, il fut reduit à nous former dans fon premier Cyrus l'idée qu'il avoit conçûë d'un Souverain tel qu'il doit être. Je poffede tout au contraire en vôtre Roiale perfonne un exemplaire parfait d'un Prince très accompli; mais n'aiant ni la fcience, ni la plume de Xenophon, pour mettre au jour avec fuccés un fi excellent portrait, je me fens obligé à me taire, m'appercevant que ce qui eft même au deffus de mes forres, ne laisse pas d'être au dessous de vôtre mérite. Je n'ajoûte donc rien, MONSEIGNEUR, à cette petite dedicace, qu'une protestation sincere, que pendent ce peu de jours, qui me restent, si je ne suis assez spirituel, ou assez heureux, pour prévenir toutes vos volontes, je les suivrai du moins autant qu'il me sera possible, & avec toute l'exactitude que doit avoir une personne de mon âge, qui ne souhaite presque plus rien en ce monde, que de pouvoir se faire connoitre jusqu'au dernier moment de sa vie,

MONSEIGNEUR,

Vôtre très humble, très obeïssant
& très fidele serviteur.
DE LA MOTHE LE VAYER.

DE LA PAIX.

LETTRE CXXVII.

MONSIEUR,

Quoique l'ardeur de combattre eût plus de pouvoir fur l'efprit de Scipion que les meilleures raifons d'Annibal, tout le monde n'a pas laiffé d'approuver celle-ci, qu'une paix certaine vaut beaucoup mieux qu'une victoire efperée. En effet, il n'y a rien qui foit attendu, qui ne foit encore douteux, & par confequent qui puiffe paffer comme tel, pour un bien réel, de quelque agrément qu'il flate nôtre imagination. *Mas vale paxaro in mano*, dit l'Efpagnol, *que buytre volando:* & une infinité d'apologues nous apprennent, qu'on perd fouvent un avantage affuré, par l'avidité d'en poffeder un plus grand. Mais s'il est constant d'ailleurs, que la fin doive toûjours être plus estimée, que les moiens, qui visent à nous la faire acquerir, & si toutes les guerres & toutes les victoires ne tendent qu'à la Paix, quelle apparence y auroit-il de préferer l'accessoire au principal, & ce qui est subordonné, à nôtre premiere & plus importante intention? Si vous considérés d'ailleurs ce qui accompagne nécessairement ces grandes victoires, qu'on se propose, la calamité assurée des peuples, & la desolation inévitable des provinces; vous trouverés étrange, qu'on ait fait des Heros de ceux, qui obtiennent ces mêmes victoires, & qu'on ait nommé la Force qui les donne la plus pompeuse des Vertus. Pour moi je tiendrois bien plûtôt le parti de celui, qui appelle cette Force ou Valeur, la vertu d'un siécle de fer, *Fortitudinem, ferreæ ætatis virtutem*, & quand je fais reflexion sur la gloire des Césars & des Alexandres, qui n'a pour fondement, que le meurtre de plusieurs millions d'hommes, j'admire, qu'on fasse passer pour le plus illustre des Arts, celui de faire la guerre, & pour un métier héroïque, le desolateur du genre humain. Comment est-il possible qu'une Bellone furieuse, & toute couverte de sang,

Et cum sanguinea frendens Mavortia palla, trouve des partisans, qui aiment mieux tous ses excés, & toutes ses injustices, que l'équitable proceder de cette divine Astrée, qui descendant du Ciel en terre, distribuë par tout où elle passe les graces & les bénedictions du lieu, d'où elle vient.

Cependant la force & la violence l'emportent presque toûjours sur la raison; & l'on voit en tous endroits, aussi bien qu'en Lacedemone, que les Etats n'ont point de plus puissante ni de plus ordinaire persuasion, que celle des machines de guerre, & du tranchant de l'épée, *ratio ultima Regum*, ce qui fit représenter à Sparte la Déesse Pytho, n'aiant pour tout ornement qu'une lance & un bouclier. Mais qu'est enfin devenuë cette belliqueuse ville, qui ne faisoit profession que des armes? & qui tenoit pour cela son Mars Enyalius enchainé dans l'enclos de ses murailles, de peur, qu'il les abandonnât? Où sont ces Athenes si célebres, qui gardoient soigneusement de même une Victoire sans ailes, *signum Victoriæ involucris*, pour dire qu'elle ne les quitteroit jamais? Si vous pouvés porter vôtre vûë jusqu'au lieu de leur situation, vous n'y verrés qu'une solitude affreuse, & des marques horribles de ce que

Pausan. l. 3.

fait faire le Dieu des batailles, lorsque renonçant à toutes penſées pacifiques l'on n'a point d'autre protecteur que lui. Toutes les Souverainetés qui ſe conduiront de la ſorte, quelques puiſſantes qu'elles ſoient, ne ſe doivent pas promettre tôt ou tard de meilleurs ſuccés, & quand je conſidére, que le plus illuſtre & le plus ſage Monarque, à qui Dieu ait mis le diademe ſur la tête, reçût le nom de Salomon, ou d'ami de la Paix, j'entre facilement dans ce ſentiment, qu'on ne ſauroit ſans elle ſe promettre aucun ſolide contentement. En tout cas, ſi la condition des choſes humaines porte, qu'il y ait quelquefois des tems de troubles, & qu'on ne puiſſe pas joüir toûjours de l'agréable ſerenité de la Paix, il faut ſe ſouvenir, que cette Pallas armée des anciens, & qu'ils repréſentoient la pertuiſane à la main, avoit choiſi l'Olivier pour ſon arbre, afin de nous apprendre, qu'on ne doit jamais faire la guerre, que pour parvenir à un heureux & pacifique accommodement. C'eſt ce qui obligea la cinquiéme Legion Romaine à faire porter devant elle la repréſentation d'une Truie; parceque, dit Feſtus, l'on immoloit cet immonde animal aux traités de Paix, qu'on doit toûjours avoir en vûë dans toute ſorte de guerres.

DE LA PAIX. 11

Graces à Dieu nous avons utilement suivi de si belles inftructions; nôtre Hercule Gaulois s'eft fait voir, comm il étoit autrefois repréfenté, conleillé par Mercure; cette prudente Pallas, dont nous venons de parler, a conduit le chariot de nôtre jeune Mars; & comme Philoftrate fait, que Palamede tempere le courage d'Achille, celui de nôtre Prince s'eft laiffé *In Heroi.* porter à la paix par l'avis d'un Miniftre, dont toutes les Nations honorent le mérite, devenuës à ce qu'il me femble à cet égard mieux, qu'elles n'étoient autrefois *unius labii.* Que fi la Réligion nomme fils de Dieu les pacifiques, & fi elle ne fe laffe point d'exalter la beauté des pieds de ceux, qui nous annoncent la paix, quel éloge fuffifant pouvons-nous donner aux mains, qui viennent de la conclure fi glorieufement? L'on reprochoit aux Atheniens, qu'ils n'en faifoient jamais qu'en habit de deüil, c'eft à dire, après de grandes pertes, & lors que leurs ennemis avoient tout l'avantage poffible fur eux. C'eft ce qui faifoit détefter leurs victoires, quand ils en obtenoient, aux plus avifés d'entre eux; témoin le mot du Iufte Phocion, *ne cefferons-nous jamais de vaincre?* Nous faifons voir cette fois, que la France en fait ufer tout autrement. Le Roi prête l'oreille aux propofitions de terminer la guerre au milieu de ses victoires, & l'on peut dire qu'il a signé la paix assis dans son char de triomphe. Une nouvelle Irene paroit sur nôtre Horizon du côté des champs Elisées; elle nous en apporte toutes les félicités; *manibus date lilia plenis*, & que rien ne manque à la solemnelle reception de cette Reine de la paix.

Qu'il est important de la faire sur son avantage, & de n'attendre pas ce que l'inconstance de la Fortune, & les armes, qui sont journalieres, peuvent produire. Thucydide nous apprend le cuisant repentir qu'eurent les Atheniens, de ne l'avoir pas accordée aux Lacedémoniens, qui la leur demandoient, après la prise de la ville de Pile, & dans le grand succès, qu'eurent ces mêmes Atheniens en l'Isle Sphacterie, où ils avoient fait tant de prisonniers. Et vous avés pû voir dans l'Histoire Romaine, combien Attilius Regulus fut blâmé par les plus judicieux de sa République, de n'avoir pas sû conclure une négociation de paix avec les Carthaginois après la victoire des Romains, ce qui les eût exemtés d'une infinité de malheurs, dont ils pensèrent être accablés. Nôtre conduite toute différente ne nous laisse à demander au Ciel, que sa bénédiction sur un Traité fait avec de si saintes intentions; qu'il soit de ceux, que les Hebreux nomment *de Sel*, pour dire *incorruptibles*; & que nôtre paix avec l'Espagne merite mieux le surnom de *Aperate*, ou, *sans fin*, que celle de l'Empereur Justinien avec le Roi Cosroes, qui ne répondit pas à ce qu'on s'en étoit promis.

Mais quoi, les grands Etats ne manquent jamais de beaucoup de mécontens, & pour le dire encore plus généralement après Agathias, il y a toûjours plus d'hommes mal à leur aise, que d'autres; de sorte, que ce n'est pas merveille, si les jours de tranquillité sont encore plus courts, que ceux des Alcions dans ces mêmes Etats. Ajoûtés à cela ce qu'observe Plutarque dans la vie de Pyrrhus, que la plûpart de ceux, qui gouvernent, se servent tantôt de la paix, tantôt de la guerre, comme de deux monnoies différentes, qu'ils emploient selon que les affaires & les tems divers semblent le requerir. Il ne manque jamais d'ailleurs de se trouver des étourdis tels, que ce Pandarus dans Homere, qui, soit par inconsidération, soit par malignité, donnent lieu aux ruptures d'une paix, quelque bien établie qu'elle soit, & par elles à toutes les calamités, qui les suivent. Elles ne sont pas certes en petit nombre, & si la

Paix se peut appeller une santé politique, la Guerre sans doute doit passer pour la plus grande maladie des Etats. C'est ce qui a fait donner à cette derniere le nom infame qu'elle tient de la Langue Latine, *bellum à belluis*. Quelques-uns le fondent sur ce que les premieres guerres ont été contre les bêtes; d'autres le prennent de ce qu'il n'y a guères que des gens d'esprit grossier & brutal, qui s'y plaisent, & je pense qu'à voir comme les hommes s'y entredéchirent, l'on en trouvera le mot encore trop doux, & trop peu significatif, n'y aiant point d'animaux qui s'acharnent si cruellement, que nous, les uns contre les autres, ni qui persecutent impitoiablement ceux de leur espece, comme nous faisons. La Paix au contraire a des charmes inexprimables. Sa statuë tenant le Dieu Plutus entre ses bras, montre que c'est d'elle, qu'on doit attendre toute sorte de biens.

11. Æn. *Nulla salus bello, pacem te poscimus omnes*. Et je suis pour maintenir, que l'ancienne Rome n'a point eu de Temple plus considérable, que celui de la Concorde.

D'UNE
IEUNESSE VICIEUSE.
LETTRE CXXVIII.

MONSIEUR,

Je n'entre pas dans tous vos fentimens, ne pouvant defefperer encore de ce jeune homme, que vous avés comme abandonné, pour ufer de vos termes, à fon fens reprouvé. J'en ai vû de beaucoup plus engagés que lui dans le chemin du vice, rentrer heureufement dans celui de la Vertu. Et quand vous ne feriés nul cas de ce grand nombre d'exemples, qui ne vous font pas moins connus qu'à moi; quand vous ne compteriés pour rien le paffage de Diogene du mêtier de faux monnoieur à celui de Philofophe; ni la refipifcence de Themiftocle, dont la jeuneffe dépravée attira l'abdication de fon pere, & reduifit fa mere à fe pendre; toute la Nature vous obligeroit à reconnoitre, qu'une infinité de fort mauvaifes chofes changent heureu-

Val. Maxim. l. 6. c. ult.

sement de condition, & se convertissent tous les jours en bonnes. J'ai appris depuis peu, que l'Ambregris au sortir de la Mer, & lors qu'il est encore mou, jette une si méchante odeur, & si approchante de celle des charognes, que les animaux carnaciers le viennent devorer, d'où vient le nom de l'Ambre Renardé, qui a perdu de sa force en passant par le ventre d'un Renard; cependant ce même Ambregris devient avec le tems un des plus precieux & des plus agréables parfums que nous aions. Il n'y a point de poison, dans tout le Monde nouveau, dangereux à l'égal de celui, qui se tire de la racine fraiche du Manioc; si est ce que la plûpart des Americains & sur tous autres les Caribes des Isles Antilles, en font un pain si salubre & si excellent, qu'ils ne *Relat. de* l'échangeroient pas contre le nôtre. C'est à *Breves.* peu près la même chose de ces Abricots irrémissiblement mortels d'eux-mêmes, dont les Mores composent, les faisant secher au Soleil, une espece de Sorbet, ou de breuvage, qui ne cede à nul autre dans tout le Levant. Pourquoi voulés-vous donc perdre toute esperance de changement au sujet, qui vous afflige, puisqu'il n'est pas moins naturel d'aller du mal au bien, que de celui-ci au premier ? Je sai bien, qu'une Courtisane se vantant

tant d'avoir plus d'écoliers que Socrate, ce Philofophe lui repartit agréablement, que comme elle les attiroit du haut de la Montagne en bas, ce n'étoit pas grande merveille qu'elle y trouvât plus de facilité, & fût plus fuivie que lui, qui ne travailloit au contraire qu'à les y élever. Mais quoiqu'il en foit, puifque Socrate ne jugeoit pas impoffible la converfion, où il vifoit à l'égard des jeunes hommes de fon fiécle, & puifque la Nature dans toute fon étenduë, montre, qu'elle ne repugne pas à cette tranfmutation du pis au mieux; n'eft-il pas plus à propos, & plus felon raifon, d'attendre ce bon fuccès, que d'en defefperer fi abfolument que vous faites?

Je ne veux pas dire, que vous ne faffiés très-bien de témoigner à celui dont nous parlons, l'averfion que vous avés de fes débauches, & combien fa vie depravée vous déplait. L'indulgence de beaucoup de perfonnes eft fouvent très préjudiciable à fes femblables; & ce n'eft pas affez à un homme de vôtre vertu, de faire paroitre, combien il l'eftime par toutes fes actions, s'il ne montre encore fon antipathie contre le vice. Il faut qu'il reffemble à cet arbre que Virgile a nommé l'ornement des forêts, *Fraxinus in fylvis pulcherrima*, & que comme le Frêne non content de produire un agréable feuïllage, chasse, ou même fait mourir de sa seule ombre toute sorte de serpens; cet homme de probité & de vie exemplaire au lieu de fomenter le vice par une dangereuse connivence lui fasse la guerre par tout où il le rencontrera. La complaisance de plusieurs, que je puis appeller vos Antipodes, opere tout autrement: Elle attire à eux la jeunesse facile à seduire, parce qu'elle est inexperimentée: Et comme les Crocodiles parfument, ce dit-on, d'une odeur de musc, l'eau qu'ils habitent, ou s'ils en sortent, cent pas aux environs l'air du lieu, qui leur sert de retraite; ces dangereux complaisans ont des appas qui font la perte certaine de tous les jeunes gens, qu'ils frequentent, & dont ils ne demandent que la ruine. J'approuve donc infiniment la sévérité contre le vice, pourvû qu'elle n'aille pas jusqu'à une extréme aversion contre le vicieux & qu'on ne se défie pas entierement de cette grace du Ciel, qui fait dans la Morale au sujet dont nous parlons de si grandes merveilles, quand il lui plait. J'aime mieux prendre le Ciel à garant, que la Nature toute seule, selon le termes de Tacite, *rebus cunctis inest quidam velut orbis, ut quemadmo-*

Eclo. 7.
Plin.l.16.
c. 13.

Lib. 3.
Ann.

dum temporum vices, ita morum vertantur.

Le commencement d'une vie débauchée doit être véritablement reprimé avec vigueur, & les premiers pas vers le vice demandent de fortes oppositions. Il a, de même que la vertu, des élemens & de petits principes qui croissent & se fortifient avec le tems; *nemo fit repente turpissimus.* Et l'on sait, que les Tyrans d'Athenes commencèrent leurs cruautés par la mort d'un infame Sycophante, portant depuis leur rage comme par degrés jusques contre les Philosophes de la plus haute probité, & de la plus grande reputation. Sans mentir, l'on ne sauroit dire de quelle importance est le redressement d'un jeune homme, lors qu'il est détraqué du bon chemin. Car nous sommes en cela de pire condition, que le reste des animaux. Les plus méchans d'entre eux ne font tout le mal, dont nous les pouvons accuser, que par le transport que leur donnent des passions qui leur sont naturelles; mais l'homme en qui ces mêmes passions ne sont pas moins impetueuses, a de plus son imprudence, son mauvais raisonnement, & mille fausses opinions, qui lui font commettre des fautes, dont les Bêtes se trouvent exemtes par la seule bonté de leur naissance. Ce qui nous reste du dix-septiéme livre de Polybe nous fait voir, qu'il avoit examiné ceci plus en Philosophe, qu'en Historien. Pour moi je ne veux pas somber dans l'impieté de Velleius, qui soûtenoit contre Cotta, que leurs Dieux ne pouvoient rien donner à l'homme de plus préjudiciable que la raison, quand ils eussent eu dessein de le bien persecuter; mais l'on ne sauroit nier, que l'instinct des animaux n'ait cet avantage sur elle, qu'il n'a nulle contestation contre les Passions, qui sont sans cesse aux prises avec la Raison. Les Géans n'entreprirent jamais avec tant de violence de déthrôner Jupiter, qu'elles tâchent à tous momens de chasser nôtre ame de son assiette raisonnable. Leur partisans disent en leur faveur, qu'elles ne prétendent autre chose sinon qu'on obeïsse à la Nature; cependant la Raison n'étant pas moins qu'elles naturelle à l'homme, le différent ne se peut terminer par là, demeurant d'autant plus fâcheux, que nous n'avons tous qu'une Raison pour nous servir de guide, contre un nombre innombrable de Passions, qui nous attaquent de tous côtés.

Quoiqu'il en soit, je vous exhorte à mieux attendre que vous ne dites, de ce jeune homme, qui vous a mis en si forte colere. Servés-vous de tant de moiens, qui vous sont connus, pour le ramener doucement à son devoir. Car je ne vous ferai jamais auteur de porter les choses à l'extrémité. Usés-en comme les Joüailliers & les Lapidaires font à l'égard de certains Diamans. Ils n'en retranchent ce qui ne leur plait pas qu'avec considération, & souvent ils y laissent des pailles, quand ils jugent ne les pouvoir ôter sans ruïner un pierre si précieuse. Je parle ainsi, parce que je ne crois pas, que celui pour qui je le fais, soit de ceux, qui ne peuvent jamais être autres que vicieux, me souvenant bien, qu'Aristote accorde quelque part à Platon qu'il s'en trouve quelquefois de tels, & d'une si desastreuse naissance, qu'il leur est impossible de prendre la moindre teinture de Vertu. Mais aiant à traiter avec un meilleur sujet, abstenés-vous de remédes trop violens, & ne visés pas à le faire passer d'une extrémité à l'autre, *ita fugiat ne præter casam.* Ce sera beaucoup s'ils peut se remettre dans la bonne voie, mais ne lui préscrivés pas de fuïr avec excès tous ses divertissemens, *5. Polit. c. 12. Teren. in Phorm. act. 5. sc. 2.*

Dum vitant stulti vitia, in contraria currunt. *Horat. Sat. 2. l. 2.*

Origene n'est pas loüé de s'être châtré pour vivre plus chastement, & l'on n'est pas obligé de se crever les yeux encore qu'ils ne soient pas chastes, nous faisant voir avec de mauvais desirs des objets defendus.

Ce n'est pas que je ne souhaite infiniment, qu'il se défasse absolument de toutes ses mauvaises habitudes, & je me promets que dans peu de tems il reconnoitra lui-même que pour se bien delivrer de leur servitude, & s'affranchir de tant de violentes passions, qui le tyrannisent, il faut rompre avec elles toute sorte de commerce. Ceux qui pensent les appaiser en les contentant, & se remettre en liberté en les flattant, se trompent fort, dit Epictete dans Arrien, il les faut détruire entierement, ou se resoudre à un perpetuel esclavage. Euclide déclara au Roi Ptolomée, qu'il n'y avoit point de chemin Roial ni facile pour arriver à la connoissance de la Géometrie, dont toutes les avenuës paroissent d'abord fort raboteuses, mais il est encore plus vrai que celui de la Vertu morale a je ne sai quoi d'austere & de pénible dans ses commencemens, qui ne se peut éviter. La joïe parfaite, & le plaisir solide, en recompense, se trouvent au bout de la carriere, que le vice ne fait goûter d'entrée que trompeusement. Il ne se peut donc faire dans les connoissances que vous lui inspirerés, qu'il ne se porte enfin de lui-même à un général abandonnement de tant de vices que vous lui reprochés. Il les considérera comme des Tigres & des Lions domestiques, qui ne s'apprivoisent jamais de bonne foi, tôt ou tard l'on se repent de leur dangereuse compagnie, *nunquam bona fide vitia mansuescunt.* Il est de ces véritables maladies de l'ame comme de quelques-unes du corps, qui se moquent des linimens, & dont il est plus aisé d'arrêter le cours, que de le moderer. *Non recipiunt animi mala temperamentum, facilius sustuleris illa, quam rexeris.* Sen.ep.86.

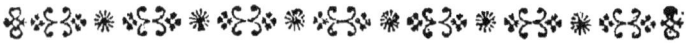

DES

HABITUDES VERTUEUSES.

LETTRE CXXIX.

MONSIEUR,

Pour vous avoir tenu quelques propos de Morale en faveur d'une jeune homme qui s'écartoit un peu de la bonne, vous m'y engageriés si avant si je suivois toutes vos propositions, que j'apprehenderois le surnom d'Aretalogue, que reçût un Plotius Crispinus Stoïcien, qui ne parloit que de Vertu, au même sens que l'Empereur Pertinax fut nommé Chrestologue; comme celui, qui disoit mille bonnes choses sans les faire. Et certes des discours vertueux sont de fort mauvais garans assez souvent de la vie de ceux, qui les tiennent. Car sans mettre en jeu des personnes qu'une inconstance perpetuelle de mœurs rend dissemblables à eux-mêmes, *quique alternis Vatinij, alternis Catones sunt*, selon les termes de Seneque; il y en a une infinité d'autres, qui ne quittent jamais le masque de probité, afin qu'il serve de couverture à tous leurs déreglemens.

Qui Curios simulant, & Bacchanalia vivunt; ou pour employer l'expression de Ciceron, quand il exaggere cette matiere, *qui ut Gallonius vivunt, loquuntur ut frugi ille Piso*, Quoiqu'il en soit, sans entreprendre rien d'aussi étendu, ni d'aussi continué, que vous vous l'étes imaginé, je répondrai seulement pour user de quelque complaisance, aux points principaux que vous m'avés proposés, & du même ordre, qu'ils sont couchés dans vôtre lettre, qui me tiendra lieu de théme.

Iul. Capitol.

Ep. 120.

Iuven. Sat. 2.

Cic. 2. de fin.

DES HABITUDES VERTUEUSES. 25

Ce qu'Aristote a dit de l'homme vertueux, qu'il étoit comme un Cube, τετράγωνος ἄνευ ψόγου, *quadratus sine vituperatione*, n'est pas de si difficile accommodement que vous le croiés, avec nôtre façon de parler ordinaire, qui fait passer un homme rond pour un homme de bien. Les termes de rond, & de quarré, sont véritablement opposés, mais ils ont des significations figurées qui ne sont pas de même. La figure cubique ou quarrée, dont les Pythagoriciens ont fait tant d'état, & que Martianus Capella attribuë particulierement à Mercure, *numerus quadratus Cyllenio deputatur, quod quadratus Deus solus habeatur*, a cette proprieté qu'elle est égale en toutes ses faces, & la moins sujette encore de toutes à être ébranlée. L'homme, dont nous parlons, lui est comparable par là, n'étant nullement sujet à variation, & paroissant toûjours & en tous lieux le même, de quelque côté qu'on l'envisage. Quelques-uns ont dit, qu'il ressembloit aussi dans cette égalité à ces étoffes à deux endroits, qui sont agréables dedans & dehors, & qui plaisent en tout sens. L'autre figure ronde ou spherique a un semblable privilège d'être toûjours d'un même aspect, & parce qu'on la reconnoît

Eth. Nic. l. 2. c. 10.

l. 7. c. de Tetrade.

d'ailleurs la plus capable & la plus parfaite de toutes, après l'avoir attribuée au monde, l'on a ofé la donner à Dieu, par cette raifon que la copie doit reffembler à fon original. De forte que comme Diogene n'a pas été le feul qui a foûtenu, qu'un homme de bien & vertueux étoit la vraie image des Dieux de fon tems, l'on a dit communement, qu'il étoit *totus teres atque rotundus.* Cela me fait fouvenir d'une expreffion dont ufe Marc Antonin au douziéme livre de fa vie, foûtenant, que ceux, qui mettent leur ame dans une parfaite affiette, acquierent la figure du Globe d'Empedocle, & poffedent par cette rotondité la perfection, qui rend le monde fi confidérable après fon Créateur. Voilà de quelle façon l'on a pû écrire des hommes de vertu, qu'ils étoient ronds, ou quarrés, pour fignifier la même chofe quoiqu'avec des termes différens.

Il eft vrai, qu'un homme de vertu ne doit point avoir de plus puiffant motif que de fatisfaire à fon devoir, ni fouhaiter de plus magnifique théatre que celui de fa propre confcience. Cette vertu, qu'il confidére comme fille du Ciel, porte avec foi, de même que les nombres d'Arithmetique, fa valeur & fon efficace, felon la penfée du Sophifte

Diog. Laërt.

Eunapius, lui fourniſſant des ſatisfactions pré-*in Oribaſ.*
ſerables à toutes les recompenſes de la Terre,
& de même qu'il n'y a rien qu'il n'entreprenne
ſous ſon aveu, rien auſſi ne lui peut reſiſter,
quand il ne ſonge qu'à ſuivre ſes ordres. Pour
le moins eſt-ce par là que la Sibylle encou-
rage Enée.

Invia virtuti nulla eſt via.
Et lors qu'il eſt arrivé quelque choſe, qui *Ovid. 1.*
ſembloit contraire à de ſi belles maximes, les *Metam.*
anciens ont pris le Ciel à partie, & les Grecs
ont été aſſez impies pour vouloir faire honte
à Dieu de la proſperité des vicieux,

θεᾶ δ'ὄνειδος τοὺς κακοὺς εὐδαιμονεῖν
Dei dedecus eſt improbos eſſe fortunatos.
Or je tombe d'accord avec vous de la beauté
de ces penſées. Elles n'empêcheront pas pourtant beaucoup de perſonnes de vous ſoûtenir
que cette Vertu toute excellente qu'elle eſt,
ne ſert ſouvent à ceux, qui ſont profeſſion de
la ſuivre, que d'un ornement vain & trompeur; que c'eſt à la vérité une belle maitreſſe,
mais qui recompenſe ordinairement très mal
ceux, qui lui font la Cour, & qu'encore
qu'elle ſoit l'ennemie declarée du vice, elle
a cela de commun avec lui de n'agir guères
que par interêt. Cela ne repugne pas en
tout ſens à l'axiome de l'Ecole, *Eadem eſt* Sen.ep.69.

disciplina contrariorum; & si l'on a bien prononcé du Vice, *Nullum sine auctoramento malum est*, ou aux termes de Salluste, *Nemo omnium gratuito malus est*, l'experience journaliere fait voir, que les plus gens de bien n'agissent guères sans faire réflexion sur l'utile, de sorte que trouvant leur interêt dans le devoir, ce n'est pas merveille s'ils font des actions de vertu par la propre maxime des méchans. Le Poëte Latin le dit encore plus sechement & presque sans exception;

<small>Ovid. 2. de Ponto. el. 3.</small>

Nec facile invenies multis in millibus unum,
Virtutem pretium qui putet esse sui,
Ipse decor recti, facti si præmia desint,
Non movet, & gratis pœnitet esse probum.

Certes la preuve en seroit fort facile, si selon

<small>In Med.</small>

le souhait ou plûtôt selon la plainte d'Euripide, le Ciel avoit donné des marques certaines pour discerner un hypocrite, d'un véritable vertueux, de même que nous en avons pour reconnoitre une piece de fausse monnoie, & pour la distinguer de la bonne.

Vous vous étonnerés moins de l'humeur de vôtre voisin, quand vous considérerés que

<small>Eth. Nic. l. 9. c. 4.</small>

dans la doctrine d'Aristote c'est le propre d'un vicieux de ne pouvoir se passer de compagnie, qu'il recherche toûjours avec le même soin, dont il fuit la sienne, parce que le ver de conscience, la lui rend odieuse, & fait qu'il est insupportable à lui même. Cependant il est très difficile d'acquerir une complexion différente. Nous naissons tous avec une inclination si naturelle au mal, qu'il est presque impossible de la perdre. La vertu n'entre chez nous pour le combattre que par la porte des habitudes difficiles à contracter, & elle y trouve d'abord tout contraire comme dans un païs ennemi. Car il le faut avouër à nôtre confusion, nôtre nature est beaucoup plus voisine en cela des Brutes que nous mettons si fort au dessous de nous, que des Anges, à qui nôtre vanité dispute quelquefois le rang. C'est cette proximité bestiale qui a fait nommer le vice péché, *peccatum à pecore*, parce que ce malheureux nous faisant agir contre la raison, qui seule nous distingue du reste des animaux, il nous fait perdre nôtre vraie forme pour prendre celle des Bêtes. Or quel moien y a-t-il de resister à des propensions semblables à celles qui font descendre au centre toutes les choses pesantes. Vous aurés beau jetter mille fois une pierre en haut, jamais elle ne s'y portera d'elle même, ni ne quittera son habitude ou sa propension à venir en bas. Certes il n'y a que la grace divine qui puisse remédier à ce miserable déordre, & nous donner ces habitudes vertueuses, qui se forment comme de perles de la rosée du Ciel. Elles sont si rares, que c'est être inhumain de s'offenser contre ceux, qui ne les reçoivent pas, *Vitia erunt donec homines*. Accommodons-nous donc à cette prophetie, & souffrons patiemment les defauts des autres, afin qu'on excuse les nôtres.

Encore que nôtre langage ordinaire confonde assez souvent les mots d'intemperance, & d'incontinence, comme s'ils étoient synonymes, l'Ecole Péripatétique y a mis une grande distinction ; & Aristote dit formellement, que l'intemperant est beaucoup plus méchant & de plus difficile correction, que l'incontinent. Sa raison est, que le vice du premier a son fondement dans la Nature, & que celui de l'autre ne vient que d'une mauvaise coûtume. Or il est impossible selon lui de surmonter la Nature,

Horat. ep. 10. *Naturam expellas furca, tamen usque recurret.*

Cette depravée se contraint quelquefois pour un tems, mais elle revient bientôt joüer son jeu,

Hor. l. 2. Sat. 7. ———— *tolle periclum,*
Iam vaga prosiliet frenis Natura remotis.

Il n'en est pas de même des mauvaises habitudes, qui forment l'incontinence. Elles se perdent aisément par d'autres contraires, (sans parler de ce qu'y peut la raison) *affectus affectum in ordinem cogit.* Une passion dans la Morale en supplante une autre, comme nous voyons souvent dans la Politique, qu'une faction opprime celle, qui lui est opposée. Et de la même façon, qu'il y a des Poissons, tels que le Roverso des Indes Occidentales, qui sont dressés à prendre les autres; & que le grand Cam a des Lions, aussi bien que le Mogol des Tigres, dont ils se servent à la Chasse des bêtes sauvages; l'on reprime utilement quelquefois une coûtume vicieuse, par quelqu'une moins à craindre où l'on se porte, & dont l'on se peut défaire plus aisément. Elles sont néanmoins toutes très dangereuses étant mauvaises, & il me souvient d'une considération du Poëte Eschile pour montrer le pouvoir de la coûtume, qu'un Gladiateur fait aux coups, ne dit souvent mot d'une plaïe reçuë, qui oblige les spectateurs à s'écrier. L'on s'endurcit au vice comme aux blessures par de mauvaises habitudes, tâchons d'acquerir celles qui les détruisent.

Ne me demandés pas de préceptes pour cela, ils sont infinis, & j'estime merveilleusement après Seneque la pensée du Philosophe

Cynique Demetrius, que comme il eſt plus avantageux dans la Lutte de ne ſavoir que peu de tours propres à porter ſon homme par terre, pourvû qu'on les pratique bien, que d'en apprendre un grand nombre, qui ſont preſque toûjours inutiles: Il eſt auſſi beaucoup plus à propos dans la Morale, d'être dans l'uſage ordinaire de peu de maximes propres à la conduite de nôtre vie, que d'en faire de grandes proviſions qui fort ſouvent ne nous ſervent de rien. Je vous recommande ſur tout le conſeil de Pythagore, de ne ſe regarder que de jour au miroir, & jamais à la chandelle qui ne nous découvre pas aſſez à nous-mêmes, ni auſſi fidelement que le plein jour peut faire. Chacun ſe flatte, & peu de perſonnes s'examinent comme il faut pour en profiter; *hoc æque omnium eſt, ut vitia ſua excuſare malint, quam excutere, quam effugere.* Pourvû que nous plaiſions au public, à qui nous impoſons autant qu'il nous eſt poſſible, nous ne nous ſoucions guéres quels nous ſoions au dedans, & nous nous admirons ſouvent, quand nous avons mis le dehors en bon état à ce qu'il nous ſemble. Certes le Monde nous a une extréme obligation de le cherir plus que nous-mêmes, & de préferer ſon approbation à nôtre propre jugement,

auſſi

DES HABITUDES VERTUEUSES. 33

auſſi bien qu'aux plus ſecrets mouvemens de nôtre conſcience.

Vous deplorés là deſſus la condition des derniers ſiécles,

—— Quorum ſceleri non invenit ipſa   Iuven:
Nomen, & a nullo poſuit natura metallo.   ſat. 13.

Mais tenés pour aſſuré, que c'eſt accuſer les innocens, d'imputer de la ſorte aux ſaiſons nos indiſpoſitions ſpirituelles. J'avouë que les eſprits ſont ſujets quelquefois auſſi bien que les corps, à des maladies chroniques, & qu'il eſt des tems, où de certains vices ſont plus communs, qu'en d'autres. Cela n'empêche pas pourtant que généralement parlant, la dépravation de nos mœurs, ou leur rectitude, n'aillent toûjours leur train ordinaire. *Hominum ſunt iſta, non temporum; nulla ætas vacavit à culpa. Nunquam apertius quam coram Catone peccatum eſt.* Je ſai bien, que *ep. 97.* Seneque, qui écrit ceci, croit que la Vertu va d'un pas différent de celui du Vice, lorſqu'il ajoûte, *Omne tempus Clodios, non omne Catones feret.* Mais je ne veux que lui même pour le convaincre d'erreur ſur cela, ſa vertu, & celle de quelques autres de ſon tems, n'étant pas moins conſidérable ſous l'Empire de Neron, que celle de Caton l'avoit été ſous celui du premier des Céſars. Il n'y a point d'âge où l'on ne vive comme au siécle d'or, pourvû qu'on se regle sur les principes de la loi Naturelle expliquée par celle de Dieu. Car encore que ce même or, physiquement parlant, se trouve d'autant plus beau & de plus haut carat, qu'il est plus éloigné de sa mine; il n'en est pas de même de la rectitude morale, qu'il faut toûjours au contraire reporter vers son origine, qui est ce Droit Naturel, & Divin, pour en éviter la dépravation. Je me souviens qu'à ce propos Marc Antonin compare l'homme vertueux à une fontaine, qui jette toûjours ses eaux claires & belles dans sa source, encore qu'elles soient sujettes à être gâtées lors qu'elles s'en éloignent.

l. 8. de vita sua.

Pour conclusion, que tant d'opinions différentes sur la Morale, qui causent aujourd'hui de si véhementes contestations, ne vous donnent pas toute l'inquietude que vous témoignés. Les anciens ont eu les leurs toutes pareilles, ou peu s'en faut. Sans parler des paradoxes du Portique, scandaleux à toutes les autres sectes, non seulement elles étoient contraires les unes aux autres, mais partagées même entre elles. Diogene le Stoïcien soûtenoit, qu'on pouvoit sans charger sa conscience remettre la fausse monnoie, qu'on avoit reçûë; Antipater son disciple de

Cic. 3. de Offic.

la même école lui donnoit le dementi là dessus. Tenés pour assuré, que de semblables contestations ne manqueront jamais, & vous souvenés vous de la tradition dont parle Clement Alexandrin comme étant venuë de l'Apôtre Mathias, que la faute d'un homme doit être imputée à plusieurs gens de bien de son voisinage, parce qu'indubitablement ils ne lui ont pas fourni assez de bons exemples pour le détourner de la commettre ; *Si Electi vicinus peccaverit, peccavit Electus, nam si se ita gessisset ut jubet Verbum seu ratio, ejus vitam ita esset reveritus vicinus, ut non peccasset.* Croiriés vous que tous nos Casuistes fussent d'accord sur cette maxime de Morale prise rigoureusement à la lettre ? Aions la volonté portée au bien, les fautes de l'entendement ne lui seront pas reprochées en de semblables rencontres : *Los yerros del Entidimiento*, dit élegamment l'Espagnol, *son discipula en la volontad.*

Ὁ μηδὲν εἰδὼς, οὐδὲν ἐξαμαρτανεῖ.
Qui nihil novit, nihil delinquit.
Et comme nous pouvons être yvres, sans être yvrognes ; ou prononcer un mensonge, sans être menteurs ; nous pouvons errer innocemment dans la Morale sans crime, si nous avons d'ailleurs l'ame bien disposée.

C ij

D'UNE BELLE VIE.

LETTRE CXXX.

MONSIEUR,

Encore que la longue vie soit proposée aux Patriarches dans le vieil Testament comme une recompense, & que dans le nouveau celui de tous les Apôtres, que Dieu aimoit le mieux en ait joüi le plus long tems, si faut-il avoüer, que la plus longue n'est pas toûjours la meilleure. En effet, elle ne sauroit être mise entre les choses, qui se mesurent à l'aune; la quantité n'y fait rien, tout dépend de la qualité, & la misere fait trouver long le même espace de tems, qui coule trop vîte au gré d'un homme heureux,

Est vita misero longa, felici brevis. Laberius.

Mais que dirons-nous si toute la felicité, qui s'y ressent n'est pas capable dans un bon examen de la faire estimer? & si le vers Arabique, dont vous pouvés avoir fait lecture dans la vie de Tamerlan se trouve véritable, que la vie la plus fortunée ne soit, à le bien prendre, qu'une pure yvrognerie, le plaisir qui s'y goûte s'en allant auffitôt, & le mal de tête qui suit nous demeurant toûjours? Quoiqu'il en soit, jamais l'on ne souhaita plus ardemment de perpétuer ses jours, qu'on le fait aujourd'hui, & jamais l'on ne s'éloigna davantage des moiens propres à les prolonger: *Nunquam fuit cupido vitæ major, nec minor cura.* Les crapules, la luxure, & généralement tout ce que les paffions les plus défordonnées peuvent caufer d'excès, nous tiennent affervis, & nous faifons dans cet efclavage tout ce qui doit apparemment abreger nôtre vie, au même inftant, que par des vœux ridicules nous importunons le Ciel pour en obtenir l'étenduë. *Ita eft, non accepimus vitam brevem, fed fecimus, nec inopes ejus, fed prodigi fumus.* Seneque n'avoit pas tant de raifon de prononcer cela de fon fiécle au fujet de la perte du tems, que nous en avons de le repéter en nos jours dans l'application que nous lui donnons.

Plin. l. 22. c. 6.

Or cette grande envie de vivre, dans un procedé fi repugnant, eft encore accompagnée d'une crainte peutêtre plus déraifonnable. Nous apprehendons la mort comme un grand mal, qui eft humainement parlant, la fin de tous nos maux, & par confequent un bien essentiel. En effet les choses naturellement mauvaises, sont aussi naturellement rares, & cependant nous voions, qu'il n'y a rien de plus commun que celle, dont nous parlons. Elle vient d'ailleurs de causes si legeres, qu'il n'y a guères d'apparence de la concevoir & de se la représenter comme un mal extrème. Une simple retention d'halene, un rire tant soit peu intemperé, un grain de raisin à demi avalé, qui sont des choses si peu considérables, quoiqu'elles fassent quelquefois mourir, pourroient-elles produire le plus grand de tous le maux, & le plus terrible, si la mort l'étoit, comme la plûpart du monde & même quelques Philosophes se le font accroire? Certes si elle méritoit, que nous la tinssions un mal si violent & si formidable, encore serions-nous obligés de reconnoitre, comme l'observoit un Ancien, qu'étant persecutés sans cesse & à diverses reprises de tous les autres maux, elle a cela de bon, qu'elle ne nous visite qu'une seule fois en toute nôtre vie. Mais que savons nous, selon la pensée d'un autre Sage, si cette vie n'est point le plus grand de nos maux, &, à le bien prendre, *Sen. conf.* nôtre véritable maladie qui nous fait mou-*ad Mart.* rir. *Mors sub ipso vitæ nomine latet.* Et puis-*c. 20.* que tout mouvement naturel cherche son bien & sa perfection dans le repos qui est sa fin, peut-on douter, que la mort, où aboutissent toutes les lignes de nôtre vie, n'ait ce grand avantage, & qu'elle ne soit en cela préferable à la vie, que la condition de celui qui est arrivé au but où il tendoit est sans controverse meilleure, que de celui, qui n'y est pas encore parvenu. Cependant tout le monde paroit d'un sentiment contraire, & Aristote même n'a pas fait difficulté d'écrire, que plus un homme est heureux & vertueux, plus il souffre la mort à contre-cœur, parce que comme tel il se croit plus digne qu'un autre de jouïr de la vie.

3. Ethic. Nic. c. 9.

Je veux donc laisser ce point indecis, & je le ferai d'autant plus volontiers, qu'une des dernieres paroles de Socrate m'assure, que jamais homme n'a bien sû, s'il lui étoit plus avantageux de vivre, que de mourir. Jouïssons de la vie comme d'un depôt simplement, sans trop l'examiner. Peutêtre qu'il en est comme de la Tourte, dont l'Italien ne veut pas qu'on voie l'apprêt ni toute la composition pour la trouver bonne. Et il semble que ce soit le sens d'un vers proverbial parmi les Grecs,

Ὡς ἡδὺς ὁ βίος, ἄν τις αὐτὸν μὴ μάθῃ,

Quam suavis est vita, si quis eam non cognoverit?

N'apprehendons pas d'ailleurs trop baſſement la mort, ni ne la recherchons trop ambitieuſement non plus, comme y aiant du defaut en l'une & en l'autre procedure, *Tam turpe* Sen.ep.89. *eſt mortem fugere, quam ad mortem confugere.* Il arrive à pluſieurs, qui pechent en toutes les deux façons, qu'ils ont également à contre-cœur la mort, & la vie. Ils haïſſent celle-ci pour l'avoir enviſagée d'un trop mauvais côté; & ils craignent la premiere par des préventions d'eſprit tout à fait populaires. Sen.ep.74. *Inde eſt quod nec vivere, nec mori volumus. Vitæ nos odium tenet, timor mortis.* O la miſerable conſtitution d'ame, qui ſe trouve en de telles extremités. C'eſt mener une vie, l. 10. adv. qui n'a preſque rien de vital, βίον ἀβίωτον Math. p. 458. comme parle quelque part Sextus l'Empirique.

J'approuve fort une conduite raiſonnable, & les réflexions phyſiques ou morales, qui nous font connoitre ſans trouble d'eſprit la nature de nôtre Etre. Mais tenons pour aſſuré, que toutes nos connoiſſances, ni toutes nos circonſpections, ne nous exemteront pas de mille hazards inſeparables de la vie. La prudence y eſt d'un grand uſage, je l'avouë, mais c'eſt un guide, qui pour nous enſeigner le chemin, que nous y devons tenir, ne nous garentit pas pourtant d'un nombre infini d'accidens, soit d'orages, soit de chûtes précipitées, ou de violence de voleurs, qui peuvent à tous momens arriver. C'est pourtant une belle chose d'oser dire avec intrépidité comme Enée à la Sibylle,

Omnia praecepi, atque animo mecum ante 6. Æn.
peregi.

De quelque prévoiance néanmoins que nous nous servions, la Fortune & le Sort ne perdront jamais le droit qu'ils s'attribuent, ni la possession où ils sont de nous traverser: *Adeo obnoxiæ sumus sortis, ut sors ipsa pro Deo sit, qua Deus probatur incertus.* Je le repete après Pline, encore que ce soit une mauvaise l. 2. c. 7. consequence qu'il tire d'une proposition véritable. Cela ne doit pas vous empêcher de continuer les occupations vertueuses, qui vous ont acquis tant d'amour & tant d'estime du public. Ce monde est une Comédie où le personnage, que vous joués n'est pas des plus relevés, mais il n'y en a point, où l'on ne puisse acquerir de l'honneur, quand l'on s'en acquitte bien comme vous faites. Disons mieux dans nôtre franchise ordinaire, nous sommes ici bas comme dans l'Arche de Noë, peu d'hommes, & beaucoup de bêtes. Quoiqu'il en soit, nôtre fin, égale à tous, ne nous distingue les uns des autres que par la mémoire que nous laissons de nous, qui ne peut être considérable, ni de durée, que par nos belles actions, *Mors omnibus ex natura æqualis, oblivione apud posteros vel gloria distinguitur.*

Tacit. 1. hist.

De Helio. Lamprid.

Que cet Empereur fut ridicule, qui se préparant à une mort violente, qu'on lui avoit prédite, fit provision de licous d'or, & de soie pourprée, pour se pendre glorieusement si besoin étoit. Il mit à part des épées, & des poignards, le tout enrichi de diamans & d'autres pierreries, à même dessein. Il n'oublia pas de très puissans poisons, enfermés, dit son Historien, dans des boëtes couvertes d'hyacinthes, d'agathes, & d'émeraudes. Et pour une derniere extrémité il fit bâtir une très haute tour, au pied de laquelle il disposa des meubles d'un prix extraordinaire, afin que se précipitant dessus quand il en seroit tems, il reçût, comme il disoit, une mort précieuse, & qui le rendit considérable, autre que lui n'étant peri de la sorte. Certes, il étoit bien mal informé de ce qui nous peut acquerir une belle & glorieuse renommée. Il faut bien autre chose pour nous distinguer du commun, & pour faire connoitre avantageusement nôtre nom à la posterité. Je vous supplie là dessus de vouloir jetter les yeux sur ces deux hommes de vôtre voisinage, dont l'un fait une aussi grande ostentation de son opulence, que l'autre vit dans une frugalité loüable, accompagnée d'occupations spirituelles, & utiles au public par tant de beaux ouvrages, qu'il lui donne tous les jours. A vôtre avis, lequel des deux sera le plus estimé par ceux, qui viendront après nous? Et selon les termes de Philostra- *Ad Chari-* te dans une de ses Epitres, ceux, qui ne font *tonem.* rien durant qu'ils font, quels doivent-ils être un jour lors qu'ils ne feront plus? Permettés moi de vous faire considérer encore dans l'autre sexe ces deux personnes, que vous connoissés, l'une par sa vaine coqueterie, & par le rang avantageux qu'elle tient dans le grand monde, & l'autre par son mérite personnel, & par ses productions ingenieuses, qui n'ont rien de pareil dans toute l'antiquité. Pourriés-vous bien douter, de laquelle des deux l'on parlera le plus avantageusement aux siécles à venir? Vous voiés bien, que la derniere dont je respecte si fort le puissant génie, vous représente la merveille de nos jours l'incomparable Saphon,

— *quæ maxima semper* *Virg. 8.*
Dicetur nobis, & erit quæ maxima semper. *Æn.*

Le Poëte a proféré ceci d'une chose inanimée, je le transporte à une des plus belles ames que le Ciel ait fait descendre ici bas depuis qu'il y en envoie.

DU
SOIN QU'ON DOIT PRENDRE
A BIEN ELEVER LES ENFANS.

LETTRE CXXXI.

MONSIEUR,

Tout le monde avouë, qu'il n'y a rien de plus important à toute sorte d'Etats que l'institution de la Jeunesse, & cependant l'on s'est plaint de tout tems, que c'est la chose qu'on néglige le plus. Platon, & beaucoup d'autres après lui, ont donné de très beaux préceptes là dessus dans leurs Republiques imaginaires, mais la Ieunesse Athenienne n'en étoit pas mieux élevée pour cela, & à la reserve de Sparte, l'on peut dire, que l'éducation des Enfans n'a pas été plus considerée en Gréce, qu'ailleurs. En vérité, les Lacedémoniens font merveilleufement à prifer pour cet égard; & je ne crois pas auffi, que rien ait plus contribué à la durée de leur petite Souveraineté, qui s'eft vûë la plus ancienne de toutes fes voifines, que ce foin exact qu'ils ont toûjours eu de bien inftruire leurs jeunes gens. C'eft ce qui fit refufer fi généreufement à un Ephore la demande d'Antipater, qui après la défaite d'Agis vouloit exiger d'eux cinquante jeunes garçons pour les tenir en ôtage. Il le pria de fe contenter du double, foit de femmes, foit de vieillards, ne lui pouvant accorder autre chofe, fur l'apprehenfion, que les Enfans, qu'il vouloit avoir, aiant été mal élevés hors de chez eux, ils ne corrompiffent quelque jour leur ville, dont il prévoioit par là l'entiere ruïne. Et certes, fi la nourriture du corps eft fi puiffante, qu'une Brebis, qui tette une Chevre, en a la laine beaucoup plus dure, & que tout au contraire le Chevreau, nourri de lait de Brebis, a fon poil moins rude, & plus mou que fa Nature ne le porte; il eft aifé de concevoir, que l'éducation fpirituelle, beaucoup plus fubtile & plus agiffante, doit caufer des effets encore plus remarquables, comme ils font fans comparaifon plus importans. Car

Macrob. Satur. c. 11

je ne veux point m'arrêter à ce que ces mêmes alimens corporels font d'abondant confidérables pour l'esprit; témoin cet Ægisthus, dont parle Procope, qui reçût son nom de ce qu'aiant été nourri par une Chevre, il tenoit d'elle, outre l'humeur capricieuse, une legereté de pieds du tout extraordinaire. Le Poëte suppose dans ce sens, qu'une personne cruelle avoit été allaittée par des Tigresses,

Virg. 4.
Æn. L. 8.
—— *Hyrcanæque admorunt ubera Tigres.*
Et le Philosophe Apollonius attribue dans Philostrate toute la grossiereté morale des peuples d'Arcadie, au gland, qui faisoit leur plus ordinaires repas; comme Platon a soutenu, qu'Alcibiade devoit sa grande hardiesse à ce qu'il avoit succé la mammelle d'une femme Spartiate.

C'est un petit Prélude, que j'ai voulu vous dresser sur le contentement, que m'a donné l'élection, que vous avés faite d'un si digne Précepteur pour vos enfans. Il a, si je le connois assez, toutes les parties requises à cette fonction, & sur tout une expression telle de ses pensées, qu'on ne peut douter, qu'il ne possede parfaitement les choses, qu'il entreprend d'expliquer, puisque la marque certaine de savoir, selon l'Ecole, dépend de pouvoir enseigner aux autres ce que l'on sait.

Arist. i.
Meta. c. 1.

DU SOIN QU'ON DOIT PRENDRE &c. 47

Que les petis avis qu'on vous a donnés de ses divertissemens lors qu'il étoit encore jeune, ne vous étonnent pas; il n'y a point de gens plus capables de nous bien informer des chemins, que ceux, qui s'y sont autrefois égarés. Considérons-le tel qu'il est, & non pas tel qu'il a été. Aimeriés-vous mieux avoir un homme pesant & aussi grossier, que vôtre voisin en a pris un chez lui, qu'on peut dire avoir cela de commun avec le précepteur d'Achille, qu'il est homme & cheval tout ensemble. Au surplus, je vous loue d'avoir traité cette affaire *Attalicis conditionibus*. Aristippe fut le premier de tous les Philosophes qui stipula quelque recompense de ceux qu'il enseignoit, sous cette plaisante considération, qu'il vouloit apprendre à ses disciples par là, où l'on pouvoit le mieux emploier son argent. Et il me souvient, que Philostrate tourne de même à l'avantage de Protagoras, de s'être fait paier par ceux, qu'il instruisoit en l'art Oratoire, ce qui n'avoit pas lieu auparavant, à cause qu'on fait plus de cas des choses, qui ont coûté, que de celles, qu'on reçoit gratuitement. Je ne sai, si je ne dois point ajoûter en faveur de celui, dont je vous parle, qu'il mérite une double reconnoissance, aiant à faire oublier à vos Enfans la mau-

Diog. Laërt.

vaise maniere, dont ils ont été instruits jusqu'ici, avant que de leur en apprendre une meilleure. Pour le moins étoit-ce ainsi qu'en usoit l'excellent Musicien Timothée, à l'endroit de ceux, qui avoient eu d'ignorans Maitres avant lui. En effet, un savant Sculpteur travaille bien mieux & plus aisement sur un marbre informe, que sur celui, qui a déja reçû quelques fâcheuses atteintes d'un autre ciseau que le sien. Vous savés aussi plus que personne le grand desavantage de ceux, qui ont eu de mauvais commencemens, & la main mal portée d'abord sur le luth; à peine se peuvent-ils corriger de leur mauvaise habitude, en autant de tems, qu'ils en ont employé à la contracter. Le Sophiste Polemon n'eût donc pas mauvaise grace, de dire à un Proconsul, qui ne savoit comment punir suffisamment un Criminel, qu'il lui commandât d'oublier ce qu'il avoit appris, *Iube ipsum antiqua dediscere*, ne croiant pas qu'il y eût rien qui fût de plus pénible ni de plus difficile exécution.

Philostr.

Mais ce nouveau Précepteur aura d'ailleurs un grand avantage, de trouver en vos fils une terre propre à recevoir les semences de son érudition, & comme Aristote parle de cela ὅσπερ γῆν τὴν θρέψουσαν τὸ σπέρμα. Car il arrive quelquefois tout le contraire.

L.ult.Eth. Nic. c. 9.

Grandia

DU SOIN QU'ON DOIT PRENDRE &c. 49

Grandia sæpe quibus mandavimus hordea Virg.ecl.5.
*   fulcis,*
Infelix lolium, & steriles dominantur avenæ,
Pro molli viola, pro purpureo Narcisso,
Carduus, & spinis surgit Paliurus acutis.

Ce riche Sophiste Herode avoit un enfant si Philostr. peu disciplinable, que pour lui faire retenir les vint-quatre lettres de l'Ecriture Grecque, son pere fut reduit à mettre auprès de lui un pareil nombre de jeunes garçons, dont chacun portoit le nom d'une de ces lettres, afin que la nécessité de les appeller pour parler à eux, lui fit retenir les Elemens de son Alphabet. Certes le malheur est grand d'avoir à cultiver un champ si disgracié de Nature. C'est proprement *Ranis vinum ministrare, & cibum in matellam immittere.* L'on n'est pas moins empêché avec d'autres esprits qui ressemblent au vaisseau des Danaïdes, ce qui peut y entrer par une oreille, ne manquant jamais de sortir par l'autre; *Cor fatui quasi* c. 21. *vas confractum, & omnem sapientiam non tenebit,* dit l'Ecclesiastique. Car l'on a cette consolation avec ceux, qui n'ont que la comprehension difficile, qu'en recompense ils retiennent fort bien ce qui leur est enseigné. Ce sont des tables ou planches de cuivre, où l'on ne grave qu'avec assez de peine, mais qui confervent auffi beaucoup plus long tems que celles de bois ce qu'on y écrit. Et l'on peut encore comparer cette forte de naturels aux vafes, qui ont le cou étroit, & l'orifice fort petit; la liqueur y entre à la vérité avec beaucoup de difficulté, mais l'on a cette fatisfaction d'ailleurs qu'elle ne fe répand pas facilement, & qu'elle s'y conferve mieux qu'en d'autres. La fin en de femblables rencontres, & le bon fuccès font plus confidérables, que la peine qu'on a prife pour y parvenir. *Lib.9.c.12.* L'Hiftoire des animaux d'Ariftote nous apprend, qu'il y en a de très difficiles à prendre, qui étant pris font des plus aifés à apprivoifer. Et l'Agriculture fait voir tous les jours des Plantes non feulement fauvages, mais encore d'une feve dangereufe, à qui le foin des Jardiniers fait porter de bon fruits, *dum per culturam amittunt malitiam fuam, & in alium abeunt fuccum.* Que diriés vous de certains Efprits, qui pleins de force & de vivacité en tout autre fujet, fe trouvent néanmoins très-mal propres aux Lettres, & très incapables de reüffir à l'étude. L'on a imputé cette difgrace aux Efpagnols, *Hifpani felices ingenio, infeliciter difcunt.* *Mar. Cap.* Mais comme je ne penfe pas qu'on puiffe fans témérité, & même fans injuftice, diffamer toute une Nation, aussi ne voudrois-je pas nier, qu'il ne se trouve en tout païs des hommes, d'un temperament à ne pouvoir jamais entrer en commerce avec les Muses. Ce n'est pas simplement, qu'ils soient indociles, & par consequent indisciplinables, puisque leur aversion contre les livres ne les empêche pas souvent de reüssir glorieusement dans d'autres professions plus laborieuses que celle des sciences, & qui ne demandent pas moins d'application d'ame pour les bien exercer. Tant y a, que leur génie particulier ne souffrant pas, qu'ils étudient avec le moindre succès, l'on impute souvent à tort ce defaut à ceux qui ont eu soin de leur institution.

——— *culpa docentis*
Scilicet arguitur, quod læva in parte mamillæ Juven.
Nil salit Arcadico juveni. Sat.

Il n'y aura rien à craindre de tel chez vous. Vos Enfans ont par leur naissance l'amour des belles lettres, *habent rapacia virtutis ingenia, vel ex se fertilia*, selon les termes de Seneque, & ils profiteroient sous un conducteur moins habile que celui que vous leur avés donné. Une fille bien composée conçoit au moindre attouchement; & un esprit brillant comme ils l'ont, & propre aux sciences, les acquiert presque de lui même, & sans l'aide de Pédagogue ou de Précepteur.

Que j'entre aisément dans cette joïe secrete que vous donnera le progrès visible, qu'ils feront dans cette belle carriere, où vous les avés mis. Pline parle après Aristote d'un Poisson nommé *Amiam* à ce qu'il me semble, *Pl.l.9.c.15.* plus connu dans la Mer Majeure que dans nô-*Arist. l. 6.* tre Ocean, ou nôtre Mediterranée, qui croît *c. 17.* tellement à vûë d'œil, qu'on remarque facilement son augmentation de jour en jour, *cujus incrementum singulis diebus intelligitur.* Vous pourrés faire sur eux des remarques, aussi sensibles quoique spirituelles, & qui vous causeront d'autant plus de contentement, qu'on n'aura qu'à laisser agir leur bon naturel. Celui de beaucoup d'autres a besoin de contrainte, semblable à ces Plantes qui ne veulent pas être soignées, *quæ quanto pejus tractantur,* *l. 18. c. 10.* *tanto proveniunt melius.* Et j'ai memoire, que le même Pline fait cette réflexion, sur celles qu'on diroit qui se plaisent à être négligées, parce qu'un trop soigneuse culture leur est préjudiciable, *mirum dictu, esse aliquid cui profit negligentia.* Cependant il est des esprits, qu'on leur peut comparer, qui s'irritent contre ce qu'on leur fait paroitre d'amour & d'interessement pour leur bien, & dont l'on ne

DU SOIN QU'ON DOIT PRENDRE &c. 53

peut rien tirer si on ne les abandonne à leur propre conduite. Dans cette diversité de temperamens loués Dieu de celui de vos Enfans, qui l'ont tel que vous le leur pouviés souhaiter; & ne vous souvenés jamais des petites équipées qui vous fâchèrent dans leur premiere éducation. Le meilleur bois a ses nœuds qui témoignent sa force, & les bons vins ont souvent quelque apreté d'abord qui tire sur l'amertume, *nec patitur ætatem vinum* Sen. ep. 36. *quod in dolio placuit.*

Je vous prie que ce savant homme vôtre nouveau domestique apprenne de vous combien je l'estime, & par là combien je me promets de lui. Je l'exhorte à donner de sorte le goût des sciences à ses Disciples, que la Morale soit toûjours la principale. Un autre moins habile que lui se contenteroit de les former à quelques unes de ces sciences, sans beaucoup se soucier de leur former la conscience. L'on empêche ordinairement avec grand soin que les jeunes gens ne deviennent gauchers, il est bien plus important de les accoûtumer à être droits, je veux dire à ne faire, que les choses droites & justes. Les préceptes Moraux ont en ceci plus de besoin d'application, que d'explication. Et le mot de Xenocrate est très considérable, que ceux,

D iij

dont nous parlons, doivent être veillés, comme aiant plus de néceſſité de ce qui conſerve les oreilles, que les Athletes de ſon tems. Il ne faut point de commentaire pour comprendre où cela va. Celui pour qui je l'écris ſaura mieux que perſonne pratiquer toute ſorte de moiens pour arriver à ſon but, & il le fera ſans doute avec la modération requiſe, ſe repréſentant toûjours, que rien n'entre dans la phiole de ce qu'on y penſe verſer trop à coup. Mais qu'il ne ſe laſſe jamais ſur tout de faire bien comprendre à ſes écoliers les avantages du ſavoir, & la honte, auſſi bien que la miſere, où nous jette l'ignorance. Il y a cent inſtances à faire là deſſus, mais voici ce qui les peut à mon avis toucher très ſenſiblement. C'eſt qu'un ignorant, outre le mépris qui l'accompagne en tous lieux, eſt ſi malheureux, qu'il s'ennuie toûjours étant ſeul, parce que ſon eſprit n'aiant point été cultivé, n'a rien produit au dedans pour ſon entretien, ce qui fait que l'interieur de ſon ame lui paroit dans la ſolitude un deſert affreux, & qui lui eſt preſque inſupportable. Sa diſgrace n'eſt pas moindre, s'il penſe ſortir de cette calamité par le moien des bonnes compagnies, parce que celle de gens plus habiles qu'il n'eſt, l'afflige cruellement, ne s'en pouvant tirer avec honneur, de sorte qu'on peut dire qu'au partir de l'Arabie Deserte, il entre miserablement dans la Pierreuse, trouvant matiere de chagrin presque par tout. Il n'y a que les savans à qui les notions interieures, & les connoissances acquises par un travail studieux, fournissent dans le particulier d'une retraite, des homilies & des contemplations qui passent en agrément toutes les douceurs & tous les parfums de l'Arabie heureuse. Avec des repetitions frequentes d'une vérité si apparente & si constante, ne doutés point de l'heureux succès des études de vos fils; & si je le puis dire sans vous effaroucher d'abord, tenés pour assuré, qu'ils se rendront capables d'imiter Hercule, que la Fable dit avoir tué son maitre Linus avec sa lyre. Cela ne signifie autre chose, si non, que ce grand Heros, qui étoit dans la vérité un très excellent Philosophe, surpassa en doctrine celui, qui l'enseignoit, ce qui fut glorieux à tous deux; de la même façon qu'on a vû depuis, que l'incomparable reputation de saint Thomas n'a fait qu'augmenter celle d'Albert le Grand son Précepteur.

J'ajoûte cet apostile pour vous prier encore d'excuser en faveur du bon sens le mot de *Droit*, que je viendrai d'opposer à celui de

Gauche. Les allusions de *science*, à *conscience*, & d'*application* à *explication*, auroient aussi besoin de grace dans un autre style que l'Epistolaire. Mais vous savés la liberté qu'il se donne, & la licence qu'ont prise les plus grands Auteurs de lettres familieres, qui passe bien celle des allusions. Ciceron n'a pas fait difficulté dans une des siennes d'attacher à un mot Grec une particule Latine ce qu'on n'excuseroit pas ailleurs. C'est où il avertit Atticus qu'il dedie à son fils le livre des Offices, ou des Devoirs de la vie. *Hæc*, dit-il, *magnifice explicamus*, προςφωνοῦμὲν *quę Ciceroni, qua de re enim potius pater filio?* Que ne peut-on pas oser après cela dans un même genre d'écrire? Gardons-nous bien sur tout de faire cas de quelques diamans d'Alençon, mis en œuvre avec grand soin pour contenter la vûë, s'il est permis de nommer ainsi de chetives pensées, qu'on tache de rendre agréables par de beaux termes; encore que l'art d'écrire poliment, & pour la seule satisfaction de l'oreille, soit beaucoup plus commun aujourd'hui, que celui de bien penser, & dê-tre utile à l'esprit.

l. 15. ep. 13.

DES GENTILS-HOMMES.

LETTRE CXXXII.

MONSIEUR,

Je m'étonne qu'un Gentilhomme du mérite de celui, que vous me nommés, ait pris si fort à cœur la fin desastreuse de son Cousin, comme si l'infamie de son supplice devoit rejailir jusques sur ceux de son sang. Il devroit se souvenir de ce que dit Henri IV. aux parens du Marechal de Biron, que des siens propres avoient laissé leur tête en Gréve, sans qu'il s'en tint deshonoré. En effet, la mort de Conradin, celle de Jeanne, Reine de Naples, & de Marie Stuart d'Ecosse, ni cette autre si extraordinaire de Charles son petit fils, n'ont point diffamé leurs races: La famille des Othomans voit tous les jours de ses Princes étranglés, & vint-deux Papes, qui ont eu la tête trenchée, ne rendent pas moins llustre la Chaire de Saint Pierre, ni le Souverain Pontificat moins respecté. Je sai bien, que les causes différentes de telles disgraces y font faire de grandes distinctions; mais après tout il demeure toûjours pour constant que comme les belles actions de nos prédecesseurs ne servent guères à nôtre gloire, si nous n'y cooperons; les mauvaises de ceux, qui nous touchent de parenté ne peuvent nous préjudicier, ni ce qui leur arrive de honteux, nous être justement reproché, si nous n'y avons rien contribué. Toutes fautes sont personnelles, *cada uno es hijo de sus obras*, & je tiendrois une noblesse bien mal fondée, si elle dépendoit de la bonne ou déreglée conduite de nos alliés, & que leurs vices ou leurs malheurs lui pussent être imputés jusqu'à ternir son lustre. Y a-t-il famille au monde, qui se puisse dire exemte de quelque tache à considérer cette même famille dans toutes ses parties; Voit-on des arbres si privilegiés pour excellens qu'ils soient, qu'on ne trouve dessus quelquefois quelque chenille, capable d'en salir des feuïlles, mais non pas d'en gâter le fruit, ni de les ruïner entierement? l'Espagnol, dont je viens de vous rapporter deux ou trois paroles, en a d'autres proverbiales, qui reconnoissent ingénument ce mélange inévitable du bien & du mal dans toutes les maisons, *No ay generacion do no aya puta o ladron*; ce qui n'empêche pas, qu'on ne distingue des contraires si opposés, sans que l'un porte préjudice à l'autre.

La noble naissance est d'un si grand avantage dans la vie, qu'elle ne peut être trop estimée. Comme l'on prise bien plus les Diamans, les Emeraudes, & les Turquoises, de la vieille roche, qu'on ne fait les autres; les hommes d'extraction illustre sont tout autrement considérés que les personnes vulgaires, s'ils ont tant soit peu de talent propre à soûtenir la dignité de leur nom. C'est ce qui fait dire à Ciceron, qu'un personnage de son tems avoit trompé bien du monde sur ce qu'il étoit de bonne maison, *Erat enim hominum opinioni nobilitate ipsa, blanda conciliatricula, commendatus*; je pense que c'est de Pison, dont il veut parler. Et véritablement l'on éprouve tous les jours, qu'aussi-bien que les fruits qui naissent à l'ombre, ne sont jamais de si haut goût que d'autres qui sont venus plus au jour, & mieux regardés du Soleil; les gens de bas lieu, ou de fortune mediocre, quelque mérite qu'ils aient, ne sont guères vûs avec cet éclat, & cette recommendation, qui accompagnent ceux, dont la vertu est relevée par celle de leurs ancêtres. Il ne faut

Orat. pro Sex.

donc pas trouver étrange, que tant de personnes recherchent cette grande prérogative d'une ancienne & excellente origine, puisqu'il y a peu de nations, qui n'aient convenu de ce sentiment, de lui porter beaucoup de respect. Iules César se fit accroire, qu'il descendoit du fils d'Enée; Marc Antoine de celui d'Hercule, qui se nommoit Anton; & nous tirons nôtre nom d'un Francus de Troie, les Turcs d'un Turcus son parent, les peuples de la Grande Brétagne d'un Brutus Romain, & ainsi de la plûpart des autres. Avec la même vanité les Thebains se nommoient autrefois σπαρτοὶ, comme aiant été semés dès le tems de Cadmus selon la fable; les Atheniens αὐτόχθονες, prétendant être aussi anciens que leur territoire, qui les avoit produits; & les peuples d'Arcadie προσέληνες, parce qu'ils se persuadoient d'avoir été habitans du monde avant que la Lune y parût. Enfin cette pensée de se glorifier d'une noble & ancienne extraction est si étenduë par toute la terre, qu'on l'a trouvée établie dans toutes les parties de l'Amerique, nos Rélations portant que jusqu'à ces pauvres Hurons du Canada ils n'étoient pas moins jaloux de leur noblesse, qu'un Hidalgue d'Espagne, ou un Gentilhomme de quatre quartiers d'Allemagne.

Plutar.

Relat. Iesuit. ann. 1642. & 1643.

Mais il n'arrive pas toûjours, que ceux qui ont cette puissante recommendation du sang, possedent le mérite personnel absolument requis pour se la conserver. Souvent au contraire l'on remarque qu'ils en sont tellement dépourvûs, que les vertus de leurs ancêtres ne servent qu'à mieux faire reconnoitre les defauts qu'ils ont, & combien ils sont dissemblables à ceux, dont ils se contentent de porter les armes & le nom :

> *Incipit ipsorum contra se stare parentum*   Juven.
> *Nobilitas, claramque facem præferre pu-*   sat. 8.
> *dendis.*

Cependant il seroit plus avantageux selon le Satyrique, qui parle ainsi, d'être fils d'un Thersite & d'avoir la valeur & l'estime d'Achille, que de pouvoir se vanter d'être venu du dernier avec toutes les mauvaises conditions qu'Homere attribuë à Thersite. En effet, la noblesse d'une Race est bien mieux fondée sur une suite d'actions vertueuses de ceux, qui en sont, que sur sa durée toute dependante de la Fortune, & qui n'a rien, moralement parlant, qui puisse relever une maison au dessus des plus rustiques, ou des plus roturieres. Car, à le bien examiner, il n'y a plus qu'une ombre vaine de noblesse où les vertus manquent, puisqu'elle tire son origine de ces mêmes vertus. Autrement, ne sommes-nous pas tous sortis d'un même principe? y a-t-il vilain qui n'ait son extraction de quelque Patriarche? ou Prince qui ne vienne d'un *Contr. 6.* planteur de vigne? *Quemcumque volueris revolve nobilem, ad humilitatem pervenis*, dit Seneque dans une de ses Controverses. L'on voit même quelquefois des plus illustres de leur siécle; tels que Péricles dans Athenes, & Pompée le Grand dans Rome, qui ont toute sorte de desavantage du côté de leurs parens. Mais il est bien plus ordinaire au rebours, que comme les meilleures viandes & les plus estimées, font les excremens qui ont le plus d'infection & de puanteur; les personnes les plus héroïques engendrent les plus vicieuses & les plus méprisables de leur siécle. Aristote l'a observé au quinziéme chapitre du second livre de sa Rhétorique avec cette distinction, que les grands & brillans esprits sont sujets à cette calamité d'avoir des enfans évaporés; ce qu'il prouve par ceux d'Alcibiade, & du vieil Denis Tyran de Sicile; au lieu que les esprits extraordinairement fermes & solides ont presque toûjours de fils stupides, pesans, & grossiers, de quoi il nous assure que la posterité de Cimon, de Péricles, & de Socrate, rendit un suffisant témoignage. Or

DES GENTILS-HOMMES. 63

de si notables & de si frequens changemens montrent assez, que la noblesse des familles est sujette à de merveilleuses revolutions, & qu'elle doit être considérée autrement qu'on ne la considére communément. Je veux croire même que ce fut ce qui obligea ces sages Romains de mettre la marque d'une Lune sur le pied de leurs Patriciens, pour signifier que leur plus haute noblesse naissoit, & mourit; aiant son commencement, son plein, & son declin aussi periodiques, & aussi assurés, qu'on les remarque au cours de cette Planete.

Ajoûtés à cela l'erreur des Généalogies, qui placent souvent dans les plus illustres familles de gens de la lie du peuple, & de qui les prédecesseurs, comme l'on a dit en riant, n'ont craché à terre que les jours de fête; s'ils ont eu le moien d'acquerir un fief considérable, & d'en prendre le nom comme il se pratique ordinairement. Ne sait-on pas, que ceux, qui font profession de dresser ces Généalogies, se joüent quand bon leur semble sur un sujet où ils peuvent dire à ceux, qui les emploient,

De quocunque voles proavum tibi sumito libro; Juvek. Sat. 8.

Ce que je serois bien fâché qu'on prit pour

un mépris de beaucoup d'ouvrages excellens que nous tenons d'eux, & que j'estime autant que personne. Mais pour ne rien exaggerer davantage dans une matiere trop odieuse pour l'approfondir & pour s'y arrêter plus long tems, personne n'ignore les fourberies & les impostures qui s'y sont faites dans tous les siécles, puisque dès celui que la Metamorphose du Poëte Latin fut composée, Ajax y reproche à Ulysse de s'attribuër arrogamment une descente des Eacides, qu'il falsifioit,

Ovid. 13. metam.

—— *Quid sanguine cretus*
Sisyphio, furtisque & fraude simillimus illi,
Inseris Æacidis alienæ nomina gentis?

Tant y a que les preuves de noblesse, qui se font en nos jours ne sont pas toûjours si certaines, qu'elles obligent à d'extraordinaires respects, quand ce que nous avons dit de ceux qui dégénérent ne s'y opposeroit point. Ciceron rabat admirablement bien l'insolence & la gloire de Pison, qu'il fondoit sur celle de ses devanciers, avec cette raillerie, *Obrepsisti ad honores errore hominum, commendatione famosarum imaginum, quarum simile habes nihil præter colorem.* Et un homme de vertu repartit joliment à un qui se vouloit prévaloir à son préjudice d'avoir eu quelques parens d'un rare mérite, j'ai plus d'affinité que vous

Orat. in Pison.

avec

avec eux, & je prétens être mieux dans leur alliance, puisque vous ne les imités en rien comme je tâche de faire. Pour moi je prononcerois librement de la noblesse d'une personne vertueuse, ce que cet Orateur Romain a écrit de l'éloquence d'un Philosophe, *si adferat, non aspernor; si non habeat, non admodum requiro*. En effet, cette origine illustre est si peu de chose d'elle-même, à le bien prendre, que l'Empereur Othon donna pour dernier précepte à son neveu Cocceius, de ne se pas trop souvenir d'avoir eu un oncle Empereur, bien qu'il ne dût pas non plus en perdre tout à fait la mémoire. Si je voulois pousser cela plus avant, je vous prierois de considérer un peu sceptiquement ce que c'est que cette prétenduë noblesse, qui n'a rien de réel que la fantaisie des hommes. Pour obtenir celle de Chevalerie au Perou; dont la marque étoit d'avoir eu les oreilles percées par le Roi, il faloit que celui qui aspiroit à ce degré d'honneur sût faire ses armes & ses souliers de ses propres mains. Si vous communiqués ceci à vôtre ami, obtenés de lui, qu'il ne m'en veuïlle pas plus de mal, dites lui ma coûtume, & qu'il prenne garde, que je ne determine rien.

Plutar. in Oth.

Hist. des Incas.l. 1. c. 25.

Quant à cette Hippomanie, dont vous le

plaignés, c'est le même mal qui fut la ruïne d'un Strepsiades dans Aristophane; & je ne pense pas que la Déesse Hippone, ni le Dieu même Taraxippe, l'en puissent guerir. A moins que la mode vint en France d'avoir, comme au Roiaume de Congo, de ces chevaux de bois portés par des hommes, tels que Maffée les decrit, à peine verrons-nous que vôtre bon Gentilhomme, ni ses semblables, abandonnent sur cela leurs mauvaises & ruineuses habitudes. Véritablement, je ne crois pas que ces chevaux de Congo soient de la race de Pegase; ni que des dents de Loup attachées à leur cou les pussent rendre aussi promts à la course, & aussi infatigables, que Pline l'écrit de ceux dont nous nous servons. Quittés néanmoins cette grande aversion que la folle dépense de vôtre ami vous fait avoir contre eux. Les meilleures choses sont quelquefois nuisibles sans qu'il y ait de leur faute; & je vous prie de vous souvenir en faveur de ce noble animal, que c'est lui qui a conquis le nouveau Monde. En effet, vous pouvés voir dans les Rélations de Benzoni Milanois, que les Americains ont toûjours soutenu qu'ils n'avoient pas été subjugués par les Espagnols, mais seulement par leurs chevaux; ce que cet Historien rend vraisemblable sur ce que

marginalia: L. 15. hist. — l. 28. c. 19. — Ind. Occid. partie 5.

par toutes les Provinces où ces mêmes Espagnols ont été sans chevaux, ils y ont presque toûjours eu du pire, & n'ont guéres manqué d'y être battus.

DE

LA CONTRAINTE D'AGIR.

LETTRE CXXXIII.

MONSIEUR,

Je reconnois que Platon est celui, qui a le premier ou le mieux de tous les Philosophes distingué les trois genres de causes, dont les unes dépendent de la Destinée, les autres de la Fortune, & quelques-unes, de nôtre Volonté, ou Franc-Arbitre. Et certes quelque grande étenduë qu'on puisse donner à la premiere, & bien qu'elle semble embrasser & enveloper toutes choses, si est-ce qu'elle ne les produit pas toûjours, & il y en a beaucoup, qu'on auroit tort de rapporter indifféremremment au Destin; *Omnia quidem fato continentur, sed non omnia fato fiunt, neque fato addici debent.* Les ordonnances d'Adrastie, dit Plutarque dans son traité de la Fatalité, ressemblent en cela aux loix civiles, qui comprennent une infinité de crimes sans qu'on puisse dire qu'elles en soient la cause. Car quoique selon le mot de Thales, ἰσχυρότατον ἀνάγκη *validissima omnium necessitas*, il n'y ait rien de plus fort dans la Nature, ni de plus absolu que cette Necessité, mere, si nous en croions Platon, de trois Parques, l'ame du Monde selon lui, & celle à qui tous les Etres semblent soûmis; si est-ce qu'elle ne s'étend pas proprement jusques sur cette sorte d'actions qu'on appelle fortuites, & beaucoup moins sur celles, qui ne sont bonnes ou mauvaises, que parce qu'exemtes de toute contrainte & de toute necessité, elles dépendent entierement de nôtre Volonté. Mais d'où vient, que ce fondateur de l'Academie attribuë dans le dixiéme livre de sa Republique, la connoissance des choses passées à Lachesis, celle des présentes à Clothon, & le recit des futures à l'inexorable Atropos? Marsile Ficin vous le dira après Proclus, aussi-bien que les raisons de la superiorité de Lachesis, du second lieu de Cloton, & de la subordination d'Atropos aux deux autres. Pour moi, je pense, que le tems passé, dont se mêle la premiere, étant bien plus assuré que le présent, ou le futur, puisque Dieu même ne lui peut faire changer de nature, l'on a donné avec justice la preséance à Lachesis, & le dernier rang à celle, qui s'occupe au futur dont les évenemens ne sont pas si certains, sur tout à l'égard de ce qui est du ressort de nôtre Libre Arbitre.

Pour ce qui touche la contrainte d'agir sous laquelle vous voulés mettre à couvert toutes les fautes de vôtre Ami, souvenés vous, que non seulement la Morale Chrétienne, mais celle même d'Aristote a prononcé qu'il n'y avoit jamais de necessité à mal faire ; quoique Saint Augustin en reconnoisse une, qu'il appelle heureuse, parce qu'elle emploie toute sa force à nous porter au bien, *felix ea necessitas quæ ad meliora compellit.* Cela vient de l'équivoque attachée au mot *necessaire*, dont les Philosophes reconnoissent jusqu'à quatre différentes significations. Or il n'y a que cette extréme & invincible necessité, que les Grecs ont nommée tantôt Diomedéenne, & tantôt Thessalique, qui puisse servir de legitime excuse en quelques rencontres. Car l'on a mangé les pains de proposition dans la der-

Ep. 204.

niere faim fans offenfer Dieu. Vous pouvés auffi vous fouvenir comme fur ce que les Thebains reprochoient aux Atheniens, d'avoir emploié l'eau facrée du Temple de Dele en des ufages profanes, jufqu'à s'en laver les mains, ce qui paffoit pour une grande impieté parmi les Bœotiens; ceux d'Athenes, dit Thucydide, fe purgèrent de ce crime en proteftant, qu'ils n'en avoient ufé de la forte, que dans la violente neceffité, qui legitime par tout ce qu'elle contraint de faire. Et l'Oracle rendu à ce Prêtre d'Hercule, qui n'avoit pas été chafte, *que Dieu permet tout ce qui eft neceffaire*, ἅπαντα ἀναγκαῖα συγχωρεῖ θεός, peut paffer pour le plus véritable de tous les Oracles de Paganifme. Voiés donc fi celui, que vous excufés, eft véritablement tombé dans cette forte de neceffité, qu'on dit, qui n'a point de loi, ou plûtôt, qui eft la plus jufte & la plus inviolable de toutes les loix, comme celle à qui les anciens ont affuré, que les Dieux mêmes ne pouvoient pas refifter; fentence hardie, qu'on attribuë particulierement à Pittacus.

l. 4. hift.

Plutar. de Pyth. Orac.

Plato. 5. de leg.

Si vôtre Ami n'a rien executé qu'en fe voiant reduit à de fi rudes termes, il a pour lui toutes les regles de la Morale. La vraie & naturelle prudence eft de ceder fort fouvent au tems, & toûjours à la neceffité.

Honesta lex est temporis necessitas. Laberius.

Et quand l'on se voit dans ce dernier accessoire, il faut imiter les bonnes lames, ploier sans rompre, s'accommoder à ce qui est absolument necessaire sans perdre courage, & rendre son esprit souple à faire doucement ce qu'on ne sauroit éviter de faire. La signification du mot *necessaire* enseigne cette leçon; *necessum dicitur quod non sit in eo cessandum*; obeïssons sans murmure aux ordres d'Adrastie, Quasi necesses. & ne croions pas, que de les suivre ce soit agir sans raison, puisque cette Divinité Grecque, qui est nôtre Necessité, passe du consentement de tous les Sages pour la plus forte raison de toutes:

Feras, non culpes, quod vitari non potest. Laber.
Il n'y a rien de plus juste que ce qui est necessaire; ni rien de plus hardi, & qui tienne davantage de l'Héroïque Vertu, que ce qu'on fait par la derniere contrainte; *nullus perniciosior hostis est, quam quem audacem angustiæ faciunt.* N'est-ce pas la necessité qui permet de jetter en mer ce qu'un vaisseau a de précieux, s'il ne peut autrement être sauvé de l'orage? N'est-ce pas elle, qui fait legitimement démolir les maisons, pour remedier à un incendie? Et n'est-ce pas la même necessité, dit ce Declamateur Romain, qui excu-

E iiij

se tous les parricides des Saguntins ? Reconnoitre sa puissance, c'est selon Epictete déferer à Dieu, & témoigner qu'on respecte les choses du Ciel avec connoissance. De là vient, que le Sage des Stoïciens n'étoit jamais forcé à rien, & s'exemtoit toûjours de cette dure necessité, parce qu'il ne lui resistoit jamais, faisant volontiers tout ce qu'elle vouloit : Elle ne le jettoit pas hors du Monde comme les autres, dautant qu'il en sortoit de son bon gré : *Nihil invitus facit sapiens, Necessitatem effugit, quia vult quod ipsa coactura est.* Seneque finit par là une de ses Epitres ; & dans une autre il prouve, que rien ne pouvoit rendre malheureux ce même Sage, à cause de sa condescendance à tout, n'y aiant que la resistance, dont nous usons, qui nous fasse miserables : *Non qui jussus aliquid facit miser est, sed qui invitus facit. Itaque sic animum componamus, ut quidquid res exiget id velimus.* Il s'en faut donc beaucoup, qu'on puisse imputer à crime ce qu'on fait par necessité, puisque c'est une vertu de lui obeïr.

Mais de vouloir excuser de mauvaises actions en accusant la Fortune, ou de les attribuër simplement à je ne sai quelle Destinée, c'est surquoi vous aurés de la peine à trouver de la complaisance en ceux, qui vous

Sen. in Contr. Ench. c. ult.

Ep. 54.

Ep. 61.

parleront avec sincerité. Pour ce qui est de la Fortune, j'avouë qu'il n'y a presque personne, qui ne veuille la rendre responsable des defauts de sa conduite, & nous la chargeons quasi toûjours à tort de toutes les disgraces qui nous arrivent. C'est vraisemblablement la cause de tant de Temples, que le sot peuple de Rome, qui la craignoit lui édifia dans sa ville; n'y aiant point eu de Dieux à qui ils en aient consacré un si grand nombre qu'à elle. Les Philosophes au contraire en ont fait leur commune Quintaine, l'attaquant de toutes leurs forces, & emploiant tout ce qu'ils ont eu d'adresse pour la faire passer tantôt pour une aveugle, & tantôt pour une inconstante, qu'ils faisoient profession de braver. Pline d'ailleurs lui attribuë une empire absolu sur tout ce qui nous concerne. *For-* *l. 2. c. 7.* *tunam solam in tota ratione mortalium utramque* Pausan. *paginam facere.* Ceux de Smyrne avoient sa *l. 4.* statuë, qui portoit sur la tête un des Poles du Monde, & tenoit la corne d'Amalthée dans une de ses mains, pour dire, qu'elle gouverne & enrichit tout ici bas. Et je me souviens d'un moderne, qui soûtenoit trop licentieusement, que quiconque avoit de son côté la Force, la Prudence, & la Fortune, se pouvoit vanter d'avoir la Trinité pour lui. Cependant c'eſt faire une injure à Dieu, & ſe rendre indigne de ce qu'il nous a donné de prudence d'admettre cette τύχη qu'Homere a le premier déifiée, la nommant fille de l'Ocean, & la faiſant jouër avec Proſerpine dans l'hymne qu'il adreſſe à Ceres, quoiqu'il n'en ait jamais parlé dans ſes deux grandes Poëmes.

Orat. 65. Et Dion Chryſoſtome reconnoit ingenument, que s'il y a quelque Fortune, elle n'eſt ni aveugle, ni inconſtante, comme on le lui reproche; ne changeant qu'à cauſe qu'elle voit tous les jours ceux, à qui elle a fait le plus de graces, qui en abuſent. Enfin, à le bien prendre, chacun eſt artiſan de ſa propre fortune, de ſorte que vous avés emploié un mechant lieu commun pour juſtifier la miſerable procedure de vôtre Ami, de l'imputer au mauvais traitement d'une imaginaire Divinité.

Quant à ſa malheureuſe Deſtinée, je vous ai déja dit, qu'on ne peut lui donner une ſi grande étenduë, que vous faites, ſans ruïner toute la Morale par la perte de nôtre Franc-Arbitre, & vous ſavés ce que j'ai écrit là deſſus *Lettre 49. & 99.* en deux lettres différentes, l'une *du Deſtin*, & l'autre *de la ſcience qui eſt en Dieu*. Nôtre amitié me permettra d'ajoûter ici ce ſeul mot de Saint Auguſtin, aſſuré que je ſuis, que vous n'en ferés point d'importune application; *O*

cor tuum non esset fatuum, non crederes fa- Tract. 37.
tum. C'est de vérité bien mal traiter le Por- *in Ioan.*
tique de Zenon.

CONSOLATION.
LETTRE CXXXIV.

MONSIEUR,

Je ne sai pas quel je reüssirois auprès de vous, mais je craindrois de passer pour un témeraire par tout ailleurs, & je condannerois moi-même mon entreprise, si je m'ingerois de vouloir consoler la personne du monde, qui fournit aux autres en toute rencontre les plus solides consolations. Ce peu que je vous dirai donc au sujet de la perte, que vous venés de faire, ne sera que pour vous témoigner ma condoleance, & pour vous faire souvenir, si vous étiés reduit à ce point, de quelques petites choses, que l'affliction est capable de vous avoir ôtées de la mémoire. En effet, vous n'ignorés rien de tout ce qui vous peut être représenté, & personne ne sauroit mieux adoucir le ressentiment de vôtre esprit que vous même, qui possedés les plus puissans raisonnemens, dont l'on s'est jamais servi pour cela. Mais puisque les meilleurs Médecins se laissent traiter par d'autres, quand ils ont besoin du secours de l'art qu'ils professent, prenés mon zèle en bonne part, & souffrés, qu'au lieu de quelques complimens inutiles, cette lettre vous redise mille particularités, dont nous nous sommes autrefois entretenus, & que nous ne pouvons trop souvent repeter, si nous prétendons en retirer aux occasions quelque profit.

Le mot d'Iphigenie dans Euripide, qu'il vaut mieux mal vivre que de bien mourir.

In Aulide. Κακῶς ζῆν κρεῖσσον, ἢ θανεῖν καλῶς,

ne sauroit être trop condanné. Car encore qu'il soit vrai en un certain sens, qu'un Chien vivant est plus à estimer qu'un Lion mort; si ne faut-il pas mettre la vie à un si haut prix, que nous fassions plus d'état de la posseder à mauvais titre, & d'en mal user, que de la perdre glorieusement. Il n'y a pas moins à reprendre en ceux, qui font trop de cas de la vie qu'en d'autres, qui craignent excessivement la mort, ce qui se trouve presque toûjours conjoint. La premiere des deux est si

peu de chose, que Marc-Antonin après l'a- *L. 2. de*
voir très philosophiquement considérée, con- *vita sua.*
clud, qu'il n'a rien remarqué soit en ce qui
concerne le corps, soit en ce qui touche l'esprit, qui ne soit fort méprisable. *Omnia* dit-
il, *quæ ad corpus pertinent, fluvii naturam habent: quæ ad animam, insomnii & fumi.* Et
quoique je ne voudrois pas avancer, qu'on
fut obligé, selon les termes de Job, à se ré- *C. 3.*
jouïr envisageant la mort, comme ceux, qui
cherchent quelque thresor se réjouïssent lors
qu'ils rencontrent un sepulchre, *quasi effodientes thesaurum, gaudent vehementer, cum
inveniunt sepulcrum:* Si est-ce que la vie toute
seule me paroit si indifférente, pour ne rien
dire de plus à son desavantage; qu'outre que
je n'élirois jamais d'en recommencer la carriere, s'il étoit à mon choix de le faire, je
n'échangerois pas les trois jours calamiteux,
qui me restent dans un âge si avancé qu'est le
mien, contre les longues années que se promettent une infinité de jeunes gens, dont je
connois tous les divertissemens. Certes je
pourrois jurer aussi bien que Cardan sur la vérité de ce sentiment, si je ne jugeois plus à
propos de vous rapporter ses termes ausquels
je souscris, bien que selon sa façon ordinaire d'écrire, ils soient plus sensés, qu'ils ne

font élegans: *Nos, per Deum, fortunam no-*
stram exiguam, atque in ætate senili, cum ditiſſimo
juvene, sed imperito, non commutaremus. Vous
me croirés aiſément, ſi vous prenés garde à
l'air dont ceux, de qui nous parlons ont
accoûtumé de vivre. Qui eſt celui d'entre eux,
qui penſe ſerieuſement à le faire? qui ne re-
mette toûjours au lendemain une affaire ſi
importante? & qui temporiſant de la ſorte ne
ſoit pour perdre la vie, comme s'explique
Seneque, avant que de l'avoir commencée?
Ariſtote a prononcé que de vivre ſans un but
certain auquel toutes nos actions ſe rappor-
tent; c'eſt le propre d'un homme ſans cervelle; *Vita propoſito fine carens, inſignis ſtulti-*
tiæ argumentum eſt. Cependant aucun d'eux
ne vit qu'au jour la journée, pour uſer de ce
terme populaire, ou s'il s'en trouve, qui
aient quelque ſorte de viſée, ce n'eſt pas pour
y perſiſter, c'eſt plûtôt pour faire trouver véritable le vers proverbial des Grecs,

Βιοῖ μὲν οὐδεὶς ὅν προαιρεῖται βίον,

Vivit certe nemo quam probare ſolet vitam.
Avoüons ingenument, que Platon a eu raiſon de nous nommer tous, θεοῦ παίγνιον l'ouvrage d'une main toutepuiſſante, mais qui
l'a fait en ſe joüant, & comme pour ſe diver-
tir ſeulement. Tant y a que nôtre vie s'é-

Marginalia: De libr. propr. — Ep. 22. & 23. — In Eud. c. 2.

coule de telle maniere, qu'on peut dire avec l'Italien *chi più vive, più muore*. Et souvenés-vous de ce que nous avons prononcé si souvent en contemplant le croissant ou le decours des nouvelles Lunes, que cet aspect nous faisoit une leçon tous les mois reïterée, du decroit & de la diminution perpetuelle de nos jours.

N'attendés pas après ceci un éloge de ma part aussi étendu que pouvoit être celui, que fit autrefois Alcidamus en faveur de la Mort; qui est la seconde chose, dont je me suis proposé de vous entretenir, & qui suit naturellement la vie, comme elle l'a précedée auparavant. Or je ne suis nullement de l'avis de ceux, qui croient, qu'il n'y a point de plus mauvaise pensée que celle de la Mort, parce que l'imagination nous la prend presque toûjours si terrible, qu'on peut dire qu'autant de fois qu'on la conçoit de la sorte, l'on se donne une mort avancée, & qu'ainsi c'est se faire mourir plusieurs fois au lieu d'une. Cardan a été de ce sentiment, qu'il exprime nettement en ces termes dans son livre de la Consolation, *totum tempus quod mortis cogitationi impenditur mors est*. Cet axiome néanmoins ne peut être soutenu qu'à l'égard des ames populaires ou dépourvuës de toute érudition, qui n'envifagent guères les chofes du bon côté. Cela fe voit en la perfonne d'Ajax, qui fouhaite groffierement dans Homere de mourir plûtôt de jour, que de nuit, à caufe que c'eft le propre des tenebres d'augmenter la peur de tout ce l'on craint, & d'en rendre les objets beaucoup plus redoutables. La Philofophie nous apprend à les contempler tout autrement, & tant s'en faut que les méditations, qu'elle nous fuggere, puiffent croitre nos douleurs, ni rendre nos maux plus intolerables, qu'en les adouciffant, s'ils ne difparoiffent entierement, elle en ôte du moins la plus grande amertume, & ce qui les fait ordinairement le plus apprehender. Ses réflexions nous apprennent ici qu'apparemment la mort eft plûtôt un bien, qu'un mal: Qu'en tout cas il ne peut être grand, puifqu'il eft momentanée: Que n'eft folie de craindre ce qui eft inévitable: Et qu'on ne fauroit avec jugement fe figurer une chofe comme mauvaife, que tous ceux, qui nous en parlent, n'ont jamais exprimentée, & dont aucun de ceux, qui l'ont éprouvée n'a pû, ou voulu, nous reveler le myftere. Car vous n'ignorés pas, que les opinions font partagées fur tous ces points; que ce qui eft tenu mol par les uns, eft réputée la fin de tous

les

les maux par d'autres; & que celui qui disoit, *Ego tibi permittam mori? At quid jam mihi melius optem?* n'étoit pas de la créance de ceux, qui ont appellé la mort *le terrible des terribles.* Pouvés-vous raisonnablement nommer ainsi ce qui est si naturel, que les mêmes Elemens, qui font nôtre vie, font nôtre mort; *tum causa vivendi sunt, quam viæ mortis.* Sen. ep. 117. L'entrée du monde ne paroit pas moins pénible que son issuë; & peutêtre, qu'un enfant souffre autant en naissant, ce que ses cris témoignent assez, qu'il endure en mourant. D'ailleurs ne voit-on pas des personnes qui préferent la mort à la vie; Et sans parler des particuliers, quelques Nations toutes entieres n'ont-elles pas eu le même goût; *Bardi Thraciæ populi appetitum habent maximum mortis,* dit Martianus Capella. L. 6. En tout cas tel que puisse être ce dernier passage, il est unique; & les Eliens n'ouvrant qu'une fois en toute l'année le temple du Dieu Summanus, Pausan. qui leur étoit celui des Enfers, prénoient par l. 6. cette cérémonie la consolation de ne devoir jamais redoubler ce petit voiage, qui se fait même *aveuglette.* Nous y devons être tous préparés autant jeunes que vieux,

A morte semper homines tantumdem absumus; Laber.
& pour peu que ces raisons philosophiques

prennent de place dans nôtre esprit, nous reconnoitrons aifément que les penfées de la mort ne font pas à rejetter, & qu'elles en diminuent plûtôt qu'elles n'en augmentent la crainte. J'ajoûte que ce font les plus neceffaires de toutes, outre qu'elles ne peuvent être fuperfluës. L'on fe prépare inutilement quelquefois contre la pauvreté, contre la douleur, ou contre la perte des amis; parce que nôtre bonne fortune nous exemte de femblables afflictions. Mais ce que nous avons médité pour bien recevoir la mort, ne peut jamais manquer de nous être d'ufage.

Il n'y a point de gens, qui foient plus touchés apparemment de cette terreur panique de la mort, que ceux, qui n'en peuvent pas fouffrir la moindre imagination. La plûpart des Grands & des Heureux font de cette trempe, ce qui fait, que ne fongeant jamais à mourir, bien qu'ils l'apprehendent toûjours, l'heure fatale pour eux eft paffée avant qu'ils s'en foient apperçûs; &, s'il eft permis de parler encore plus figurément après un ancien, ils n'apprennent guères leur mort, non plus que l'Empereur Claudius, que par leurs funerailles. *Claudius ut vidit funus fuum, intellexit fe mortuum effe.* Si eft-ce que la faulx de Saturne n'a pas plus de refpect pour eux, que pour les moindres hommes. Comme il regne quelquefois des maladies Epidemiques, qui semblent n'être envoiées du Ciel que pour diminuer le trop grand nombre du peuple: l'on voit aussi des tems sinistres pour les Puissances de la Terre, & qui semblent avoir conjuré contre leurs vies. Telle fut l'année mil cinq cens cinquante-neuf, qui dans une revolution de douze mois, dont quelques-uns pourtant étoient de l'an subsequent, ôta de ce monde l'Empereur Charles Quint, deux Roi de Dannemarc, un Roi de France, *Thuan.* un Doge de Venise, un Pape, un Electeur *hist. l. 23.* Palatin, un Duc de Ferrare, & trois Reines, Eleonore qui l'étoit de France, Marie de Hongrie, & Bone Sforce de Pologne. Je crois néanmoins le succès de semblables années plûtôt fortuit, qu'autrement; comme je tiens fort douteuse la maxime de ceux, qui veulent qu'on ne meure jamais plus heureusement, que quand le tems nous rit, & que la vie nous plait d'avantage.

Dum vita grata est, mortis conditio optima Laber, *est.*

Ainsi, disent-ils, Annibal fut mort glorieusement après la bataille de Cannes, & lors qu'il étoit presque aux portes de Rome, qui se vit depuis malheureusement réduit à s'empoifonner, pour éviter un pire traitement des Romains. Sylla tenu pour le plus heureux des hommes, l'eût été davantage, s'il fut decedé au même tems, qu'il fe démit volontairement de fa Dictature, puifque la crainte de fes ennemis l'obligea enfuite à fe tuër foi-même. Pompée feroit tout autrement grand que fon furnom ne le porte, fi la maladie qu'il eût, après avoir mis les Pirates à la raifon, l'eût emporté,

Provida Pompeio dederat Campania febreis
Optandas;

on le vit depuis avoir honteufement la tête tranchée fur le rivage d'Egypte. Et quelle reputation eût laiffée de lui Ciceron, fi la Parque eût difpofé de fa vie après avoir mis à bout Catilina & les autres de fa conjuration? ou du moins au retour de fon exil? Il n'y eut que de la calamité dans le refte de fa vie, & fa foibleffe, qui parut dans fes irréfolutions au parti contraire à celui des Céfars, ternit grandement fa renommée. L'on peut s'abftenir d'une infinité d'autres exemples, & fur tout de ceux, que pourroit fournir nôtre Hiftoire moderne, parce qu'outre qu'ils feroient fuperflus, peutêtre pafferoient-ils pour odieux. Je répons à cela que c'eft tirer de quelques faits particuliers une conclufion générale,

[marginal: Dio. Caff. l. 52.]
[marginal: Iuven. fat. 10.]

qui ne peut être reçûë, parce que diverses raisons la combattent. En effet, comme rien ne fait le repos plus agréable, que quand il succede à la fatigue; les maux & les adversités de la vie nous rendent la mort aussi douce, que la felicité & les plaisirs la font souvent trouver amere. La plus heureuse est indubitablement celle, qui nous plait, *optima quæ placet*, dit un Philosophe; & elle ne peut plaire que par la consideration des maux dont nous sommes delivrés par son moien,

Optima mors est homini, vitæ quæ extinguit mala,

Que si Laberius semble en cela se contredire, je m'arrête au sentiment de Salomon lors qu'il traite cette matiere, & qu'après s'être écrié, *O mors, quam amara est memoria tua homini pacem habenti in substantiis suis*, il avouë, que cette même mort est le seul reconfort des miférables. Je ne vous parle point des façons différentes de la recevoir, ni du genre de mourir le plus souhaitable; chacun se l'imagine à sa fantaisie selon que les génies sont différens; & je me contenterai de vous dire, que si cette Isle Equinoctiale, où fut jetté Jambulus, se trouvoit encore, & qu'on n'eût qu'à s'endormir doucement sur une certaine herbe qu'elle nourrissoit, pour y expirer sans

Diod. Sic. c. 2.

F iij

aucun sentiment de douleur, je priserois infiniment une fin si tranquille selon que Diodore la représente. D'autres feront, si bon leur semble, pour la suffocation dans un muid de Malvoisie; l'Epilepsie Erotique, dont Ovide faisoit un de ses souhaits, sera peut-être encore le leur; ou dans une humeur ambitieuse ils voudront perir avec toute la nature, s'ils ne se contentent de dire avec Vagellius,

Sen. qu. nat. l. 6. c. 2. *Si cadendum est, mihi, cælo cecidisse velim.*
Pour moi je prefererois toûjours le Narcotique de cette Isle anonyme, à tous ceux que la Médecine a jusqu'ici distribués.

Mais s'il faut perdre la vie le plus tard qu'on peut, quel moien jugés vous le plus propre à la prolonger? L'on en voit de bien différens dans les livres, & je crois que cette diversité procede des temperamens divers, qui rendent utile aux uns ce qui ne le seroit pas à d'autres. Pollio répondit à Auguste qui l'interrogeoit là dessus, qu'à son avis le vin doux, ou l'hypocras de miel, au dedans, & l'huile, dont il se frottoit en dehors, lui avoient fait passer la centiéme année, *intus* Plin. l. 22. *mulso, foris oleo.* Celui que nos Histoires c. 24. nomment *Ioannem de Temporibus*, & qu'elles représentent âgé de trois cens ans, mettoit bien l'huile au dehors, mais il substituoit pour le dedans le miel seul, au vin adouci par le miel, *extra oleo, intus melle.* Le Chancelier Bacon parle d'un Anglois plus que centenaire, qui rapportoit sa bonne constitution, & son grand âge, à ce qu'il avoit toûjours mangé avant que d'avoir faim, & prévenu la soif de même, ce qui est bien opposé à l'exacte Diette de Louïs Cornare. J'ai ouï parler d'un autre vieillard décrépite, qui fondoit toute son antiquité sur ce qu'il avoit toûjours bû des premiers vins nouveaux, & mangé du pain fait des premiers bleds que l'Automne produisoit. Un Avenamar More assura le Roi Ferdinand qui s'étonnoit de ses longues années, qu'il les devoit à ces trois choses, de s'être marié tard; de ne s'être point remarié, quoiqu'il fût demeuré veuf bientôt; & de ne s'être jamais tenu debout autant de fois qu'il avoit pû être assis. Je ne veux pas oublier, que Postel aiant près de cent ans se vantoit d'avoir encore son pucelage, & de tenir de lui ses longues années; ce qui ne s'accorde guères bien avec ce qu'on a écrit de ce grand voiageur & de sa mere Ieanne Venitienne; non plus qu'avec ce qu'on rapporte du More Gangaride de Bengale, âgé de trois cens trente-cinq ans, dont parle Maffée, & que Vincent

l. de Vita.

Thuan. hist. l. 74.

F iiij

le Blanc aſſure avoir eu ſept cens femmes dans le cours d'une ſi longue vie. Ces varietés me font croire, que les diverſes conſtitutions demandent de différens regimes de vivre, & que ce qui eſt utile à un bilieux, ſeroit entierement préjudiciable à un phlegmatique, la même choſe aiant lieu dans tous les autres temperamens oppoſites.

Généralement parlant la bonne nourriture ſert autant à la vie, que la mauvaiſe lui eſt abſolument contraire. Solin obſerve, que ces peuples d'Afrique, qui ne vivent que de Sauterelles, ne paſſent jamais l'âge de quarante ans. Et l'on peut voir dans Herodote, qu'un Roi de ces Ethiopiens, qu'on appelloit de ſon tems Macrobies, entendant parler du mauvais pain que mangeoient les Perſes, dit, qu'il ne faloit pas s'étonner, ſi prenant une ſi mauvaiſe nourriture, ils ne vivoient pas long-tems, ou en termes plus exprès, *non mirum eſſe, ſi ſtercore veſcentes, paucis viverent annis*. Pour ce qui eſt de l'air des Regions, encore qu'Ariſtote attribuë plus de vivacité, priſe pour un plus long terme de vie, aux animaux des païs chauds, qu'à ceux des contrées froides, & qu'en effet la vie ſoit nommée ζοή en Grec ἀπὸ τȣ̃ ζεῖν à *fervendo*, au cas que Simplicius ait bien con-

C. 30.

L. 3.

L. de long. & brev. vi. t.a.c.1. & 5.

nu fon étymologie; Si eſt-il vrai, qu'on ne vit pas moins en beaucoup de lieux voiſins des Poles, qu'en Taprobane, ou en d'autres, qui ſont ſous la ligne Equinoctiale; & ainſi à proportion de pluſieurs autres Climats, ſelon que toutes les Rélations de ceux, qui ont voiagé, nous en parlent. Mais il faut tenir pour une fable ce que Strabon a écrit des Hyperborées, qui vivoient juſqu'à mille ans, & la mettre avec celle d'un Arteſius, à qui l'on en donne autant. L'élevation de certains Terroüers contribuë auſſi grandement à la longue vie, quoique l'air le plus ſubtil ne convienne pas à toute ſorte de perſonnes. Ammien Marcellin après avoir mis en conſidération la bonté de l'air, & des vivres, que produiſent les païs exhauſſés, ajoûte à l'avantage de ceux, qui y ſejournent, que *radios ſolis ſuapte natura vitales primi omnium ſentiunt, nullius adhuc maculis rerum humanarum infectos.* Tant y a que par le témoignage de Solin, les habitans du village Acrothon, ou plûtôt Acroathon, ſitué au ſommet du mont Athos, vivoient une fois plus que les autres hommes ne faiſoient ailleurs; ce qui fit donner auſſi le ſurnom de Macrobies, dont nous avons déja parlé, aux habitans de la ville d'Apollonia, qui étoit dans cette poſition. Et Pline, dont

15. Geogr.

L. 27.

c. 11.

L. 4. c. 10. & l. 7. 8.

F v

Solin n'est que le Transcripteur, nous assure, que ceux, qui demeuroient au sommet du mont Tmolus en Asie, jouïssoient encore de ce privilège d'une vie extraordinairement prolongée.

Pour conclusion, si celui, que vous regrettés tant, & qui m'a donné sujet de vous entretenir de tout ceci, n'a pas vécu si longtems que ces *Longævi*, dont nous venons de faire quelque recit, ni même autant, que vous l'esperiés, songés, s'il vous plait, que l'étendue de la vie n'est pas ce qui la rend considérable, non plus que la grosseur d'un livre ce qui le doit faire estimer. Ce cher Ami a si bien passé tout ce que le Ciel lui avoit ordonné de tems à demeurer parmi nous; qu'à considérer cette demeure comme Posidonius faisoit, l'on peut soûtenir, qu'elle a été d'une très longue durée, *Unus dies hominum eruditorum plus patet, quam imperiti longissima ætas.* Et vous ne sauriés mieux appliquer, qu'en faisant réflexion sur lui, le sens de ce vers Grec,

Οὐ γὰρ φιλεῖ θεὸς γ'ἀποθνήσει νέος.

Quem enim amat Deus, is moritur juvenis,
Son humeur particuliere l'a fait moins connoitre, que beaucoup d'autres, qui n'ont jamais eu son mérite; mais en recompense

Sen.ep.78.

vous lui aviés appris à se connoître parfaitement lui même, & c'est à mon avis ce qui a le plus contribué à rendre son issuë de ce monde si tranquille :

> *Illi mors gravis incubat,*   Sen. Trag.
> *Qui notus nimis omnibus,*   in Thyeste.
> *Ignotus moritur sibi.*

Vous ne voudriés pas que je vous représentasse ici, comme les Lyciens ne portoient le deüil qu'en habit de femme, pour faire comprendre, qu'il n'y avoit qu'elles, qui dûssent s'affliger extraordinairement dans une adversité. Et puis cette lettre est déja si longue, que j'apprehende bien fort, que vous ne m'imputiés d'avoir de mauvaises dispositions à finir mes jours aussi librement que ma Philosophie l'enseigne : *Quomodo finem vitæ imponere poterit, qui epistolæ non potest ?* Ne me rendés pas responsable de cette pointe, puisqu'elle n'est pas de moi. *Sen.ep.58.*

DE L'IMPIETÉ.

LETTRE CXXXV.

MONSIEUR,

La Piété, & ce qui lui est contraire regardent premierement les Parens, car proprement parlant, selon que Saint Thomas l'a fort bien observé, la Réligion est celle, qui regle ce qui est dû à Dieu, & qui nomme le defaut de ce devoir, la premiere de toutes les injustices; ce qui est conforme à la doctrine d'Aristote. L'on n'appelle donc impies ceux, qui manquent à une si importante obligation, qu'en considérant Dieu comme Pere commun, & comme l'auteur & la source de toute Paternité; de la même façon, qu'on peut être encore impie envers sa patrie, à cause qu'elle est la Mere de tous ceux, qui lui sont redévables de leur premiere demeure en naissant. Or je vous avouë, que dans la seconde signification, qui marque une irréligion, & ordinairement une méconnoissance de la

L. 3. de virtut.

Divinité, vôtre Ami a eu raison de s'offenser comme il a fait, de se voir nommer impie, pour s'être écarté de la doctrine orthodoxe dans cet écrit dont vous me parlés. L'on peut errer, & dire même des héresies, sans être impie; puisque plusieurs Peres de l'Eglise, tels que Origene, & Tertullien, en ont commis, lesquels néanmoins l'on n'a jamais accusés d'impieté, & qui en effet en ont toûjours été fort éloignés. L'erreur, sans doute, est beaucoup moins criminelle, que l'impieté, & comme l'a écrit un Auteur de ce tems, il y avoit moins de mal autrefois à donner de l'encens à Jupiter, qu'à se moquer aujourd'hui de Dieu & de ses Saints. Vôtre Ami méritoit d'autant moins cette injure atroce d'Impie, qu'il avoit chanté la Palinodie, & s'étoit dédit de son erreur, lors qu'on a voulu le diffamer avec tant d'injustice. Mais laissons lui ménager son ressentiment, comme il le jugera le mieux, & remarquons seulement, qu'on abuse souvent du mot d'impie, quand on l'attribuë à tous ceux, qui pensent autrement que nous des choses divines, encore qu'elles soient problematiques, & qu'ils s'en expliquent avec beaucoup de circonspection. Certes, la raison veut, que nous mettions une grande différence entre la liberté, & le libertinage. Dieu nous a fait naitre libres en nous donnant le franc arbitre, & il ne nous eſt pas moins honnête de paroitre tels ſur quelque ſujet que ce ſoit, qu'il nous ſeroit honteux & préjudiciable de paſſer pour des libertins.

Ceux, qui n'ont ni reſpect pour ce qui eſt au deſſus de nous, ni crainte pour ce qui eſt au deſſous, méritent le nom d'impies; auſſi bien que d'autres, qui ſemblent n'avoir de pointe d'eſprit que pour l'emploier contre nos vérités Chrétiennes. Sara ſe moquoit d'Abraham, qui fut le pere des croïans, & nôtre raiſon humaine lui reſſemble, n'étant pas moins condannable qu'elle, ſi nous nous en ſervons irréligieuſement contre la ſainteté de nos autels. La Philoſophie même, dont nous ne ſaurions parler avec trop d'eſtime, careſſe quelquefois nôtre ame comme un Amoureux fait ſa Dame pour lui ravir ſon honneur; ce qui a fait prononcer à quelqu'un, que cette Philoſophie avoit été introduite dans l'Egliſe auſſi malheureuſement, que le cheval de bois dans la ville de Troïe, dont il *Philoſtr.* fut le deſolateur. Et je me ſouviens à ce *l. 5. c. 34.* propos de ce que diſoit le Philoſophe Euphrates à Veſpaſien, qu'il faiſoit aſſez d'état de la philoſophie naturelle, mais que quant à celle, qui parloit des choses divines, il la tenoit pour une pure imposture. Tant y a qu'on ne sauroit trop détester l'impieté, de quelque côté qu'elle vienne, & quelque prétexte qu'elle puisse prendre. Celle d'Ajax fait horreur dans Sophocle, quand sur le souhait que lui faisoit son pere, qu'il pût avec l'aide de Dieu demeurer vainqueur de ses ennemis, il use de cette repartie, que le plus lâche homme du monde les pouvoit vaincre avec une telle faveur, mais que pour lui sa prétention étoit de les surmonter sans elle. Quand on représente à Hippolyte dans Euripide, que les Dieux ont voulu qu'il perit, il repond avec execration, pourquoi les hommes n'ont-ils pas le même pouvoir sur les Dieux? Je ne vous impose rien, voici le texte en une langue, que vous entendrés plus commodément qu'en Grec,

Heu utinam & mortalium genus
Deos execrari, & vicissim devovere possit!

Et le Thesée du même auteur ne peut souffrir qu'Hercule dise en sa fureur, que si Jupiter fait le superbe, il ne l'est pas moins que lui,

Deus est arrogans, & ego vicissim adversus
Deos.

N'est-ce pas aussi dans ce sens dépravé que

le Mezence de Virgile profere au dixiéme de l'Eneïde,

> *Nec mortem horremus, nec Divûm parcimus ulli.*

In Equit. Son Turnus ne paroit pas plus pieux, ni le Capanée de Stace, ni l'Annibal de Silius. L'on en voit un autre dans Aristophane, qui ne reconnoit point de Dieux, sinon parce *Marc. Pa-* qu'ils lui sont contraires. Et un Poëte du *ling. in* dernier siécle a bien ofé nous donner ces vers *Leone.* pernicieux,

> *Utilitas facit esse Deos, qua nempe remota Templa ruunt, nec erunt aræ, nec Juppiter ullus.*

Ce sont de tels discours qu'on a tout sujet de condanner & de nommer impies.

Mais si les Juifs sont si scrupuleux, qu'ils croient, qu'on doit plûtôt se laisser tuer, que de combattre le Samedi, & si entre eux la superstition des Esseniens passe jusques-là de ne s'oser décharger le ventre ce même jour du *L. 2. de bel.* Sabath, comme Josephe le leur impute; *Iud. c. 7.* vous aurés bien raison de vous moquer de leurs opinions erronées, mais non pas de les accuser d'impieté là dessus. Quand ce Prodicus, dont parle Clement Alexandrin au septiéme livre de ses Tapisseries soûtenoit après Pythagore & les Philosophes Cyrenaïques,

qu'on

qu'on ne devoit rien demander à Dieu, parce qu'il savoit assez, & beaucoup mieux que nous, ce qui nous est necessaire, il enseignoit sans doute une doctrine héretique, qui n'alloit pas néanmoins jusqu'à le faire impie. Il faut dire la même chose d'un Carpocrates, qui maintient dans Théodoret que toutes nos actions sont indifférentes, le bien, & le mal dépendant de la seule opinion des hommes ; d'où il inferoit, que la Foi seule étoit necessaire au salut. Nôtre Histoire appelle héresiarque un Claude Evêque de Turin, qui declamoit contre l'adoration de la Croix en ces termes, *Si adoratur Crux, adorentur & puellæ, quoniam virgo peperit Christum, adoretur etiam præsepe, quia in præsepi puer reclinatus est Christus, adorentur & asini, eo quod asinum sedens, Ierosolymam venit idem Christus Dominus.* La même Histoire se contente pourtant de cette diffamation, sans ajoûter celle de l'impiété. Et quoique François Premier, fit faire un service solemnel dans Nôtre-Dame de Paris, pour le Roi d'Angleterre Henri Huitiéme après sa mort, tout declaré hérétique qu'il étoit, & comme tel excommunié par le Pape ; ceux qui le lui reprochèrent, comme une grande faute, ne le soupçonnèrent jamais de la moindre impieté.

1. hæret. fab.

Hist. Franc. tom. 3. p. 336.

Thuan. l. 3. hist.

LETTRE CXXXV.

Nos bons Religieux se consument dans leurs mortifications, comme la chandele pour éclairer les autres: si leurs abstinences néanmoins alloient jusqu'à n'oser nourrir des poules, pour éviter le sexe feminin, à l'exemple de ceux du Gentilisme, qui pratiquent cette austerité au Roiaume de Siam des Indes Orientales, on les pourroit bien nommer superstitieux, mais le mot d'impies ne leur conviendroit nullement. Car c'est une des choses, où Seneque s'est le plus trompé, lors qu'il semble égaler la superstition à l'atheïsme dans sa penultiéme épitre. *Superstitio*, dit-il, *error insanus est; amandos timet; quos colit, violat: quid enim interest utrum Deos neges, an infames?* Cependant il y a une extréme différence entre nier absolument toute sorte de Divinité, & avoir des opinions d'elle superstitieuses & erronées. Orphée commettoit une lourde faute dans son Paganisme, d'attribuer les deux sexes à ce grand Jupiter, quand il écrivoit,

Apulée. *Iuppiter & mas est, & nescia femina mortis:*
L'on n'eût pas pû néanmoins de son tems le convaincre sur cela d'impieté, dont il ne fut aussi jamais accusé.

Reservons donc cette grande & outrageuse injure, dont nous parlons, pour des Dia-

Ind. Orient. par- te 12.

gores, des Evemeres, & d'autres semblables, qui n'ont reconnu aucune Puissance d'enhaut. Disons hardiment que cette secte de Persans est impie, qui n'admet point d'autre Dieu que les quatre Elemens, se fondant ridiculement entre autres raisons, au rapport de Pietro della Valle, sur ce qu'en toutes langues le nom de Dieu est de quatre lettres. Rejettons le terme d'impieté sur ce blasphemateur, qui appelle la très Sainte Trinité une impieté Triangulaire. Et ne craignons pas d'être trop injurieux envers ceux, *qui non pluris aras faciunt, quam haras*; qui au lieu de servir Dieu, se servent de son nom pour mieux tromper en couvrant leurs crimes; & qui pleins de respect pour de certaines creatures, n'en ont aucun pour le Createur, non plus que ce Sybarite, lequel cessant de battre son valet sur la sepulture de son pere, ne faisoit nulle difficulté de l'outrager de coups dans le Temple. Sans mentir, il n'est que trop de personnes à qui l'on peut legitimement reprocher l'impieté, sans que nous l'imputions indiscrettement à tous ceux, qui ont des sentimens contraires aux nôtres; sur tout après les avoir abandonnés comme l'avoit fait vôtre Ami. Nous defendons souvent avec trop d'ambition, &

Anonym. in Math.

Athenée. l. 12.

trop d'opiniâtreté toutes nos pensées, n'en reconnoissant point d'autres pour orthodoxes; & nous voions, qu'on porte aujourd'hui si loin cette sorte d'animosité que les plus obligés à la modestie ne gardent plus de mesures dans leurs contestations. Vous n'aurés pas de peine à deviner ce qui me fait parler ainsi, & je suis assuré, que vous n'approuvés pas plus que moi un procedé si scandaleux.

D'UN

HOMME DE GRANDE LECTURE.

LETTRE CXXXVI.

MONSIEUR,

Les sciences ont quelque chose de l'hydropisie, elles altérent quelque fois excessivement, & elles enflent de certaines personnes à tel point, qu'elles en sont insupportables. C'est ce qui fait que Tacite donne cette loüange à son beau-pere Agricola, d'avoir par le conseil de sa mere usé de modération dans ses Etudes, la chose du monde la plus difficile à beaucoup d'esprits. Plus ils savent, plus ils veulent savoir, & dans les commencemens, lors qu'ils sont *in ipsa studiorum incude positi*, ils font des livres que *Declar. Orat.* Saint Jean l'Evangeliste fit de celui, que l'Ange lui donna, ils les devorent, y trouvant un agrément de miel, & puis ils ressentent des tranchées & des amertumes extrémes, la douceur s'étant convertie en bile: *Et accepi li-* *Apocal.* *brum de manu Angeli, & devoravi illum, & e- c. 10. rat in ore meo tanquam mel dulce, & cum devorassem eum, amaricatus est venter meus*. Cela me fait souvenir de l'Apologue rapporté par Dion Chrysostome, que les yeux s'étant plaints *Orat. 66.* de voir comme la bouche mangeoit tous les bons morceaux, & particulierement l'agréable miel, sans qu'ils y goûtassent, on leur en fit part, & ils le trouverent si piquant qu'ils ne le pouvoient souffrir. En effet, la Science est la nourriture de l'ame, de même que l'aliment est ce qui fait subsister le corps. Il y a pourtant cette différence, que le corps tombe aisément dans l'inappetence de vivres, quand il s'en est rempli, là où nôtre ame n'est de sa nature jamais saoule d'apprendre,

& ne met jamais de borne à ſes connoiſſances. Que s'il arrive à quelques-uns d'éprouver quelque ſatieté dans leurs études, ou même d'en faire mal leur profit, ſans doute qu'ils n'ont pas la force d'eſprit requiſe pour bien digerer la ſcience, & pour la tourner heureuſement en une bonne ſubſtance. Or comme l'on auroit tort d'accuſer de crudité la viande qu'un malade rejette, au lieu de l'imputer à la debilité de ſon eſtomac; il n'y auroit pas plus de raiſon de reprocher à la ſcience un effet, qui ne vient que de la mauvaiſe conſtitution de celui, qui n'a ni la vigueur ni l'adreſſe neceſſaire pour s'en prévaloir. Car après tout, la partie qui nous anime, toute immortelle qu'elle eſt, a ſes infirmités, dont la bonne Philoſophie eſt la véritable médecine. Elle guerit les maladies de l'entendement, qui ſont les opinions erronées, par la ſpéculation, qui lui fait diſcerner le vrai ou le vraiſemblable du faux, & elle combat celles de la volonté, quand nos mauvaiſes mœurs la depravent, par le moien de la Morale.

Mais il n'arrive pas à tous ceux, qui ſe donnent bien de la peine pour parvenir à cette haute connoiſſance, de reüſſir dans leur recherche. Toutes ſortes de génies ne ſont pas propres à faire une ſi importante acquiſition, & quoiqu'on y apporte des entrailles d'airain, comme ce Philosophe Grec, qui en fut surnommé χαλκέντερος, ou qu'on ne s'y épargne non plus qu'Origene, que les travaux extrèmes & les contentions d'esprit continuelles firent appeller *Adamantius*, la Science est un rameau d'or, qui ne se laisse pas cueillir indifféremment par toutes personnes. Quelqu'un l'a gentiment comparée à ces Alouëttes, qui trompent ceux qui les poursuivent, parce qu'elles semblent les attendre, ne s'envolant, que quand ils croient mettre la main dessus. Cependant ce desir naturel de savoir est si puissant, que peu de gens abandonnent cette poursuite ; chacun croit y reüssir mieux que son compagnon, & l'on y est si fort trompé, que la plûpart du tems ceux, qui en sont le plus éloignés, sont les plus persuadés d'être arrivés au plus haut point de la science. C'est ce qui donne cette vanité, & cette importune enflure, qui suit l'alteration, dont nous avons parlé dès le commencement. Car il y a des connoissances imparfaites, qui sont plus présomptueuses mille fois que la véritable Science, si tant est qu'il y en ait. La solide doctrine est toûjours accompagnée de modestie, & même d'humilité, Φρόνημα ταπεινὸν dit le Philosophe, & les demi-savans seuls sont d'autant plus altiers, qu'ils croient savoir ce qu'ils ne savent nullement. Faites en l'experience, vous les reduirés toûjours à cette extrémité de protester, qu'ils entendent mille belles choses, mais qu'elles sont de difficile explication. Il n'en est pas pourtant ainsi, la plûpart des matieres, que l'on comprend bien, s'expriment avec facilité, *Scientiæ comes est evidentia*: Et celui qui se vantoit de connoitre le Tems, quand on ne lui demandoit point ce que c'étoit, parce qu'alors il demeuroit court; se glorifioit sans doute d'une science, qu'il ne possedoit pas, autrement il eût pû expliquer ce qu'il en pensoit, comme l'on fait presque sans exception tout ce que l'on a bien conçû, *prorsus signum scientis est, posse docere*: Aristote est l'auteur de cet axiome.

l. 1. Metaph. c. 1.

Or le peu d'utilité, que plusieurs personnes retirent de leurs longues études, fait qu'on a pris sujet d'invectiver contre elles peutêtre avec trop d'animosité. J'en vois, qui accusent le Roi François Premier d'avoir gâté la France en multipliant les Universités, & avec elle une sorte de savans, qui ne sont bons qu'à rendre plus grand le nombre des oisifs, au préjudice de la Marchandise & de l'Agriculture. Depuis, disent-ils encore, que cette telle quelle science s'est renduë si commune, la prud'hommie a été beaucoup plus rare qu'auparavant; *postquam docti prodierunt, boni desunt*, selon que Seneque s'en plaignoit de son tems. En effet, l'on ne voit plus guères de gens, qui philosophent autrement que de la langue, ou qui emploient leur savoir ailleurs, qu'en des propos choisis, ἄνευ τȢ πράττειν μέχρι τȢ λέγειν, *factis procul, verbis tenus*. Cependant, outre qu'il y a une notable différence entre un homme de grande lecture, & un homme savant, il se trouve de plus que la science & la sagesse sont des choses si distinctes, que la premiere n'est qu'une fleur inutile & de parade seulement, au prix de l'autre qui porte de véritables fruits:

——— *sapientia fructum*
Producit vitæ, fert ipsa scientia florem,
Prodest illia, sed hæc ornat.

Marc. Phling. in Sagitt.

Cela ne se peut prouver par des exemples plus illustres que ceux des deux derniers Rois d'Angleterre, Jacques Sixiéme, qu'on appelloit le Roi du savoir, & son fils Charles reçû Docteur dans l'Université d'Yorc avec toutes les fourures, & toutes les cérémonies accoûtumées. Et néanmoins l'on n'en trouvera point de moins célebre que le premier dans toutes les Dynasties de cette grande Isle, ni de plus malheureux en sa fin que l'a été cet illustre Docteur, qui lui succeda. Opposés à cela ce qu'a observé le Cardinal de la Cueva du peu de cas que font des Lettres la plûpart des Senateurs de Venise, qui conduisent avec tant de reputation l'Etat de S. Marc, & vous aurés assez de peine à conserver toute l'estime que plusieurs font de ces mêmes Lettres. *La maggior parte*, dit-il dans sa Rélation, *del Senato Venetiano, auzi delle dieci parti le nove, sono senza lettere.* Pourquoi donc se tant travailler après les livres, & perdre la vûë à les feüilleter, faisant d'elle un sacrifice à cette Minerve Ophthalmitide des Lacedemoniens, qui préfèrerent toûjours le maniement de leurs courtes épées à toute la science d'Athenes.

Pausan. l. 3.

Si ne faut-il pas penser sur de semblables discours avilir la chose de toutes, qui met le plus de distinction entre les hommes. Les indisciplinés, selon la belle pensée d'Aristote, ne voient les objets de l'esprit, que comme nous faisons les materiels quand nous en sommes fort éloignés. Et le Gulistan a fort bien déclaré en riant, qu'un ignorant, pour grand & pour riche qu'il soit, n'est, à le bien prendre, qu'un Ane parfumé d'ambre gris. L'on

1. de soph. Elench. c. 1.

ne sauroit donc trop estimer l'application des gens d'étude, qui tachent d'acquerir par elle ce qui leur peut être si utile, & si glorieux. Leurs lectures sont ordinairement des conversations qu'ils ont avec les plus habiles & les plus sages personnes de tous les siécles; au lieu que l'action qui occupe les autres n'est guéres qu'avec des hommes d'esprit populaire, quelques fins qu'ils soient, & souvent avec de dangereux fous. L'assiduité des studieux à leur profession est d'autant plus nécessaire, que les sciences, aussi bien que les arts, ne se perfectionnent que par reprises & par adjonctions, *crescunt per additamenta*. La science d'un jour ou d'une nuit, car l'un & l'autre entrent dans ce compte, se communiquent aux autres qui suivent, & qui en profitent, *discipulus est prioris posterior dies*, & d'ailleurs les secondes pensées, qui passent pour les plus sages, rectifient presque toûjours les premieres. Si la continuité des méditations de ceux, dont nous parlons semble importune à quelques-uns, qu'ils se souviennent du mot que Xenophon fait prononcer à Socrate, qu'il vaut bien mieux être appellé Φροντιςὴς; ou songe creux, quand l'on auroit *In Conv.* dessein de nos injurier, que ἀΦρόντιςος ou étourdi. Je sai assez qu'il se fait quelquefois de mauvaifes études, ou de dangereufes lectures, & que nous n'en pouvons faire, qui approche nôtre connoiffance de celles des Intelligences, ni même du moindre Démon. Les Chinois nomment le fejour des Diables la maifon enfumée, mais telle qu'elle foit, le moindre de ces malins efprits y voit & diftingue mieux toutes chofes, que ne fauroit faire naturellement le plus favant de nos Docteurs. Cela ne nous doit pas empêcher pourtant, de nous inftruire autant que nôtre humanité le permet, & de fuivre cette pente, qu'ont tous les hommes vers la fcience, ou ce defir d'apprendre, que Dieu & la Nature ne nous ont pas donné en vain. Certes, il faut être bien dépravé pour en ufer autrement, & je

3. de fin. trouve que Ciceron a eu raifon, de s'imaginer qu'à moins d'être tout à fait fauvage & brutal, l'on ne peut refifter à cette douce & utile follicitation de favoir, que nous imprime en naiffant celui qui donne l'Etre. *Quis autem tam agreftibus inftitutis vivit, aut quis contra ftudia naturæ tam vehementer obduravit, ut à rebus cognitu dignis abhorreat, eafque fine voluptate aut utilitate aliqua non requirat, & pro nihilo putet?* Il a raifon fans doute, l'on ne fauroit renoncer à cet inftinct fecret, ni à cet appetit de connoitre, fans renoncer à l'humanité.

DES SEPULCRES.

LETTRE CXXXVII.

MONSIEUR,

Comme il s'est trouvé des personnes qui ont mis à un si haut point l'honneur des Sepulcres, qu'ils ont osé prendre le Ciel à partie s'il n'étoit pas deferé à ceux, qui le méritoient;

Marmoreo Licinus tumulo jacet, at Cato parvo,   Epigr. vet. l. 3.
    Pompeius nullo; credimus esse Deos?

Il y en a eu d'autres aussi, qui s'en sont absolument moqués, & sans parler des Philosophes, l'on a vû des Nations entieres, qui ont fait gloire d'exposer leurs cadavres tantôt aux animaux feroces des bois, tantôt aux oiseaux carnaciers, ou même aux poissons, si ces Nations étoient *Ichthyophages*, comme pour rendre à leur tour la nourriture à ceux, qui les avoient alimentés, & faire, que leurs corps privés de vie ne fussent pas absolument inutiles. Je pense qu'ici, comme presque par tout ailleurs, l'opinion moienne entre ces deux extrèmes est la plus estimable. Ainsi les Philosophes Lycon, & Straton surnommé le Physicien, ordonnent dans Diogene Laërce à leurs exécuteurs testamentaires, de n'être ni superflus, ni sordides dans leurs funerailles. Le symbole des Pythagoriciens alloit là, dans la defense d'amasser trop de bois de Cyprés; *non coacervanda ligna cupressina.* Et nous voions dans l'Histoire Romaine Marcus Æmilius Lepidus, qui defend à ses enfans de faire la dépense d'une pompe funebre, & Seneque, qui ordonne dès le tems de sa plus grande faveur, & de ses immenses richesses, que son corps fût brûlé sans aucune solemnité. Il n'y a guères d'histoires, qui ne me fournissent de semblables exemples, mais je me contenterai de prendre de celle d'Espagne écrite par Mariana, la prohibition expresse, que fit Alphonse Roi d'Arragon, surnommé le Magnanime, de lui ériger aucun Tombeau; ce qui fut imputé à une extraordinaire modestie. Il faut sans doute déferer à l'usage de chaque païs, mais l'on ne sauroit trop s'éloigner d'une vanité que Saint Augustin ne regarde pas tant pour être à l'avantage des morts qu'à la consolation des vivans? *proinde*

Flor. ad l. 48. T. Liv.
Tac. 15. Ann.

l. 22. c. 13.

omnia ista, curatio funeris, conditio sepulturæ, L. 1. de. *pompæ exequiarum, magis sunt vivorum solatia,* Civ.De.c. *quam subsidia mortuorum.* Ce sentiment est 12. d'autant plus Chrétien, que dans la Réligion Payenne l'on étoit si aveuglé que de croire, qu'à faute d'avoir reçû l'honneur de la sepulture, ou celui d'un *Kenotaphe*, les ames des defunts demeuroient errantes l'espace de cent ans, miserables comme celle de Palinure, devant que de pouvoir pénétrer jusqu'au Roiaume de Pluton. L'on y tenoit aussi pour assuré, que ces mêmes ames étoient sensiblement touchées là bas des honneurs de l'inhumation & des funerailles. C'est ce qui fait dire à Enée dans le dixiéme livre du Poëme, qui porte son nom,

Interea socios, inhumataque corpora terræ
Mandemus, qui solus honos Acherunte sub
imo est.

L'opinion contraire à cette superstition semble donc devoir être préferée à cet égard.

En effet, il n'y a point de fin aux dépenses des tombeaux & des pompes funebres, quand l'on est une fois persuadé que cela donne de la satisfaction à ceux, dont la mémoire nous Relat.l. est chere. Les Mausolées, les Pyramides, c. 4°. les Sphynges même, & les Obelisques, puisque Bélon prend leurs entaillemens pour des marques du sepulcre de quelques Rois d'Egypte, ne contentent jamais la vaine passion de ceux, qui en sont touchés. Il ne suffit pas à ce Monarque affligé du trépas de son cher Hephestion, de faire couper le crin de tous les chevaux de sa Cour, & de toutes les bêtes de charge, il veut même qu'on rase le haut des tours, & qu'on abatte les parapets des villes murées, pour leur faire en quelque façon porter le deüil de la perte de ce Favori. Le luxe n'est pas moins grand ici, qu'aux actions de la plus solemnelle réjouïssance, & Venus Libitine, ou Epitymbie & Sepulcrale, n'est pas moins dépensiere quelquefois que celle, qui préside à toute sorte de dissolutions. Il y a si peu d'Epitaphes, qui se tiennent dans une juste moderation, que l'Italien en a fait un de ses proverbes, *tu sei piu bugiardo d'un Epitaphio.* Louïs Onziéme fut contraint de faire changer celle de Guillaume Chartier, Evêque de Paris, en une bien différente, qui contenoit la mauvaise conduite de ce Prélat durant la guerre dite du Bien public, où il avoit animé les esprits contre le service du Roi en faveur du Duc de Bourgogne. Et sans parler des magnifiques funerailles qu'Evagoras Spartiate, & Miltiades Athenien firent faire à des chevaux victorieux à la course des Jeux Olympiques,

DES SEPULCRES. 113

Olympiques, d'autres à des chiens, & Philosophe Lacydes à son Oison; le peuple Romain non content d'avoir rendu le même honneur à un Corbeau qui le saluoit ordinairement, ne fit-il pas mourir son meurtrier? accordant à un si vil animal ce qu'il avoit refusé à la mémoire des Scipions. Je ne dis rien des Oraisons funebres, encore plus licentieuses souvant que les Epitaphes, pour vous demander seulement la raison du silence des Espagnols en cela, ne prononçant jamais, à ce que porte l'Histoire du Président de Thou, d'oraison funebre en faveur de personne.

L. 84. ubi de Card. Granu.

Peutêtre serés vous bien aise d'observer encore après Postel, comme il n'y a que la seule Réligion Chrétienne, qui demande une terre benite & sanctifiée avant que les corps y soient inhumés; dans toutes les autres Réligions le corps mort & enterré étant celui, qui rend le lieu où il est mis, sacré & digne de respect;

L. 3. de Orb. conc. c. 18.

Sacrilegæ bustis abstinere manus.

Epig. vet. Adm. ad Gent.

Clement Alexandrin fait voir à ce propos, comme la plûpart des Temples de la Gentilité étoient de véritables sepulcres, qu'on avoit convertis en ces superbes édifices, qui couvroient la sainteté précedente des Tombeaux. Et la Réligion a fait croire de tout

Tome VII. Part. II. H

tems, que naturellement ces Monumens inspiroient je ne sai quelle vénération, ou même que leurs *Manes*, comme l'on parloit autrefois, exerçoient leur vengeance sur ceux, qui violoient le respect dû à des lieux si privilegiés.

Epigr.vet.
ex Sen.   *Crede mihi, vires aliquas natura sepulcris*
Attribuit; tumulos vindicat umbra suos.

C'est sur ce fondement qu'Hérodote couche entre les folies & les irréligions de Cambyses, celle d'ouvrir les plus anciens sepulcres, pour voir ce qui étoit dedans: Et qu'ailleurs cet Historien fait qu'Indathyrsus Roi des Scythes répond en ces termes au deffi du Roi Darius, qu'il n'étoit pas si pressé que lui de combattre, mais qu'il vouloit bien l'avertir pourtant, qu'au cas qu'il en eût tant d'envie, comme il le témoignoit, il n'avoit qu'à entreprendre de maltraiter les Tombeaux de ses Prédécesseurs, l'assurant qu'alors il trouveroit à qui parler. Bref la sainteté de ces lieux étoit si grande dans toute l'étenduë du Paganisme, que la foudre même de Jupiter ne la pouvoit pas diminuer. Ainsi le sepulcre du Legislateur Lycurgue, & celui du Poëte Euripide, aiant été touchés du tonnere, ces coups du Ciel qu'on pouvoit interpréter à leur desavantage, furent pris tout au rebours à leur plus grande gloire. Si eſt-ce qu'ils ſont ſujets à la commune Deſtinée, qui fait finir tout ce qui a eu commencement,

Quandoquidem data ſunt ipſis quoque fata Iuven.
ſat. 10.
ſepulcris.

L'on a beau les entourer d'Amarante, de Ioubarbe ou de Sempervive, pour ſymbole de perpetuité, & les conſtruire aux heures favorables ſelon l'avis des Aſtrologues, com- Voia. d'A-
lex. de
Rhodes. me le font les Cochinchinois, qui penſent, que tout le bonheur des familles dépend de là; ils n'ont pas plus de privilège que les villes entieres, qui ſe convertiſſent en des ruines & en des ſolitudes, *magna civitas, magna ſolitudo*. Il eſt vrai, qu'on a dit d'elles, qu'elles devenoient enfin, quelques grandes qu'elles fuſſent, des Sepulcres d'une extraordinaire étenduë,

Magnarum rerum magna ſepulcra vides. Epigr. vet.
l. 3.

Et ſi le mot *Monumentum* convient aux Tombeaux ordinaires, à cauſe qu'ils nous portent au ſouvenir de nôtre condition mortelle, *quia monent mentem;* il ne ſera pas moins propre à ces villes deſolées, dont nous parlons, qui n'obligent pas à des penſées moins morales, ni moins inſtructives.

Mais vous avés eu tort de m'imputer, que dans ma Lettre des Pompes funebres j'aie fait paroitre trop d'inclination pour l'inhumation hors des villes que tant de peuples ont pratiquée. Vous ne l'avés pas lûë toute entiere, si vous n'y avés vû, comme je soumets en cela le raisonnement humain à l'autorité de l'Eglise. J'avouë que sans son usage je défererois beaucoup à celui de tant de Nations, dont j'ai parlé, & même à ce qui s'ob- ⟨marg: *Iarric. 4. hist. c. 20.*⟩ serve encore présentement dans toute l'étenduë de ces grands Empires du Turc, & de la Chine, où les Cimetieres ne sont jamais renfermés dans l'enclos des villes. Pour ce qui touche le Médecin, qui pour ne préjudicier à la santé de personne ne voulut pas être enterré dans l'Eglise, c'est une injustice toute pure de mal interpréter son intention, qu'on peut soûtenir très-loüable. Je n'ai pas vû son testament, mais voici ce que contient l'Epitaphe qu'un de ses enfans fit mettre au Cimetiere de Saint Etienne. *Simon Pietreus Doctor Medicus Parisiensis, vir pius, & probus, hîc sub dio sepeliri voluit, ne mortuus cuiquam noceret, qui vivus omnibus profuerat.* Ne vouloir nuire à personne ni vif, ni mort, n'est pas seulement de Philosophe, il est de Chrétien; & le bienheureux François de Sales n'a jamais témoigné plus de charité envers son prochain, qu'en leguant son corps, qu'il étoit prêt d'abandonner, aux Chirurgiens, pour servir utilement à leur instruction. Si l'interêt prenoit quelque part, comme vous le croiés, dans toute cette matiere, l'action de Galeas Duc de Milan doit être considérée, qui fit enterrer tout vif un Prêtre avec le corps d'un trépassé, qu'il n'avoit pas voulu mettre en terre sans argent. Graces à Dieu, je ne pense pas, qu'on puisse reprocher rien de tel à nôtre Siécle. *Matth. hist. de Loüis XI. l. 7.*

Le sujet de cette Lettre n'est pas si agréable, que je la doive rendre plus longue. Les plus beaux sepulcres ne le sont qu'à demi, *sepulcra semi-pulcra*; & quelques somptueux qu'ils soient au dehors, le dedans n'est que pourriture. Il n'y en a point d'ailleurs dont la magnificence égale celle du Tombeau de Themistocle, à l'honneur de qui l'on dit que toute la Grece seroit son Monument. Quoiqu'il en soit, vous savés bien, que cette matiere, toute lugubre qu'elle est, ne laisse pas de recevoir en beaucoup de lieux le divertissement des festins; & afin de vous y donner quelque recréation, je vous reciterai, en finissant, des vers, qui furent faits sur celui, qui ne traitoit jamais ses amis qu'à la mort de ses enfans,

Convivæ miseri luctus deposcite multos;
Prandia tot venient, funera quot fuerint.

Epigr. vet. l. 3.

H iij

Cette Epigramme dans son sens, aussi bien que dans son expression, n'a rien que l'ancienne Rome ne puisse avouër.

* * *

DU
SAVOIR HUMAIN.

LETTRE CXXXVIII.

MONSIEUR,

Je sai bien que les plus grands hommes ont fait profession d'apprendre des moindres, & qu'ils n'ont pas même méprisé quelquefois le raisonnement des enfans. Pourquoi en auroient-ils usé autrement, si nous sommes contraints de reconnoitre que les animaux, tout déraisonnables qu'ils sont, nous ont souvent fait de très importantes leçons. D'ailleurs le célebre Arabe Locman, interrogé par les Perses, comment il avoit pû devenir si savant? répondit, que ç'avoit été par le moien des ignorans en remarquant leurs fautes. Tant il est vrai que d'une façon ou d'autre les gens habiles peuvent tirer profit de la conversation des plus grossiers & des moins illuminés. Si est-ce que je ne puis assez admirer, que vous soiés entré en contestation reglée avec celui, dont vous vous plaignés, n'aiant jamais ouï dire, qu'un bon jouëur d'échecs ait pris plaisir à montrer ce qu'il y savoit, contre ceux, qui connoissent à peine le mouvement des piéces. Quel contentement, de disputer avec des personnes, qui ont naturellement la cervelle pétrifiée, puisqu'Epictete appelle leur raisonnement τȣ̃ νοητικȣ̃ ἀπολίθωσιν; ou avec quelqu'un de ces materiels, qu'il nomme ailleurs ξέςυν αἵματις, *sextarium sanguinis*. Quand vôtre adversaire n'auroit pas été tout à fait si stupide que ceux là, vous deviés vous souvenir, qu'il n'y a rien ordinairement de plus insolent, n'y de plus importun, que ces hommes d'étude tardive, qu'Horace apostrophe en ces termes, *O seri studiorum*. Ciceron n'avoit osé changer le nom que les Grecs leur ont donné, quand il écrit à Papyrius Pætus, ὀψιμαθεῖς *autem homines scis quam insolentes sint*. Mais Aulu-Gelle a décrit excellemment l'incommodité de leur vice d'*opsimathie* en parlant ainsi: *Qui ab alio genere vitæ detriti jam & retorridi ad literarum disciplinas se-*

Arr.l.1.c. 5. & 9.

L.1.sat.10.

L.15.c.30.

rius adeunt, si forte iidem garruli natura, & subargutuli sint, oppido quam fiunt in litterarum ostentatione inepti, & frivoli. Nous n'éprouvons que trop souvent avec chagrin la vérité de ce qu'a écrit ce Romain. Je veux donc croire que vous ignoriés d'abord à qui vous aviés à faire, & qu'il vous est arrivé dans cette méprise comme à Diomede, qui pensant combattre Enée, n'escrimoit que contre un phantôme.

Pour vous consoler, je vous dirai, qu'à mon avis il est encore moins desavantageux d'avoir à contester contre un franc ignorant, que contre de certains demi-savans, qui n'ont que des notions confuses, ou imparfaites semblables à celles du Margites d'Homere, dont la connoissance s'étendoit sur une infinité de choses, mais qu'il savoit toutes très mal. Car comme Aristote l'a fort bien observé, beaucoup de personnes s'attachent plus fortement, & avec plus d'opiniâtreté à des erreurs, dont ils sont persuadés, que d'autres ne font à ce qu'ils connoissent avec toute la certitude, qu'on en peut avoir. Nos songes, qui nous transportent quelquefois si fort, sont des preuves évidentes, que nous sommes touchés également des choses vaines, quand nous les croions, comme de cel-

7.*Eth.c.3.*

les, qui ont une véritable exiſtence. J'avouë, que l'on eſt ordinairement détrompé de ces rêveries nocturnes par le réveil; mais il ſe trouve des gens pour qui jamais il n'eſt jour, & qui ne quittent de leur vie les imaginations obſcures & trompeuſes d'un faux ſavoir. Cela eſt ſi certain, qu'à le bien examiner par induction, l'on reconnoitra preſque toûjours, qu'il n'y a point d'opinions plus aſſurément fauſſes, que les plus univerſellement crûës; de quoi nous nous ſommes aſſez expliqués ailleurs. Cependant la perſeverance opiniâtre de ceux, dont nous parlons leur eſt bien plus honteuſe, qu'à d'autres l'aveu d'une ignorance, qui nous eſt ſi naturelle, qu'elle mérite par tout d'être excuſée. *Non enim parum cognoſſe*, dit excellemment Ciceron, *ſed in parum cognito ſtulte & diu perſeveraſſe turpe eſt.* [L. de Inveut.] Il ſera néanmoins toûjours plus de ces demi-ſavans açariâtres, & entêtés, πολλῶν γραμμάτων τιμοῦντες καπνοὺς, *multarum litterarum colentes fumos*, comme parle Theſée dans Euripide; que de ſavans ſinceres, ou de dociles ignorans. [InHippol.] Si nous ne pouvons être des plus à eſtimer parmi ceux là, faiſons ce que nous pourrons pour demeurer dans ce beau milieu, que nous décrit le convive de Platon, entre la ſcience & l'ignorance, &

qui consiste à posseder des opinions si non certaines, au moins vraisemblables, ne les defendant jamais comme constantes, mais seulement sur leur probabilité.

C'est une chose étrange, que tant de monde desire de passer pour savant, & qu'il y en ait si peu, qui se soucie de l'être véritablement, en se peinant pour acquerir des connoissances propres à éclairer l'entendement, ou à rectifier la volonté. Cela vient sans doute de ce que *non vitæ, sed scholæ discimus,* comme s'en est plaint Seneque à la fin d'une de ses épitres. Nous ne songeons qu'à nous rendre adroits dans cet art *polemique* ou guerrier de l'Ecole, sans nous soucier de l'emploier serieusement en faveur de la vérite, ou de la conduite de nôtre vie. Qui est le Philosophe aujourd'hui, non plus que du tems de Ciceron, qui exerce sa profession à autre dessein que pour en faire parade, sans avoir la moindre pensée d'en profiter? *Qui disciplinam suam non ostentationem scientiæ, sed legem vitæ putet? qui obtemperet ipse sibi, & decretis suis pareat?* En effet, la vanité, que cet excellent homme attribuë à l'Epicurien Velleius en un autre endroit, nous peut être justement reprochée, *nihil tam veremur, quam ne dubitare aliqua de re videamur.* Nôtre plus gran-

Ep. 106.

2. Tusq.

1. de nat. Deor.

de crainte est de demeurer court, & de faire connoitre que nous hésitions tant soit peu. Dans toutes nos disputes, & parmi nos plus serieuses conferences, nous ne songeons qu'à faire paroitre quelque pointe ou subtilité d'esprit, plûtôt pour obtenir la victoire, que pour nous instruire, & pour en tirer de l'utilité; *magis cordi est non dubitare, quam non errare.* Or ce n'est pas merveille que cela soit ainsi, puisque nôtre premiere institution dépend toute d'Aristote, à qui ce defaut est imputé préferablement à tous autres, d'avoir eu plus de soin d'instruire ses disciples à bien disputer, qu'à bien penser, & à contenter finement de paroles leur adversaire, qu'à le satisfaire, & soi même par de bonnes raisons. *Scholæ Aristotelis mos est curare ut habeant homines quod pronuntient, non quod sentiant, & docere quomodo se expedire affirmando aut negando, non quomodo sibi satisfacere possint.* Baco not.ph. En effet, quoiqu'il ait bien prouvé la plûpart de ses axiomes, l'on ne sauroit nier, qu'il n'ait souvent refuté très mal, & calomnieusement, les autres Philosophes, qu'il vouloit contredire. Cependant nôtre but principal devroit être d'acquerir par la dispute une solide doctrine, capable de donner quelque satisfaction reciproque, & dont chacun se pût prévaloir en la possedant, puisque la science n'est rien sans l'usage, ni toutes nos connoissances si nous ne les mettons en pratique, *non paranda solum nobis, sed fruenda etiam sapientia est.*

Ciceron. 1. de fin.

Sans mentir, la passion que nonobstant cela quelques-uns ont témoignée pour ce Philosophe, est tout à fait merveilleuse. Elle a passé jusqu'à l'adoration parmi les Carpocratiens, & les Theodosiens héretiques. Les Théologiens de Cologne le declarèrent depuis précurseur de Nôtre Seigneur, *in Naturalibus*, comme Saint Jean Baptiste *in Gratuitis*, tirant un parallele entre ces deux personnes, qui ne pût être reçû sans quelque sorte d'impieté. Henri de Hassia, Chartreux, a été transporté encore d'un zèle trop ardent, lors qu'il l'a soûtenu aussi savant que nôtre premier Pere; & George Trapezuntin de même dans un livre fait exprès de la conformité de sa doctrine avec la sainte Ecriture. Macrobe entre les Payens l'a, à ce qu'il me semble, loüé le plus hautement & le plus délicatement de tous, quand il a fait scrupule de lui contredire, vû que la Nature acquiesçoit visiblement à toutes ses maximes; *Non possum*, dit-il, *non assentiri viro, cujus inventis nec ipsa Natura dissentit.* Bergeron remarque dans son Traité des Tartares, qu'ils

Baron. tom. 3.

Agr. de van. sc. c. de ph. mor.

7. Sat. c. 6.

offedent les livres d'Ariftote traduits en leur langue, enfeignant avec autant de foûmiffion, qu'on peut faire ici, fa doctrine à Samarcand, Univerfité du grand Mogol, & à préfent ville capitale du Roiaume d'Usbec. Et nous apprenons de la Rélation d'Olearius, que les Perfes ont de même toutes les œuvres de ce Prince du Lycée, expliquées par beaucoup de Commentateurs Arabes, qui nomment communement fa Philofophie le Gobelet du Monde, avec cette adjonction pourtant, qu'il n'y faut boire que fobrement, parce qu'autrement elle entête & enyvre prefque toûjours. Bref on peut dire avec plus de vérité, que l'on n'a fait autrefois d'Homere, que jamais tous les Empereurs enfemble n'ont fait tant vivre de monde par leurs liberalités, qu'Ariftote feul par ce qu'il a valu à ceux, qui ont été profeffeurs de fon fyfteme philofophique. Mais dautant que Pythagore, Platon, & ces autres anciens originaux de fageffe & de vertu, ont eu auffi des Sectateurs, qui recevoient leurs opinions pour des Demonftrations, croiant que leur grande experience leur avoit donné une vûë particuliere, pour difcerner mieux que perfonne les principes d'où fe tirent les raifons & les confequences fyllogiftiques; les amis du Péripatetifme s'avisèrent de les accorder avec Aristote, se donnant mille peines pour cela. En vérité, Platon & son Academie ont eu de puissans athletes de leur côté. Sans parler des premiers Peres de l'Eglise, qui ont presque tous été de ce nombre, Ciceron a toûjours préferé Platon à Aristote. Et je ne veux que ce texte de sa premiere Tusculane, pour justifier, combien il étoit prévenu en faveur de celui là: *Errare mehercule malo cum Platone, quàm cum aliis bene sentire*: ajoûtant un peu après, *Ut enim rationem Plato nullam afferret, vide quid homini tribuam, ipsa autoritate me frangeret.* Porphyre donc entre autres composa sept livres, où il prétendoit montrer clairement, que Platon & Aristote n'avoient qu'une même pensée, quoique leurs termes ne fussent pas semblables, & que leur façon de s'expliquer parût différente. Ces livres se sont perdus, mais ceux de Proclus, & de la plûpart des Interprètes Grecs d'Aristote, suppléent à ce défaut outre que le Cardinal Bessarion a depuis contribué beaucoup à ce dessein. Ainsi l'on a voulu encore concilier les opinions de Saint Thomas avec celles de Scot, le Pape Sixte Quatriéme aiant fait un livre exprès afin de montrer, qu'ils convenoient en même doctrine, bien que leurs paroles fissent croire le

Onuphrius.

contraire. Si faut-il avouër, qu'à le bien prendre, tous ces accommodemens, anciens, & modernes, font abſolument frauduleux, & que c'eſt trahir la Philoſophie que de vouloir compoſer à l'amiable des ſentimens d'une ſi viſible oppoſition. *Urbem philoſophiæ pro-* 2. de Divin. *ditis*, diroit Ciceron, *dum caſtella defenditis.* Pour paroitre ingenieux en faveur de quelques particuliers, & en des choſes ſi difficiles, ou plûtôt impoſſibles, nous abandonnons la ſincerité philoſophique, & nous apprêtons à rire aux dépens de la vérité, qui ne ſe reconnoit preſque plus. Je ſerai plus hardi, ſi je m'explique en termes étrangers, emploiant le mot de Seneque, *non poſſum hoc* 3. de Orat. *loco dicere illud Cæcilianum, O triſtes ineptias, ridiculæ ſunt.*

Or ſi la ſcience a reçû beaucoup de préjudice d'un trop grand attachement à des choſes particulieres, & d'une trop baſſe ſoûmiſſion, dont ceux-là ont uſé, *qui in una phi-* 3. de Orat. *loſophia quaſi tabernaculum vitæ ſuæ poſuerunt*, comme en parle l'Orateur Romain; elle n'a pas éte moins intereſſée par d'autres, qui portés de vanité ont fait gloire de prendre des opinions ſolitaires, & que perſonne n'eût encore ſuivies ni épouſées. Car l'on a remarqué Cic. 4. A-cad. qu. dans tous les ſiécles lettrés, qu'une infinité d'esprits ont eu l'ambition de cet Antiochus, qui abandonna les Academiciens sur l'esperance qu'on lui donnoit, que faisant bande à part, il auroit des disciples, qui porteroient le nom d'Antiochiens. La même présomption a paru évidemment en ces derniers tems, où tant de gens voulant passer pour Novateurs & Chefs de bande, ont affecté, si non d'établir de nouveaux systemes, pour le moins d'en sophistiquer quelqu'un avec de nouveaux termes, & des definitions nouvelles, propres à couvrir leur dessein. Quintilien s'est plaint hautement de cette mauvaise façon d'embrouïller les choses, au lieu de les éclaircir, quand il dit au sujet de la Definition; *pravum quoddam ut arbitror studium circa scriptores artium extitit, nihil eisdem verbis quæ prior aliquis occupasset finiendi.* En effet toute nouveauté, soit de paroles, soit de pensées, engendre de l'obscurité, & donne de la peine, paroissant d'abord *come dissonanza a l'orecchio, tenebre alla vista, fetore a l'odorato, amarezz'al gusto, & ruuidezza al tatto,* selon qu'un Italien moderne s'en explique. Ce n'est pas que je veuille condanner toute sorte de Novateurs, ceux qui sont Instaurateurs des sciences par le changement, qu'ils y font, méritent autant d'estime, que les autres de blâme,

2. Inst.c.5.

Foscar.della mobil. dell. Terra.

blâme, lors qu'ils ne font que détruire. Mais aussi ne doit-on pas donner aveuglément son suffrage, comme plusieurs font, à toute sorte de changement, & de nouveauté. Il n'est pas des axiomes de la Philosophie comme des loix civiles, & des contrâts, qui se passent entre personnes privées; les vieilles maximes, fondées sur la raison & sur l'experience des anciens, ne sont pas obligées de ceder sans discernement à celles, qui se présentent de nouveau, & qu'il semble même quelquefois, qu'on voudroit faire passer avec violence, ou du moins avec cabale. Vous avés connu de ces Novateurs, qu'on pourroit comparer dans le dessein qu'ils ont eu à un Roi de la Chine, qui fit brûler tous les livres de son Etat, comme dangereux & nuisibles, afin qu'abolissant la mémoire de ce que ses prédecesseurs avoient executé, il ne fût parlé que de lui. C'est le même Monarque, à ce que nous apprend le Pere Martinius dans sa premiere Decade, qui fit bâtir la grande muraille, qui separe cet Empire de la Tartarie. Vous savés que je ne suis, ici non plus qu'ailleurs, ni partial, ni Dogmatique.

DES
SCRUPULES DE GRAMMAIRE.

LETTRE CXXXIX.

MONSIEUR,

Vous me demandés aux mêmes termes, que Ciceron tient à son ami Atticus, *ponderosam aliquam epistolam, plenam omnium non modo actorum, sed etiam opinionum mearum.* C'est à quoi je serois bien empêché de satisfaire, quand j'en aurois la volonté. La plûpart de mes occupations sont si frivoles, qu'elles ne peuvent faire de poids, & souvent mes meilleures pensées me paroissent telles, que je serois honteux de vous les exposer à nud. Ce qu'on vous a dit de quelques conferences philologiques ne mérite pas vôtre entretien; laissons aux Moineaux la chasse des Mouches, & tenons pour assuré, que ces petites subtilités grammaticales, dont l'on vous a parlé, sont plus capables de nuire à un esprit, qui a quelque élevation par dessus le commun, que de lui profiter, *dum comminuitur ac debilitatur generosa indoles in istas angustias conjecta.* Ne vous amusés jamais à de telles bagatelles, que quand vous aurés besoin de sortir du serieux pour vous recréer, *hoc age cum voles nihil agere;* & laissés balaier la maison des Muses aux Grammairiens, qui n'en sont que les Portiers, ou pour le plus les Valets de chambre, pendant qu'en maitre vous visiterés ses plus beaux appartemens. Si vous vous arrêtés à toute sorte de Critiques, vous trouverés toûjours des Cestius, qui soutiendront, que Ciceron ne parloit pas bien Latin, & des Malherbes, qui reprendront aussi hardiment que ridiculement les plus beaux vers de Virgile. Mais je veux vous faire voir par un seul exemple le peu de fruit, qui se retire souvent de leurs plus heureuses corrections, puisqu'ils les appellent ainsi. La sentence du Chevalier Romain Laberius se lit ordinairement de la sorte,

Frugalitas miseria est rumoris boni.

Et il la faisoit apparemment prononcer à quelque mauvais ménager, qui se plaisoit à la dépense. Scaliger croit avoir trouvé la féve au gateau dans un manuscrit, où le mot *inserta* tient la place de *miseria*, & soutient que par consequent l'on doit prononcer:

Frugalitas inserta est rumoris boni. pour dire, qu'on ne sauroit donner un plus bel éloge que celui d'être frugal. Or je demande à Scaliger, pourquoi son manuscrit doit être tenu meilleur que les autres. Car celui de Macrobe, & celui d'Aulu-Gelle sont pour *miseria*; & il a été aussi aisé à un mauvais copiste de faire *inserta*, de *miseria*, qu'au contraire *miseria*, de *inserta*. Il ne peut pas dire d'ailleurs, qu'une de ces deux phrases soit plus naturelle ou Latine que l'autre. Mais il ne sauroit nier, que le sens de *miseria* ne soit bien plus beau dans la bouche d'un Apicius, ou de quelque autre pareil débauché, qui se veut moquer de la frugalité, que celui de *inserta*, qui ne fait que la priser. Ajoutés à cela, que cette haute loüange attachée au terme *inserta* est mal appliquée à la Frugalité, qui n'est qu'une vertu Oeconomique, & plûtôt de femme que d'homme. C'est tout ce qu'on pourroit prononcer à l'avantage de la Probité, n'y aiant point de reputation plus à estimer que celle d'être homme de bien. Il se devoit souvenir, que Ciceron loüant le Roi Dejotarus d'être frugal, reconnoit néanmoins, que c'est une vertu privée, & non pas éclatante, ni Roiale.

Cet Auteur célebre, que vous avés lû depuis peu, me fait pitié, d'être dans une contrainte si approchante de la gêne, pour obferver les moindres regularités; & quand je le confidere s'amufant à je ne fai quelles petites fleurettes, il me femble que je vois un Hercule filer baffement à la quenouille. Mais l'on appelle aujourd'hui, me repartirés-vous, cette façon de s'exprimer, écrire de jolies chofes. J'en tombe d'accord avec vous, & nous n'aurons point de différent là deffus, pourvû que vous vous fouveniés, qu'il n'y a que des bijoux & des pouppées, à qui l'attribut ou le nom de jolies convienne proprement. Les compofitions des grands hommes rejettent ce terme comme impropre, & parce qu'ils ne fongent guères qu'aux bonnes penfées, ils ne regardent les paroles qu'autant qu'elles ont la vertu de bien expliquer leurs fentimens. Ce n'eft pas qu'ils fe plaifent à la barbarie, ni au mauvais ftyle, mais c'eft qu'ils feroient bien fâchés de renverfer l'ordre naturel, & d'affujettir, comme plufieurs font, ce qu'ils ont à dire, aux mots choifis, qu'ils veulent employer, & à de certaines cadences de periode, où va tout leur foin & toute leur application. Nôtre langage doit avoir cela de commun avec nos habits, qu'encore que la propreté y foit bienféante, l'ufage avantageux & la commodité y doivent principalement être mis en considération. C'est ce qu'a voulu dire Saint Ierôme par ces termes, *aut loquendum ut vestiti sumus, aut vestiendum ut loquimur.* Le Pere de l'éloquence Romaine s'étoit avant lui expliqué à peu près de même sentiment: *Res ac sententiæ vi sua verba parient, quæ semper satis ornata mihi quidem videri solent, si eiusmodi sunt, ut ea, res ipsa peperisse videatur.* Vous voiés qu'il veut, que les bonnes pensées engendrent les paroles, & non pas que celles-ci aillent au devant & attirent comme par force les premieres. Il a même souvent declaré, que la négligence étoit quelquefois un des grands ornemens de l'oraison, & dans une de ses épitres il prise celle qu'Atticus lui avoit écrite sans soin & sans ajustement, trouvant dans ce mépris des graces, qui lui avoient plû; *Tua illa horridula mihi, atque incompta visa sunt, sed tamen erant ornata hoc ipso quod ornamenta neglexerant. Et ut mulieres ideo olere, quia nihil olebant, videbantur.* Il faut imiter ces grands hommes, & les imiter long-tems, & soigneusement, si l'on veut devenir inimitable. Une femme More fut capable d'enfanter une fille aussi belle & aussi blanche, qu'il y en eût dans nôtre Europe, pour avoir eu souvent la vûë attaché sur

Ad. Furiam.

L. 2. de Orat.

un portrait à qui cet enfant reſſembla. Quand on ſe propoſe d'excellens Auteurs à ſuivre, l'imagination conçoit des idées parfaites, & l'on apprend à les enfanter telles, qu'elles méritent d'être eſtimées. Ne craignons pas, aiant pour nous de ſi divins originaux, ce que peuvent dire de petits conteurs de jolies choſes; *Ne Grammaticorum quidem calumnia,* Suaſo. 2. *ab omnibus magnis ingeniis ſubmovenda, habebit locum.* C'eſt Seneque, qui dans une de ſes Declamations traite ſi mal les Grammairiens de ſon tems, qui valoient bien ceux du nôtre.

Je vous prie de vous ſouvenir comme au même lieu où il parle de la ſorte, il remarque auſſi l'impertinence d'un de cette profeſſion, qui trouvoit du ſolœciſme dans une façon de parler la plus élegante du monde, *& in ſententia optima accuſabat id quod erat optimum.* Tant il eſt conſtant, qu'il n'y a point de ſiécle, où il ne ſe rencontre toûjours d'importuns Cenſeurs, qui ſur le prétexte de quelque regle de Grammaire, mal établie, penſent acquerir de la reputation en reprenant ce qu'ils n'entendent point, pour être ſouvent au deſſus de leur portée. Ne penſés pas que tout ceci aille au mépris de la belle & pure élocution. Je l'eſtime autant que perſonne quand elle eſt telle, *ut neſcias, utrum res o-* 2. de Orat.

ratione, an verba sententiis illustrentur, ce que je me souviens avoir été dit par Ciceron à la gloire de Thucydide. Mais je maintiens, qu'il faut sur tout avoir égard à la pensée, comme à celle à qui toutes les paroles sont subordonnées, & mon opinion est encore, que le Philosophe Phavorin avoit raison de préferer l'éloquence de Lysias à celle de Platon, sur ce que *si ex Platonis oratione verbum aliquod demas, mutesve, atque id commodissime facias, de elegantia tantum detraxeris; si ex Lysiæ, de sententia.* Il prétendoit, que le moindre mot ôté du texte de Platon pouvoit bien préjudicier à sa belle expression, sans néanmoins en gâter le sens si cela se faisoit adroitement; mais qu'il n'y avoit point d'artifice, qui pût retrancher quelque chose des compositions de Lysias, sans faire un tort notable à la dignité & à l'excellence de sa pensée. Tout ce qu'on peut prononcer à l'avantage de l'élegance ou de l'ornement du discours, l'a été par celui, qui possedoit ces deux choses au dernier degrè, & qui les aimoit plus que personne n'a jamais fait. Voici sa determination. *Composite & apte sine sententiis dicere, insania est: sententiose autem sine verborum & ordine, & modo, infantia.* En vérité, l'amour de sa profession lui a fait préferer en un

Aul. Gell. l. 2. c. 5.

In Orat.

autre endroit l'éloquence verbale, à la pensée toute nuë, & qui ne sort point du sein de celui, qui l'a conçûë: *Eloqui copiose, modo prudenter, melius est, quam vel acutissime sine eloquentia cogitare; quod cogitatio in seipsa vertitur, eloquentia vero complectitur eos quibuscum communitate juncti sumus.* 1. de Offic. Et néanmoins cette éloquence prudente, dont il parle, ne peut être telle, sans la bonne pensée, & par conséquent Ciceron n'a voulu dire autre chose, sinon, qu'une belle pensée, produite au dehors avec éloquence, vaut mieux, que celle, qui pour être retenuë au dedans sans se manifester, demeure par ce moien inutile à tout autre qu'à son auteur. Mais hors de cette considération du profit, qui peut accompagner les belles paroles, il s'en faut tant qu'elles soient préferables à la bonne pensée, que celle ci comme superiéure les rebute quelquefois, & leur substituë judicieusement le silence: *Perfecto intellectu deficiunt verba*, dit très bien un Arabe, après avoir écrit, *Si quem loquacem esse videris, de ejus stultitia certus esto.* Semita sup. c. ult. Je finirois par là, si pour rendre cette Lettre un peu plus grosse, afin de vous complaire, je ne m'avisois d'ajoûter ici quelques petites regles sur le même sujet, à mesure qu'elles se présenteront à ma memoire.

I v

Personne n'ignore, que le principal mérite d'une composition ne dépende de la prudence de celui qui écrit,

Horat. *Scribendi recte sapere est & principium, & fons.*

Or la premiere prudence est de ne rien entreprendre au dessus de ses forces, & de choisir toûjours un sujet, dont nous soions pleinement informés. Mais quand l'on a fait choix avec jugement de la matiere qu'on doit traiter, il faut se souvenir dans toute l'étenduë d'un ouvrage, que l'on n'écrit que pour être entendu, d'où il resulte nécessairement, que la clarté & la netteté en doivent être inseparables. Il y en a qui sont tellement persecutés de leur propre génie, qu'ils ne croient jamais écrire bien, s'ils ne le font autrement que les autres, avec des *periphrases* toûjours voisines de l'obscurité. Ils pensent faire beaucoup de s'écarter du grand chemin, quand ils devroient au même tems s'éloigner du sens commun comme d'une chose trop populaire. Et pour ne pas ramper contre terre, ils donnent tellement dans le vuide, & s'élevent si haut, qu'on les perd de vûë. Cependant c'est tomber volontairement dans le plus condannable de tous les vices de l'oraison; *summa dementia est detorquere orationem, cui rectam esse licet;* & je ne vois rien de plus à éviter, que le reproche qu'on fit à Zenon, *quod in Canis postico de Republica scripsisset.* Les termes de ce proverbe d'origine Grecque sont peu honnêtes, mais sa signification est fort à estimer.

Quand l'on écriroit assez intelligiblement, c'est un autre defaut très voisin du premier, de croire, que rien ne peut plaire que ce qui coûte infiniment, & qui donne beaucoup de peine à la plume & à l'esprit. Gardés-vous d'une si miserable pensée, *ut diligentiam putes facere tibi scribendi difficultatem.* Dites plûtôt avec Ovide,

Quod venit ex facili satis est componere 1. de Pon-
nobis.   to eleg. 6.

Et souvenés vous, que l'Ours, pour être long-tems à polir en léchant, & à former ses petits, ne leur ôte pas la qualité de très lourds & de très difformes animaux. Il est de même des travaux de certains écrivains laborieux. J'en connois, qui abandonneroient plûtôt leur entreprise, que de la continuer avec facilité, *quique in silentium descendunt nimia bene dicendi cupiditate.* Ils fatiguent leur Quint. 10. esprit, & donnent à leur imagination mille Inst. c. 3. questions ordinaires, & extraordinaires, sans se pouvoir contenter, *dum scripta sua tor-* Praef. l. 1. Contr.

quent, & *de singulis verbis in consilium veniunt*, selon que Seneque l'a si bien représenté. Je me veux taire de ceux, qui composent des livres aussi penibles que le *Cheinuc* Hebreu, qui contient six cens treize commandemens de la loi des Juifs, celui qui l'a fait, en aiant rendu deux cens quarante huit affirmatifs, sur le nombre prétendu des membres de l'homme, & trois cens soixante-cinq negatifs, par un rapport ridicule aux jours de l'an. Si je vous connois bien, vous n'entreprendrés jamais rien de tel, puisque vous étes si delicat, que de ne pouvoir souffrir ni les Anagrammes, ni les vers retrogrades, non plus que les Acrostiches.

Encore que la gloire de l'invention soit d'un prix merveilleux, & qu'elle chatouille extraordinairement des esprits qui peuvent dire avec Lucrece,

L. 1.
Avia Pieridum peragro loca, nullius ante
Trita solo;

ou bien avec Horace,

—— *Iuvat immemorata ferentem*
Ingenuis oculisque legi, manibusque teneri.

Si ne faut-il pas negliger de prendre d'excellens patrons à imiter, en se souvenant toûjours, que comme il n'y a rien de parfait au monde, l'on peut, évitant ce qu'ils ont de moins recommendable, les surpasser de quelque façon en les contrefaisant. Il arrive peu néanmoins, qu'on le fasse avec la fortune du peintre Sarto, qui rendit sa copie aussi excellente que l'original de Raphaël d'Urbin; en effet celui qui ne fait que suivre, demeurera toûjours derriere, s'il n'a l'ambition de gagner les devans. Mais le malheur est bien plus grand pour ceux, qui se proposent de mauvais exemplaires. Je connois plus d'un Auteur de ce tems à qui la disgrace du Philosophe Fabianus est arrivée, lors qu'il voulut former son style sur celui d'Arelius Fuscus, dont il admiroit l'éloquence. Le mauvais choix, que sa jeunesse lui fit faire en cela, fut cause, qu'il eût depuis plus de peine à perdre l'idée de cette éloquence, qu'il n'en avoit pris pour l'acquerir; *plus deinde laboris impendit ut similitudinem ejus effugeret, quam impenderat ut exprimeret.* Sen. præfat. 2. Contr.

Autant qu'une belle imitation est loüable, le crime de Plagiaire, contre lequel j'ai si souvent declamé, est tout à fait diffamant. Le surnom de κλέπτης, ou de larron, que Mercure comme Dieu du bien dire a reçû, ne lui a pas été donné pour autoriser de semblables larcins, ç'a été seulement pour faire comprendre qu'un discours éloquent & persuasif, est capable de nous surprendre, & de se rendre insensiblement maitre de nos affections. En effet, l'on peut dérober à la façon des Abeilles, sans faire tort à personne; mais le vol de la Fourmi, qui enleve le grain entier, ne doit jamais être imité. Je sai bien, que le cinquiéme livre des Saturnales de Macrobe fait voir avec quelle hardiesse Virgile a pillé sur les Grecs la plûpart de ses Poësies, & que le sixiéme met en évidence ce qu'il a même volé aux Latins, prenant des vers entiers & des hemistiches tantôt à Ennius ou à Lucrece, tantôt à Catulle, & à plusieurs encore, se parant ainsi des plumes d'autrui. Il n'y a pourtant point d'exemple qui puisse justifier un larcin honteux, principalement s'il se fait sur des Auteurs du tems s'attribuant injustement & avec impudence leur travail & leur industrie. Prendre des Anciens, & faire son profit de ce qu'ils ont écrit, c'est comme pirater au delà de la Ligne; mais voler ceux de son siécle, en s'appropriant leurs pensées & leurs productions, c'est tirer la laine au coin des ruës, c'est ôter les manteaux sur le Pont-neuf. Jamais Aristote ne put souffrir, qu'on fit auteur de ses livres de Rhétorique son disciple Théodecte; ce qui obligea le maitre à les citer lui même

comme les siens, selon la remarque de Vale- L. 8. c. 15.
re Maxime. Sans mentir, l'effronterie est
extréme de prendre le bien d'autrui de la sorte, sans lui en passer une petite reconnoissance en le nommant, & c'est une chose éton-
nante, comme en parle Pline l'ainé, qu'il se
trouve des gens, qui aiment mieux *deprehendi
in furto, quam mutuum reddere.* J'épargne- *Præf. ad
Vesp. De*
rai les personnes vivantes, pour observer *Theo.*
seulement après Vossius, que Jules Scaliger *Gent. l. 3.*
est fort répréhensible, d'avoir écrit mille
choses, prises de l'Afrique de Jean Leon sans
jamais le citer. Il me seroit aisé de donner
assez d'autres exemples semblables, mais ils
pourroient être odieux, & je ne desire offenser personne,

Vous avés fait une si belle provision de
connoissances, qu'il n'y auroit point d'apparence de vous les reserver pour vôtre seule satisfaction, sans les rendre utiles au public, &
j'ose dire même, que vous ne le pouvés faire
sans crime. Plus on a reçû de Dieu, plus
on est redévable aux hommes. Et il n'est pas permis à ceux, qui ont été gratifiés du Ciel de
tant de belles lumieres, de les tenir cachées
sans que personne en soit éclairé. Je ne dis
pas ceci pour vous imposer la necessité de
vous fatiguer à faire rouler des presses d'Im-

primerie. *Faciendi libros nullus est finis, frequensque meditatio carnis afflictio est.* L'Ecclesiaste m'a dicté cette leçon il y a long-tems, dont j'ai fait peutêtre assez mal mon profit. Mais la fabrique de ce Monde que Dieu forma sans peine, & comme en se joüant, si Platon se l'est bien imaginé, nous apprend, qu'on peut en l'imitant faire de belles choses sans se travailler trop. Et je suis assuré, qu'une de vos moindres compositions, en profitant beaucoup, nous fera voir la grandeur de vôtre génie, comme un petit cachet exprime souvent celle d'un Lion, ou d'un Alexandre. Ce qui viendra de vous ne sera pas un amas importun de bagatelles, *non* Quint. 10. *enim pluvias, ut ait Pindarus, aquas collegi-* Inst. c. 1. *sti, sed vivo gurgite exundas* l'abondante & vive source d'érudition & de jugement, que vous possedés, ne peut rien produire de méprisable, ni de chetif, & vous serés toûjours reconnoître, que ce Romain, qui étoit l'arbitre du beau langage de son tems, a eu rai- Petr. Arb. son d'écrire, *neque generosior spiritus vanitatem amat, neque concipere aut edere partum mens potest, nisi ingenti flumine literarum inundata.*

Si est-ce que la trop grande licence de cet Auteur profane m'oblige à vous faire souvenir de la maxime d'un autre, dont je tiens

pour

DES SCRUPULES DE GRAMMAIR. 145

pour certain, que vous ne vous dispenserés jamais :

> *Quod facere **turpe** est, dicere ne honestum* Laber.
> *puta.*

Il faut néanmoins excepter de certaines matieres privilègiées, comme le sont beaucoup de celles, dont la Philosophie est obligée de parler, & où les mots ont cela de commun avec la lumiere, qu'ils mettent au jour les choses les plus sales, sans se souïller de leur impureté. Une ame nette ne se gâte, ni ne se scandalise jamais par des discours physiques, à quelque liberté que l'expression les porte : *Omnia munda mundis*; Et vous n'ignorés pas, que toutes les licences, pour ne pas dire les ordures, dont Aristophane est rempli, n'empêchoient pas Saint Jean Chrysostome de mettre sous le chevet de son lit les Comédies de ce Poëte, reconnoissant ingenument, qu'il devoit à la lecture de ses œuvres ce qu'il possedoit d'éloquence.

J'ai encore à vous dire au sujet des termes, dont vous vous servirés, qu'encore qu'on ne puisse éviter trop soigneusement & le solœcisme, & la barbarie; il faut bien s'empêcher pourtant de tomber dans des scrupules, qui vous fassent congédier de bonnes pensées, de crainte d'employer un mot, qui sente un peu le terroir étranger, ou que tantôt l'antiquité, tantôt la nouveauté vous puisse rendre suspect. C'est la regle de tous les grands maitres, que les paroles sont subordonnées ou assujetes à la sentence, & non pas au contraire;

Virg. ecl. 3. *Sensibus hæc imis (res est non parva) reponas;*

& tenés là-dessus pour un oracle la raillerie d'Athenée; *exceptis Medicis, nihil esse plerumque Grammaticis stultius.* Un Ecrivain tel, que je vous considére, sera toûjours au dessus de certaines petites vetilles, qui arrêtent beaucoup d'autres gens, sur la créance, où ils vivent d'avoir la plume mieux taillée que personne. Ce n'est pas que je n'improuve fort une ignorance grossiere de la literature, qui est le nom, que les Latins ont donné à la Grammaire des Grecs. Je sai bien qu'Au-
Suet. art 88. Thuan. l. 35. hist. guste fit perdre la charge à un homme qui ne savoit pas écrire correctement; *Legato Consulari successorem dedit, ut rudi, & indocto, cujus manu ixi pro ipsi scriptum animadvertit.* Et depuis le Pape Honoré Troisiéme priva un Evêque de son titre, sur ce que par sa propre confession il n'avoit jamais appris la Grammaire. Mais nous parlons ici seulement contre la trop grande delicatesse de

ceux, qui rebutent indifféremment tous les termes, leur qui semblent tant soit peu douteux, quoiqu'ils soient absolument necessaires, ou du moins fort avantageux à l'expression d'une bonne pensée. Les Jurisconsultes ont arrêté, qu'il valoit mieux absoudre dix coupables, que de condanner un innocent. Ils veulent tout au rebours appauvrir nôtre Langue en faisant perir plûtôt dix mots passables pour peu qu'ils leur déplaisent, que d'en recevoir un, qui n'a pas leur suffrage, en faveur du bon sens qu'il contient, & sur l'autorité de celui qui juge à propos de s'en servir. Il est vrai que Scaliger a voulu opposer la Poësie à la Jurisprudence, soutenant, qu'il étoit plus expedient de retrancher dix bons vers d'un ouvrage, que d'y en laisser un trop bas & trop rampant. Mais outre que son sentiment n'est pas approuvé de tout le monde, il y a bien de la différence entre un mot, & un vers; ou plûtôt entre la prose, qui ne songe qu'à se faire bien entendre, sur tout si elle est Philosophique, & la Poësie, qui est obligée indispensablement de s'éloigner du langage vulgaire, & de parler toûjours comme les Dieux. Et puis vous savés, que les paroles des Langues vivantes changent plus souvent que les arbres ne quittent leurs feüilles. Je pourrois rapporter ici plus de cent mots qui se sont perdus depuis une cinquantaine d'années, & il n'y en a pas moins d'autres, qu'on a introduits de nouveau, & qu'on n'eût pas soufferts autrefois. L'éloquence même toute entiere varie incessamment, *Oratio certam regulam non habet, consuetudo illam civitatis, quæ nunquam in eodem diu stetit, versat*, & il se peut dire, que le Mercure des Chymistes n'est point plus volatile, que celui des Rhéteurs. Toute la Langue Latine passoit pour barbare du tems de Plaute en comparaison de la Grecque; ce qui lui fait dire d'une de ses Comedies, qu'il avoit prise du Grec, & traduite en langage Romain,

Philemo scripsit, Plautus vertit barbarè:

Comme il avoit déja écrit dans le prologue de son *Asinaria*,

Demophilus scripsit, Marcus vertit barbare.

Cette même Langue Latine sert néanmoins aujourd'hui d'exemple à la plûpart des autres, pour ce qui concerne l'élegance & la politesse. Pourquoi donc refuser avec tant de séverité une chose licite à ceux, qui vous ressemblent, lors qu'elle est accompagnée de quelque utilité manifeste?

La distinction que je viens de faire entre

Sen. ep. 114.

In Trinnm.

l'Eloquence Poëtique, & la Prosaïque, me convie à vous demander laquelle des deux vous tenés la plus ancienne. La parole libre a précedé sans doute dans l'ordre du tems celle qui s'est astrainte à de certains pieds, & à de certaines mesures. Mais sans considérer Moyse, qui a écrit de toutes les deux façons, la difficulté, s'il y en a, tombe sur la seule écriture, à cause de ce qu'a dit Apulée du Précepteur de Pythagore. *Pherecydes Syro ex insula oriundus, primus versuum nexu repudiato, conscribere ausus est passivis verbis, soluto loquutu, libera oratione.* [In Flor.] Cependant Pline parlant de Milet, ville capitale d'Ionie, assure [L. 5. c. 29.] que Cadmus son citoien est l'inventeur de la prose, *primus prosam orationem condere instituit.* Et Solin son transcripteur le confirme en ces termes: *Cadmus Milesius primus invenit prosæ orationis disciplinam.* [C. 40.] Or Cadmus étant bien plus ancien que Pherecydes, il faut croire qu'Apulée n'a voulu parler que des écrits Philosophiques, le dernier aiant commencé à mettre en prose ce que ceux de sa profession donnoient avant lui seulement en vers, tant pour faire respecter davantage la Philosophie, qu'afin que ses regles & ses axiomes fussent plus faciles à retenir.

DU GOUVERNEMENT POLITIQUE.

LETTRE CXL.

MONSIEUR,

Vous regrettés avec raison la perte d'un grand homme d'Etat; mais vous avés tort, à ce qui me semble, de fonder là-dessus les mauvais présages, que vous faites de toutes nos affaires, comme si cette Monarchie devoit notablement souffrir, parce qu'il n'est plus. Je ne le dis pas seulement, pource qu'il n'est jamais permis de juger sinistrement de la fortune d'un Empire; des songes de mauvais augure sur cela aiant été autrefois punis, comme crimes capitaux. Ma pensée va sur ce que le Pape Urbain VIII. disoit au Secretaire d'un de nos Ambassadeurs, *Che a dominare non bisognava altrimente tanto ingegno, perche il mondo si governa in certa maniera da se stes-*

fo. Voici la même imagination qui eſt rectifié en ces termes par Pietro della Valle, au ſujet de la Porte du Grand Seigneur, & du mérite de ſon premier Viſir. *Del reſto V. S. ſi aſſicuri, che in queſta Corte ancora, come in tutte le altre del Mondo, ſi vede verificare il detto di quel galanthuomo, che pochiſſimo cervello baſta a governar tutto'l mondo; perche Dio ſupplisce per gli huomini, & le coſe, ſenza chi le indirizzi, da ſe caminano beniſſimo* Lettr. 5. di Conſtanr. 217. D'ailleurs quelle aſſurance peut-on prendre ſur la capacité d'un homme, ſi les connoiſſances généralales ne ſervent de rien ſans la particuliere, ni le grand ſens, s'il n'eſt aidé de l'experience, qui ne quadre guères avec les choſes ſingulieres, qu'on voit ſe préſenter journellement. C'eſt pour cela que ceux, qui diſcourent le mieux du Gouvernement, y ſont ordinairement les plus ineptes, & qu'au contraire les moins ſavans, & les plus indiſciplinables, comme Themiſtocle, y reüſſiſſent quelquefois admirablement. L'un des plus ignorans de tous les Empereurs fut Trajan, qui conduiſit fort bien l'Empire Romain; & Neron, qui le penſa perdre, étoit un des plus lettrés. A la vérité, il ſe peut trouver des perſonnes, telles que Pericles, à qui la Philoſophie n'ôte pas le talent, ni l'induſtrie de

K iij

bien manier les affaires politiques. Mais après tout, il faut que la Fortune y contribuë beaucoup du sien, autrement toutes leurs lumieres acquises ne leur serviront guères. Le peuple qu'ils doivent regir n'est pas moins changeant de sa nature, que l'arbre, qui semble porter son nom, dont Pline dit que les feuïlles tournent à tous les Solstices. Cette multitude d'hommes qui le composent, sont comme des épis de bled, qui n'ont d'inclination, qu'autant que l'inconstance des vents les porte, & les fait pancher tantôt d'un côté, tantôt de l'autre. Et les raisons politiques, qu'on peut employer là dessus, ressemblent à ces couleurs passageres, qui changent par le moindre mouvement. Souvent d'ailleurs le trop d'adresse, ou la seule reputation d'être fort habile, portent préjudice. La défiance ou la jalousie qu'on prend aisément de ceux, qu'on croit si fins, sont, qu'on s'oppose davantage à tous leurs desseins, & Thucydide nous apprend qu'en haine d'Alcibiade, dont le faste & les intrigues déplaisoient, plusieurs personnes lui étoient contraires aux choses mêmes, qui alloient au bien de la République Athenienne. Et puis, ne sait-on pas, que généralement parlant, il y a je ne sai quelle fatalité dans la conduite des Etats, qui leur

Le peuplier.

L. 6. hist.

fait trouver leur fin au moment de leur plus haute exaltation?

In se magna ruunt, lætis hunc numina rebus
Crescendi posuere modum.

La plus raffinée Politique du monde ne sauroit parer aux coups de cette Destinée, qui n'est autre chose que la supréme volonté de Dieu.

Je vous prie de tenir encore pour constant, qu'où la matiere n'est pas entierement bien disposée à recevoir les formes politiques, les plus subtils esprits, ni les plus consommés au maniement des Etats, ne les y pourront jamais introduire; comme au contraire elles s'y établissent d'elles mêmes & sans peine, quand tout est préparé à les recevoir. C'est d'où vint le grand avantage, qu'eût la République Romaine sur la Carthaginoise, parce que celle-ci étoit sur son declin, dit Polybe, L. 6. lors qu'elle eût affaire à la premiere qui ne commençoit qu'à entrer en vigueur & à prendre ses forces. Ce qui donna aussi le moien à Pompée de subjuguer toute la Judée, ce fut, L. 1. c. 8. comme l'observe Josephe dans les Antiquités Judaïques, l'aversion pleine de rancune, que ces deux freres Hircanus & Aristobulus avoient reciproquement l'un de l'autre. Cortez vraisemblablement n'eût jamais planté la domination Espagnole dans le Mexique, si les animosités des habitans de Tlascala contre le Monarque Motezuma ne lui eussent facilité son entreprise. Et si la division de deux freres, Guascar l'ainé, & Attabalipa le cadet, n'eût ouvert le moien à Pizarre de faire progrés dans le Perou, jamais il n'eût osé penser seulement à le conquerir, comme il fit, le Ciel aiant voulu que les causes secondes conspirassent à son dessein. Quand elles sont contraires à nos projets, rien ne les peut faire reüssir; comme au rebours les aiant pour nous, les choses mêmes, qui semblent nous devoir accabler, nous soutiennent, à la façon des voûtes, qui subsistent principalement par l'inclination & par la pente des pierres, qui tomberoient en ruine si elles ne se rencontroient à propos. Je m'abstiens de beaucoup d'exemples modernes & qui nous touchent de plus près, pour ne rien dire, qui puisse déplaire sur une matiere si chatouïlleuse. Tant y a que le fort a tant de puissance, & est si merveilleux en toutes choses, qu'on a vû,

l.6.qu.nat. dit Seneque, des édifices affermis par des
c.30. tremblemens de terre, & nous savons des Gouvernemens, qui se sont conservés par des soûlevemens & par des desordres, qu'on pensoit qui les dûssent abîmer.

Mais permettés-moi de considérer un peu sceptiquement, à combien de contradictions sont sujettes les plus subtiles maximes de la Politique. Je laisse à part toutes celles de Macchiavel, qui nous meneroient trop loin, pour en prendre seulement quelques-unes deçà & delà, que je vous proposerai sommairement. Ne croions-nous pas que le principal but de cette science doit être de faire vivre les peuples en paix & en repos? Si est-ce qu'un Romain se fâchoit de voir cesser la guerre Punique, dont la fin donneroit tant de loisir au peuple, qu'il en deviendroit moins traitable & plus insolent; ce que Appius Claudius osa maintenir, en proférant à toute heure cette importante sentence, *Negotium populo Romano melius, quam otium committi.* L'on méprise communément les Suisses comme personnes vénales, & qui pour la solde laissent faire des levées chez eux, exposant librement leurs vies en faveur de qui plus leur donne: D'autres les louënt, de savoir par ce moien décharger leur païs sterile d'une trop grande abondance de peuple, & des plus remuans, qui le composent. La chicane & la multitude étrange de procès, qui pullulent si prodigieusement en France, les fait considérer comme une des plus deplorables calamités, qui travaille cet Etat: Je vois des personnes, qui les tiennent un amusement nécessaire des esprits, qui leur fait décharger leur bile & vomir leur amertume contre des particuliers, ce qu'ils feroient peutêtre sans cela au préjudice du public. Les Grands, qui abusent de l'autorité, qu'ils tiennent du Souverain, sont ordinairement plus pesans à ses sujets & plus insupportables, que tout le reste de sa domination; ce qui fait croire que leur audace, pour ne rien dire de pis, devroit être reprimée: Il se trouve des Politiques, qui font passer ces petits Tyrans pour des Digues nécessaires, qui s'opposent aux inondations des peuples presque toûjours disposés à se mutiner, & qui souvent le feroient, si leur premiere fureur ne se brisoit contre ces hautes levées, ce qui les empêche d'aller plus loin. La plus commune opinion est, qu'un Etat ne doit viser qu'à s'accroitre, & que sa plus grande felicité, aussi bien que sa gloire, dépendent de son étenduë. L'Histoire des Chinois nous apprend, que leur Empire étant bien plus grand qu'il n'est, puisqu'outre le Continent il s'étendoit par mer depuis le Japon jusqu'à l'Isle de Madagascar, où il reste encore avec la Langue des restes de leur domination, ils abandonnèrent volontairement une infinité de Provinces pour vivre plus heureusement dans la leur. Les Carthaginois firent autrefois quelque chose de semblable. Et Pline se plaint quelque part de l'immensité de la Republique Romaine, qui lui étoit trop desavantageuse; *Ita est profecto, magnitudo populi Romani perdidit ritus, vincendo victi sumus; paremus externis.* En effet, l'on a toûjours vû, que les Etats, qui ont voulu se rendre trop grands, & n'avoir point de fin, l'ont toûjours bientôt trouvée. Celui de Macedoine conduit par Philippe, & par son fils Alexandre, en est une marque bien évidente. Et quelqu'un a osé écrire depuis peu, que c'étoit un coup de l'amour du Ciel envers des peuples, quand il ne donnoit à leurs Rois que des ames ordinaires, parce que l'esprit d'un Prince conquerant & qui veut passer pour Héros, étoit le fleau accoûtumé dont il punissoit les Nations, qui l'avoient irrité. J'ajoûte à ce propos, puisque l'ardeur & le sang bouïllant des jeunes Monarques semble le plus propre à former de ces vastes desseins, que selon la pensée d'un ancien, l'on ne laisse pas de calomnier la prudence de ceux, qui comme plus avancés dans l'âge paroissent moins propres à l'action. & à telles entreprises: *Omnis ætas in imperio reprehenditur: senex est quispiam? inhabilis vi-*

L. 24. c. 1.

Saturninus apud Vopiscum.

detur; fin minus, ineft furor. Parcourés toute la Politique, vous y trouverés par tout de quoi former de semblables antitheses, & je suis fort trompé si de grand Docteur que vous êtes en cette science, vous ne devenés à la fin un excellent Douteur.

DE
L'IMPOSITION DE
QUELQUES NOMS.

LETTRE CXLI.

MONSIEUR,

Pourquoi faut-il que le nom d'une personne vous donne de l'aversion, puisque vous avoués, qu'elle n'a rien d'ailleurs qui vous deplaise, ne vous aiant non plus jamais donné le moindre sujet de fâcherie? Je sai bien, qu'on a crû, qu'il y avoit de certains noms malencontreux, ou même qui inspiroient de mauvaises inclinations à ceux qui les portoient. C'est sur ce fondement que Rutilius Numatianus a écrit dans son Itineraire,

Nominibus certos credam decurrere mores,
Moribus an potius nomina certa dari?

Mais à parler raisonnablement, c'est une chose ridicule de croire, qu'un simple mot, ou une parole toute nuë, telle qu'elle soit, puisse agir de la sorte, quand il demeureroit constant, que tous les noms ne seroient pas arbitraires ou fortuits, & qu'il y en auroit quelques-uns de naturels comme attachés à la substance des choses, qu'ils expriment, de quoi les Philosophes ne sont pas encore bien d'accord entre eux. L'on peut avouër pourtant sans offenser la Morale, qu'il se trouve des noms si illustres dans l'Histoire, ou si héroïques dans la Fable, d'Alexandre & de César, de Pompée & d'Hercule, qu'on ne sauroit guères les porter sans avoir l'ame touchée de quelque ambition de les imiter autant que l'on peut, & sans que nôtre imagination ne nous jette aussitôt dans le desir de n'être pas jugés indignes d'une si noble appellation. Le premier de ceux, dont je viens de parler, le pensoit bien ainsi, quand il dit à celui qui portoit le même nom que lui d'Alexandre, *Plutar. in Alex.* que ce seul nom devoit le rendre vaillant. Et

je vous ferai souvenir au sujet du dernier
de l'observation que fait Diodore Sicilien,
qu'Hercule qui se nommoit Alcée auparavant,
fut le premier à qui la Vertu imposa un nouveau nom, qui lui fit perdre celui qu'il tenoit
de ses parens : ce fut par la bouche de la Pythie qu'il le reçût ; si nous en croions Apollodore. Tant y a qu'outre ce que les beaux
noms donnent de courage à ceux, qui les
ont, ils font encore un favorable effet à l'égard des autres, qui les entendent proferer.
A peine peut-on croire, qu'ils aient été mal
imposés, & je me souviens d'avoir souvent
oüi dire en Espagne à ce propos, O *que buen
nombre, no presumo yo que sera menos el hombre*. Souvenés-vous que César voulant aller combattre un Scipion en Afrique, prit avec lui quelque soldat, qui portoit le même
nom, à cause, dit Cion Cassius, de l'opinion populaire, que les Scipions étoient
toûjours victorieux en ce païs-là. C'est ce
qui a fait que tant de gens se sont plûs à changer de nom, en prenant un autre plus agréable à leur fantaisie ; ce que Suetone appelle
se transnominare, & quelques-uns *seipsum adoptare*. Si est-ce que le Pape Paul II. se
fâcha tellement contre des personnes, qui de
son tems laissoient ceux du Christianisme pour
d'autres

l. 4.

l. 2. de Deor. orig.

l. 42.

d'autres plus illustres parmi les Payens, qu'au rapport de Platine il imputa le crime d'héresie à Pomponius Lætus, qui étoit du College des Abbréviateurs, parce que non content d'avoir changé le sien de batême, il prenoit plaisir à distribuer de ces noms héroïques à beaucoup de jeunes hommes, qu'il pensoit par là engager au désir d'acquerir les vertus des premiers Titulaires.

Ce n'est pas merveille que ceux, qui ont des noms de difficile prononciation, ou de quelque signification peu honnête, en prennent d'autres, qui ne puissent donner de dégoût. Hermolaus Barbarus changea celui de Reuchlin, qui veut dire fumée, en celui de *Capnio* d'une terminaison plus Latine. Et le même Reuchlin en ôta un Aleman, qui signifie terre noire à son disciple, qu'il appella Melanchthon, par une composition Grecque qui denote la même chose. Sans cette consideration l'on prend même plaisir quelquefois à ce changement: Martin Bucer se déguisa sous le nom de *Aretius Felinus*; Desiderius Erasmus s'appelloit auparavant Gherardus Gherardi; le Médecin Sans-malice aima mieux qu'on le nommât *Akakia*, comme l'on fait encore dans Paris sa posterité, que *Sammalitius*: & Janus Nicius Erythræus, qui m'a-

Thuan. l. 26.

dreffe un de fes Dialogues où il traite de l'Hiftoire, fe nomme à Rome *Ioanne Vittorio dei Roffi*; furquoi je vous renvoie à ce qu'a curieufement obfervé là deffus Gabriel Naudé dans fon jugement des Opufcules d'Auguftinus Niphus. L'on affure, que les Mahometans s'entendent plus volontiers nommer Mufulmans, ce qui veut dire Biencroians, ou Orthodoxes, que Turcs, dautant que ce dernier mot fignifie Bannis; encore que celui d'Hebreux en approche fort dans fa fignification de paffagers, ou étrangers; comme fait encore celui de *Pelafgi*, dans celle d'Errans ou de Vagabons à la mode des Cigognes. Mais l'on ne fe défait pas toûjours, comme l'on voudroit bien, des noms, qui ont été donnés. Si ces Locres appellés Ozoles à caufe de l'infection de leurs perfonnes, ou de leur païs, euffent pû quitter un fi vilain furnom, il y a grande apparence qu'ils l'euffent fait. Car encore que Plutarque dans fes queftions Grecques doute, fi cette appellation n'eft point une antiphrafe, à caufe de la quantité de fleurs, qui parfument leur territoire; fi eft-ce que la plus commune opinion porte qu'on les nomma Ozoles ou Puans, rapportant cela ou à Neffus, ou au Serpent Pithon, ou à leurs robes de Chevres & de

Brebis, qui leur imprimoient une odeur très desagréable. Nos habitans de Canada sont entrés depuis peu en communication avec une Nation de ce païs-là, appellée aussi des Puans, vraisemblablement sur le même sujet. Et les Peres Jesuites y ont le nom de Robes-noires, qui est celui des Melanchlaeni des Anciens.

Mais n'est-ce pas une étrange bizarrerie, qu'on se soit abstenu de certains noms par haine & par abomination, de même qu'on s'est donné la loi de n'en pas prendre quelques autres, à cause du grand respect & de l'extrême vénération qu'on leur portoit. L'Histoire ancienne est pleine d'exemples du premier genre. Le crime de Marcus Manlius Capitolinus, qui se vouloit ériger en Souverain, fit arrêter aux Romains qu'aucun de cette famille des Manlies ne porteroit plus l'avantnom de Marcus. Et le malheur de Marc Antoine donna lieu après sa defaite à un Arrêt ou Edit semblable, qui defendoit à tous les Antoines de prendre ce même avant-nom, qui est aujourd'hui si illustre dans Venise. Les Grecs firent ce qu'ils pûrent pour supprimer le nom d'un scelerat, qui pour faire parler de lui seulement avoit mis le feu au superbe Temple de Diane d'Ephese. Et dans ces

Tit. Liv. l. 6.

Dio Cassius l. 51.

L ij

derniers tems l'on a eu la même visée à l'é-
gard des Reuveus d'Ecosse, selon Camden, d'un Ravaillac en France, & de quelques autres furies infernales dont l'on ne sauroit trop condanner la mémoire en l'abolissant, *ut vocabula quoque eorum defamata atque demortua cum ipsis videantur*, pour user des termes d'Aulu-Gelle en semblable occasion. D'un autre côté les noms d'Harmodius & d'Aristogiton furent si chers, & si reverés dans Athenes, après qu'ils eurent heureusement delivré leur patrie de la tyrannie des Pisistrates, que par l'ordonnance expresse des Aréopagites il ne fut plus loisible à personne de prendre des noms si adorables, bien que le même Aulu-Gelle semble restraindre cette defense à ceux, qui étoient de condition servile. Quoiqu'il en soit, un semblable respect est cause que depuis Saint Pierre aucun de ceux, qui ont rempli son siége n'a voulu prendre son nom? Sergius Troisiéme qui l'avoit de batême l'aiant changé par humilité, lors qu'il se vit destiné à seoir dans la chaire de ce Prince des Apôtres. C'est ainsi que diverses causes peuvent produire de mêmes effets, & que de mêmes noms trouvés très beaux en un tems, perdent leur lustre en un autre, & semblent changer en un instant de

5. hist.

l. 9. c. 2.

nature. Il n'y en a guères eu de plus beau par sa signification que celui de Neron, qui se prenoit dans la Langue Sabine d'où il venoit, pour un homme courageux & vaillant. Cependant le sixiéme des Empereurs Romains diffama tellement cet illustre nom, que depuis lui l'on n'a pas crû pouvoir mieux jetter dans la haine publique les plus détestables Tyrans, qu'en les nommant des Nerons. N'est-ce pas la même chose de celui de Lucifer? *Suet. in Tib. art. 1. Aul. Gell. l. 13. c. 21.*

Il est constant que, comme il y a eu de fort agréables noms en toutes les Langues, tels que celui de Caton en Latin, qui fut donné à Marcus Porcius Priscus, selon l'observation de Plutarque, pour faire comprendre l'adresse, & la vivacité de son esprit: Il s'en est trouvé d'autres, qu'on a été contraint de changer, à cause de leur vilaine signification. Les Beauharnois d'Orleans, à ce qu'on dit, en avoient un fort vilain autrefois, & il seroit aisé d'en rapporter assez d'autres, qu'on ne sauroit prononcer sans rougir. L'honnêteté veut, qu'on les adoucisse, si faire se peut, & qu'on les change à plus juste titre que les Romains ne faisoient les rudes paroles de tuer, & d'ôter la vie, dans leurs condamnations à mort: *Illi quoque quibus animadvertere in damnatos necesse est, non dicunt Occide,* *in M. Cat.* *Sen. contr.*

non Morere, sed Age lege, *crudelitatem imperii verbo mitiore subducunt.* Mais une infinité de noms ont été imposés par un pur caprice, le seul hazard en est le parain, & comme ils sont δυσετυ μόλογα, c'est en vain qu'on en recherche une origine reglée. Le Brachmane Calanus se nommoit Sphines, & pource qu'il salüoit tous les Grecs avec le mot Indien *Cale*, qui veut dire, *Salve*, ils le nommèrent Calanus. Tamerlan se divertissant au jeu des Echecs, qui lui plaisoit fort, & y aiant donné un Echec d'importance qui s'appelle *Sarache* en Arabe, au même tems qu'on lui apporta la nouvelle de la naissance d'un fils, & du batiment achevé d'une ville, il nomma sur cela son fils *Sarachi*, & la ville *Sarachie*. Ismael Sophi fut encore plus fantasque de donner le nom de Bajazeth à un pourceau d'énorme grandeur, pour témoigner sa haine contre les Turcs, & le mépris qu'il faisoit de leur Prince. En effet, si nous croions avec raison, que nous obligeons au Batême ceux, à qui nous faisons porter nôtre nom, & si les sauvages de nouveau Monde ne se trompent point de complimenter leurs amis, en faisant échange de leurs nom, & en les troquant ensemble pour marque de bonne correspondance; Ismaël ne pouvoit mieux

Plutar. in Alex.

Vie de Tamerlan.

Hist de Antilles.

montrer sa grande animosité contre Bajazeth, que de donner son nom à cet infame animal.

Je suis honteux de vous avoir jusqu'ici entretenu de choses si frivoles; mais, à le bien prendre, celles, qui occupent plus seurieusement en apparence, ne sont-elles pas le plus souvent pleines de vanité? En vérité, il y en a peu qu'on puisse dire exemtes de ce defaut, & si vous exceptés celles, qui nous peuvent rendre meilleurs, comme faisoit Socrate, tout le reste vous paroitra également digne de mépris. Après tout néanmoins l'on ne sauroit nier, qu'il n'y ait des noms, dont la seule prononciation a causé quelquefois d'étranges évenemens. L'Histoire de la guerre de Grénade, qui se fit en *Thuan. l.* mil cinq cens soixante dix, nous apprend, 48. qu'un Général d'armée, aiant appellé fort haut un Trompette éloigné, qui se nommoit *Santiago*, l'on crût que c'étoit le mot pour combattre, ce qui fit perdre visiblement la bataille. Ces petites observations n'empêchent pas pourtant, qu'on ne doive juger l'attention de beaucoup de gens assez ridicule, qui sans faire grand cas des choses, n'occupent leur esprit qu'à peser les paroles, qu'ils examinent avec trop de scrupule. Vous n'ignorés pas l'averſion qu'en plus d'un lieu j'ai témoigné d'avoir pour cette sorte de curioſité. En effet, la ſecte des Réaux vaut incomparablement mieux à cet égard que celle des Nominaux. Il eſt beaucoup plus à propos de s'arrêter aux choſes qu'à leur appellation. Et bien qu'il ſoit beſoin quelquefois de diſtinguer entre *jus vert*, & *Verjus*; entre le Trochiſque *Diarhodon*, & celui *de Roſis*; entre *leucachanta*, & *achanta leuce*; ou quelques autres ſemblables ſelon l'obſervation de Jacobus Sylvius ſur le troiſiéme livre de Meſué, qui eſt des Antidotes: Si eſt-qu'il faut toûjours en revenir à l'uſage des grands auteurs, qui ſe ſont inceſſamment moqués de ceux, qui donnoient trop de tems à examiner les mots, lors qu'on ſe peut aſſez faire entendre ſans tant les éplucher. Galien s'eſt admirablement expliqué là deſſus dans le neuviéme chapitre du quatriéme livre de l'Uſage des parties, au ſujet du Peritoine. Les uns, dit-il, le nomment une membrane, & les autres une tunique, mais qu'on l'appelle comme l'on voudra, je me rirai toute ma vie de ceux, qui conſument miſerablement le tems ſur de telles conteſtations. Nos anciens, que je veux imiter, ajoûte-t-il, n'étoient pas ſi de loiſir. *Quos nos quoque ſequen-*

tes a vana quidem in nominibus garrulitate discedemus. Il étoit si ennemi de cette superstition des dictions, qu'en parlant du Foie au chapitre treiziéme du même livre, il s'abstient d'une appellation douteuse en ces termes, *Iis investigandum relinquo, qui in nominibus tantum sunt ingeniosi, in iisque omne tempus vitæ suæ conterunt, perinde ac si non possent aptiora quamplurima requirere,* rapportant ensuite l'avis de Platon, *Nos ditiores sapientia ad senectutem perventuros, si nomina neglexerimus.* Je ne dois donc pas être plus long, quand je pourrois m'étendre ici davantage. Vous auriés tort d'ailleurs d'exiger de moi de plus amples lettres, connoissant, qu'il n'y a point de nom, qui me convient mieux que celui d'Amelius, jamais ce Philosophe Grec n'aiant été si négligent ni si paresseux que moi. Et sans vous importuner, comme plusieurs font, de mes infirmités, je vous dirai de plus que je pourrois présentement disputer à ce Roi de Castille Henri Troisiéme le surnom de *Vale-* Mariana. *tudinaire*; ou à Sanctius Roi de Biscaie celui de *Reclus,* tant je m'écarte du grand monde, & par conséquent des moiens de vous faire savoir les nouvelles qui s'y debitent.

DE
LA COUTUME.

LETTRE CXLII.

MONSIEUR,

Encore que le Droit Canon dife précifément qu'il n'y a point de coûtume fi puiffamment établie, qui ne doive ceder à la vérité & à la raifon, fi elles lui font contraires; *Veritati & rationi confuetudo eft poftponenda*: Et quoi qu'Ariftote au chapitre huitiéme du fecond livre de fes Politiques enfeigne, que c'eft fe tromper fort de s'accommoder tellement à l'antiquité & à l'ufage, que nous nous écartions en leur confidération des chofes raifonnables; puifqu'apparemment les auteurs des plus anciennes coûtumes étoient, comme γηγενεῖς, ou *Terrigenes* qu'ils fe difoient, des hommes très groffiers & à demi idiots, à l'autorité & aux conftitutions de qui par confequent il feroit extrémement abfurde de trop déferer: Si eft-ce que la coûtume en

In Decr. dift. Canc. can. 5.

toutes choses est si puissante, & se plait à exercer sur nous un empire si tyrannique, qu'à peine selon le mot de Laberius peut-on jamais corriger ce qu'elle a une fois établi,

Ægre repeudas quod finis confuefcere.
Seneque ne se plaint donc pas à tort de ce que chacun regle sa vie plûtôt sur l'exemple des autres, que sur ce que pourroit préscrire la raison, que nous faisons par ce moien ceder presque toûjours à la coûtume, quelque bizarre & quelque injuste qu'elle soit; *Inter cau-* p. 123. *sas malorum nostrorum est, quod vivimus ad exempla, nec ratione componimur, sed consuetudine abducimur.* Il a certes raison, ce mauvais usage fait un des plus grands maux de la vie, parce qu'il n'y a point de desordre, qui ne passe pour bon sans l'examiner, & qui ne s'établisse sans repugnance, depuis qu'étant devenu à la mode il s'est rendu commun; *Recti apud nos locum tenet error, ubi publicus factus est.* Or parce que l'entreprise de changer les coûtumes établies de tems immémorial, & que l'on appelle inveterées, n'est pas celle d'un homme sage, qui en s'accommodant doucement à tout se contente d'avoir sa conduite particuliere, laissant aux fous le dessein de reformer tout le monde: Il faut que la prudence humaine se contente de s'opposer toû-

jours, autant, qu'il lui fera poffible, à l'introduction des coûtumes déraifonnables, & que le bon Sens ne fauroit approuver. Cela lui peut reüffir d'autant plus aifément, que toutes chofes paroiffent foibles dans leurs commencemens, & que les aphorifmes de la Morale conviennent en cela avec ceux de la Phyfique. Les nerfs font mous au fortir du cerveau, & ils n'acquierent leur confiftence, leur dureté, & leurs force, qu'en s'en éloignant; comme Galien l'a fort bien remarqué au feptieme livre de l'Emploi des parties fur la fin du chapitre quatorziéme: Et il me fouvient qu'Apulée favorife ma penfée en des ter-

in Flor. mes affez confidérables, *Nec quidquam omnium eft quod poffit in primordio fui perfici, fed omnibus ferme ante eft fpei rudimentum, quam rei experimentum.* Mais après cette tentative, & que l'on s'eft declaré là deffus, il faut ceder à l'abus s'il eft plus fort que nôtre oppofition, laiffer regner celle que Pindare a nommée la Reine abfoluë de toutes chofes, *Morem omnium Regem*, & fe fouvenir, que les Iuifs accoûtumés aux aulx, & aux oignons d'Egypte, les regrettoient dans le defert, nonobftant l'agrément d'une manne, qui comprenoit toute forte de goût.

L'on demande d'où peut procéder cette

grande puissance des Coûtumes, qui exercent, sur tout dans la Morale, un empire si absolu, que toutes nos actions aussi bien que nos volontés semblent leur être soûmises. En effet, qui est ce qui se peut dire exemt de leur tyrannie ?

Gravissimum est imperium consuetudinis;   Laberius.
Et l'on reconnoit tous les jours, qu'il n'y a rien de si extravagant, ni de si ridicule selon nos mœurs, que la coûtume ne fasse trouver beau en quelque partie du monde, qui ne s'étonne pas moins de nos façons de faire, que nous des siennes. Jean Leon fait voir des L. 1. Afr. Numidiens, qui tiennent leur bouche couverte, ne la cachant pas moins soigneusement que l'on fait ailleurs le derriere, & je vous ai si souvent entretenu de semblables observations, que je ferois conscience de porter plus loin une induction, que tant d'exemples peuvent former. Tant y a que sans même qu'il intervienne aucune opération de l'Entendement, nous avons naturellement une si grande propension à faire les choses accoûtumées, qu'Aristote n'a pas fait difficulté d'attribuer le dormir presque continuel des enfans nouveau-nés à ce qu'ils ne faisoient presque autre chose que dormir dans le ventre de leurs meres, & cette raison si vulgaire qu'elle

paroisse, ne lui a pas déplû au premier chapitre du cinquiéme livre de la Génération des animaux. Ce n'est donc pas sans sujet qu'Hippocrate attribuë tant à la Coûtume, qu'il pré-
Sect.1.aph. fere en deux aphorismes différens des choses
49. & 50. peu loüables quand l'on y a pris habitude, à d'autres meilleures en soi, mais qui ne nous sont pas si familieres. Galien marchant sur ses pas a nommé la Coûtume une seconde nature, *adventitiam naturam.* Et si nous voulons contempler avec Seneque les peuples, qui vivent, à ce qui nous semble, le plus miserablement, & dont toutes les façons de se gouverner nous peuvent paroitre les plus insupportables, nous trouverons dans un serieux examen, que les mêmes choses, qui nous font avoir pitié d'eux, composent leur felicité, & que l'usage leur a rendu plaisant tout ce que
De Prov. nous jugions d'abord intolerable. *Miseri ti-*
cap. 4. *bi videntur? nihil miserum est, quod in naturam consuetudo perduxit: paulatim enim voluptati sunt, quæ necessitate cœperunt.* Que si la coûtume adoucit & diminuë le mal, elle augmente le bien sans doute, & c'est ce qui nous doit rendre plus enclins à le suivre, & à priser tout ce que d'abord la raison nous dicte pour le mieux. Un ancien donnoit là dessus ce précepte de Morale, qu'on fit seule-

ment choix par discours de la meilleure voie ou façon de vivre, parce qu'à la longue elle ne pouvoit manquer de nous reüssir douce & facile.

Toutes ces considérations peuvent favoriser les bonnes & loüables coûtumes, qui ne choquent ni la raison, ni les mœurs, que chacun approuve, & qu'on doit embrasser d'autant plus volontiers, qu'en vain l'on contesteroit contre leur établissement, & qu'il y auroit même de l'extravagance à le faire. Cependant l'homme d'ailleurs a une pente si naturelle au changement, que tout ce que la Fable a dit des Vertumnes, & des Protées; ou la Physique des Chameleons, des Polypes, & des Tarandes ne sauroit exprimer son instabilité. Dioscoride écrit des fleurs du *l. 4. c. 130.* Tripolium, qu'elles changent de couleur trois fois le jour, *Mane candidi, meridie purpurei, sero punicei conspiciuntur;* Ce que je me souviens d'avoir lû aussi dans Antigonus Carystius, avec seulement un peu de diversité sur les couleurs, mettant le jaune pour la derniere, *Ter una die colorem mutat Tripolium, aliquando albus, aliquando puniceus, aliquando gilvus.* Mais encore ces mutations de couleur, toutes merveilleuses qu'elles paroissent en cette plante, sont pour le moins reglées,

& elles ont toûjours leurs periodes certaines, au lieu que l'esprit humain a ses varietés non seulement plus frequentes, mais si l'on y prend bien garde beaucoup plus desordonnées que tout ce qu'on lui voudroit comparer. Si est-ce que nous n'avons rien, qui nous assure tant de la bonne assiette d'une ame confirmée dans le bel usage de la raison, que de vouloir toûjours une même chose, ou ne la vouloir pas, & d'être inébranlable en cette posture. Je laisse à part, dit admirablement le Philosophe Moral, toutes les autres definitions de la sagesse humaine, pour me contenter de celle-ci, *quid est sapientia ? semper idem velle atque idem nolle:* Et il en rend cette raison convaincante, parce qu'il n'y a que ce qui est selon la droite raison, qui puisse plaire en tout tems, *Non potest cuiquam semper idem placere, nisi rectum.* Que si, ajoûte-t-il dans une autre épitre, l'erreur commune & le mauvais exemple de ceux, que nous frequentons, nous ébranlent quelquefois, & nous font perdre cet heureux poste, le dernier trait de la sagesse consiste à se redresser sur ce premier modele de la raison que nous tenons de la Nature, ou pour mieux dire de Dieu, qui en est le maitre, afin de demeurer fermes & sans varier dans nôtre premiere

Senec. ep. 20.

Ep. 94.

&

DE LA COUTUME. 177

& sans varier dans nôtre premiere & avantageuse assiette. *Hæc est enim sapientia, in naturam converti, & eo restitui unde publicus error expulerit.* Sans mentir c'est une chose merveilleusement honteuse, & qui peut faire rougir les moins sensibles à la pudeur, s'ils y font quelque peu de réflexion, que nous tenions à une si grande injure d'être démentis par qui que ce soit, & que nous nous démentions nous mêmes à toutes heures par tant d'actions, qui se choquent, & par tant de sentimens, qui se détruisent les uns les autres. Mais, me dirés-vous, ne faites-vous pas profession vous même, de ne vous attacher à aucune opinion si inséparablement, que vous ne soiés prêt de l'abandonner aussitôt qu'une autre vous paroitra vraisemblable? Je l'avouë, & si je prétens ne faire rien en cela qui contredise les maximes de Seneque, parce qu'elles ne condannent que l'inconstance déraisonnable, impetueuse, & qui s'execute sans discours. Pour moi ne changeant point d'objet, & la vraisemblance au defaut du vrai, me servant de Cynosure, je conserve toûjours une même volonté de la suivre. La vérité, qu'elle me représente, & qui est éternelle, ne peut être abandonnée sans donner dans le faux, & tout ce qui est nouveau, selon cet envisagement & cette façon de concevoir, lui doit être contraire. Il y a pourtant des nouveautés, non pas absolues, mais eu égard à nous, qu'on peut suivre innocemment, & sans blesser cette supréme & premiere vérité, parce qu'on l'a toûjours dans l'esprit, & qu'on ne s'en écarte qu'autant qu'elle se plait à se retirer quelquefois dans des tenebres si épaisses, que nôtre foible vûë ne les sauroit pénétrer. Je ne sai comment je me suis enfoncé dans cette moralité, mais je vous assure, que quand le devoir m'a fait prendre la plume pour vous récrire, je ne savois ni par où commencer, ni beaucoup moins par où je pourrois finir.

<small>Tenebras posuit latibulum suum.</small>

DE LA POESIE.

LETTRE CXLIII.

MONSIEUR,

Je suis de vôtre sentiment, & je préférerai toûjours une Poësie agréable, quelque liberté qu'elle prenne, à celle qui pour observer trop exactement toutes les regles de l'art, pêne plûtôt l'esprit qu'elle ne le contente. Il en est comme des Festins, où le goût de ceux, que l'on traite est plus considérable, que tout ce que le Cuisinier peut dire en faveur de ses sauses,

——— *Cœnæ fercula nostræ*
Mallem convivis quam placuisse cocis.

Nous avons en cela pour nous Homere même, qui selon l'observation de Plutarque ne fit pas difficulté de laisser le premier vers de son Iliade defectueux en la quantité, qu'il y blesse en trois façons différentes, & qui en parlant de Ceres, comme Didymus a remarqué, aima mieux employer un vers d'Orphée

De prof. virt.

aussi licentieux, que de se mêler de le corriger. Ceux d'Apollon avoient de pareils défauts dans la plûpart de ses Oracles, & l'on peut ajoûter sur ce sujet, que l'Eglise en chante tous les jours qui ne sont pas plus corrects,

Plutar. de Pyth. O-rac.

Grammaticas leges plerumque Ecclesia spernit. L'amour pour la liberté est si naturelle, que je m'étonne de ceux, qui tous les jours inventent de nouvelles entraves, pour se faire de la peine, sur tout à l'égard de nos rimes, qu'ils veulent rendre si riches, les appellant ainsi, qu'on y voit souvent une très grande pauvreté de sens, ou du moins une gêne & une contrainte de pensées qui fait pitié, & qui travaille même leur Lecteur. Car, quant aux nombres, & à la quantité, que les Grecs & les Latins ont voulu observer dans leurs Poëmes, l'on peut dire qu'ils ont trouvé par le moien des accens différens une certaine harmonie, qui non contente de chatouïller l'oreille, pénetre jusqu'à l'esprit où elle est entenduë avec plaisir comme étant lui-même tout harmonieux. *Nihil est tam cognatum mentibus nostris, quam numeri, atque voces.* Mais pour ce qui est des rimes, qui composent la figure que les Rhéteurs nomment *Omoiotelevte*, ou finissant d'un même

Cic. 3. de Orat.

ton, il faut avouër, qu'elles dégoûtent à la longue, & qu'il se voit peu de grands ouvrages en langue vulgaire, qui n'ennuient par là merveilleusement; ce qui est d'un très grand desavantage à nôtre Poësie. L'on peut donc dire que ceux, qui veulent établir des loix trop austeres en cette partie, tâchent d'introduire dans le temple des Muses une superstition fort préjudiciable. La rime d'un Sonnet ou d'une Epigramme, est plus tolerable; mais celle d'une grande piéce fatigue si étrangement, qu'il n'y a presque point de lecture plus pènible. Peutêtre que les vers rimés de ces Indiens, dont parle le Pere Jar- *l.1.hist.c.4.* ric, qui sont chacun de soixante douze syllabes, ne lassent pas tant à cause de leur étenduë, qui rend leur cadence moins importune, & moins sensible. Je ne sai que vous dire de celle des Arabes, sinon qu'au rapport de Jean Leon leur poësie est rimée comme celle *l.1.Afr.* de toutes les Langues modernes. Il est vrai que Vincent le Blanc assure que les Poëtes du Perou qu'il appelle *Haravec*, c'est à dire in- *3.part.c.14* venteurs, ou *Trouverres* pour parler à la Provencale, faisoient bien leurs vers mesurés, mais qu'ils étoient sans rime, à quoi s'accorde Garcilasso de la Vega dans son Hi- *l.2. c. 26* stoire des Incas, & si cela est, je tiens, que leur

M iij

Poësie est d'autant plus à estimer, qu'elle a l'avantage de l'ancienne Grecque & Romaine sur la nôtre, & sur celle des vers Leonins, que le siécle seul d'ignorance a produits.

Ce que je viens de dire des Indiens me fait souvenir de l'observation, que Dion Chrysostome fait particulierement des Orientaux, qu'ils avoient les œuvres d'Homere traduites en leur Langue: de sorte que, selon sa réflexion, ceux, qui ne connoissoient ni nôtre Cynosure, ni les autres astres voisins de nôtre Pole, avoient néanmoins pris connoissance par les vers de ce Poëte, du Roiaume de Priam, & de la valeur d'Achille. Sans mentir, c'est un merveilleux avantage à Homere, que depuis plus de deux mille ans il ait été proclamé par toutes les Nations le Prince de ceux de sa profession. Car l'on ne peut pas dire, que ce soit ni la dignité de son sujet, ni la primauté du tems, qui lui aient acquis une si grande prérogative, puisqu'avant lui un Siagrius, & un Corinnus, avoient déja composé des Iliades. Il ne la tient pas aussi de sa naissance, ni de ses biens, vû qu'étant né très bassement, il vécut fort nécessiteux, & mourut de faim si l'on en croit un vers de Sotades. Cependant sa préeminence est reconnuë de tout le monde, à l'exception de quelques esprits

Orat. 53.

extravagans, tels que celui de l'Empereur Hadrien, & l'on fait le cas, qu'en faifoit le Grand Alexandre, dont l'ame héroïque ne pouvoit entendre prononcer fans peine d'autres vers que les héroïques de ce Poëte. Ce domteur de l'Afie difoit, qu'il eût mieux aimé être le Therfite d'Homere, que l'Achille d'un Chœrilus, lequel néanmoins Lyfandre menoit toûjours avec lui dans toutes fes expeditions, pour en faire des defcriptions poëtiques. L'on conte de ce Chœrilus, qu'aiant convenu, qu'il recevroit un écu de chaque bon vers de fa façon, & un foufflet d'autant de mauvais qu'il en produiroit, il fut fi bien paié des derniers, qu'il perit fous la main de fes debiteurs. Tant y a, qu'Alexandre, ne pouvant fouffrir qu'on eût préferé injuftement Hefiode à Homere, dit gentiment, qu'il n'auroit jamais été vaincu devant des Juges, qui euffent été Rois, & qu'il n'y avoit que des Pafteurs, qui fuffent capables de commettre une fi étrange bevûë. Cela eft conforme & a fon rapport au jugement du Spartiate Cleomene, qui nommoit Homere le Poëte des Lacedemoniens, & Hefiode celui des Ilotes, parce que le dernier traite principalement de l'Agriculture.

Entre une infinité de loüanges, qu'on don

ne à Homere celle-là n'eſt pas des dernieres, qu'il n'y a point d'art, ni de ſcience, dont les profeſſeurs ne le prennent à garand de la plûpart de leurs aphoriſmes, comme s'il avoit poſſedé cette célebre Encyclopedie, & qu'il n'eût rien ignoré de ce qui peut tomber ſous nôtre connoiſſance. Cependant il faut avoüer en faveur de la vérité, qu'il n'a point eu toutes ces lumieres, qu'on lui attribuë. Il n'étoit rien moins que Philoſophe, comme Platon le lui reproche au dixiéme livre de ſa République, & en beaucoup d'autres lieux, qui ont fait obſerver à Marſile Ficin, que les éloges de ce Poëte, qu'on lit dans le Philebus ne ſont pas ſinceres, n'étant rapportés par Platon que comme populaires. Auſſi a-t-il prononcé nettement dans ſon Apologie pour Socrate, qu'il ne faloit pas prendre les Poëtes pour des hommes ſages, mais ſeulement pour des gens remplis d'enthouſiaſme, ou d'une eſpece de fureur. En effet, ils ne penſent à rien moins qu'à inſtruire, ne ſongeant qu'à plaire, & n'aiant pour cela que la fable pour objet au lieu de la vérité, $\varsigma o\chi\acute{\alpha}$-[1] $\varsigma'o\nu\tau\varepsilon\varsigma$ $\psi\upsilon\chi\alpha\gamma\omega\gamma\acute{\iota}\alpha\varsigma$ ϑ $\delta\iota\delta\alpha\sigma\varkappa\alpha\lambda\acute{\iota}\alpha\varsigma$, ſelon les termes de Strabon. C'eſt pourquoi nous liſons dans Diogene Laërce, que le même Platon, prenant la reſolution de ſuivre les

[1] 1. Geogr.

sentimens Philosophiques de Socrate, brûla ce qu'il avoit fait de vers: comme vous pouvés avoir appris du digne Précepteur de Trajan, que ce pere commun de tous les Philosophes aiant été excité par un songe à faire quelque cas de la Poësie, choisit pour cela les fables d'Esope, afin de s'éloigner du mensonge trompeur, dont elle fait le plus de profession. Car n'est-ce pas pour cela que tous ces grands Poëtes ne racontent jamais les choses d'ordre, commençant ordinairement par le milieu de ce qu'ils ont à reciter, avec si peu de vérité, que ceux, qui ont emploié des vers à rapporter quelque chose comme elle étoit arrivée, ont passé pour historiens, & non pas pour Poëtes. Dion Chrysostome a *Orat. 11.* fait cette réflexion avant moi, dans une de ses oraisons où il introduit un Prêtre d'Egypte, qui se moque des Grecs d'avoir crû sur la caution d'un Poëte tel qu'Homere, que Troie avoit été prise par Agamemnon, & qu'Helene avoit aimé Alexandre Paris. Selon lui Achille fut tué par Hector, au lieu qu'Homere substituant Patrocle en la place du premier, rapporte le fait tout au contraire. Vous pouvés voir au même lieu, que Troie ne fut nullement prise, & que Priam mourut l'un des plus heureux Rois de son siécle. Il est vrai, ajoûte le même Dion, qu'Enée, Antenor, & Helenus, furent occuper diverses contrées, & y fonder des Roiaumes, comme des Princes victorieux, à qui les mains demangeoient après avoir eu le fort des armes si favorable.

Mais quoiqu'il en foit, la belle Poëfie a tant des charmes, qu'Homere comme le coryphée du Parnaffe a reçû des applaudiffemens de toute la terre. Les plus célebres dans fa profeffion ont fait gloire de l'imiter. L'un d'eux fe divertit autrefois à faire de fon Iliade une Elegie, ajoûtant un pentametre à *Suidas.* chaque hexametre; & un autre doubla encore le même ouvrage par la jonction d'un vers héroïque à tous ceux de ce Poëte. En marchant encore fur fes pas Neftor Lycius compofa toute l'Iliade en forte, qu'il s'abftint dans chaque livre d'une des lettres de l'Alphabet, ne fe trouvant par exemple aucun alpha dans tout le premier, & Tryphiodorus à fon imitation fit le même de l'Odyffée, comme Hefychius le rapporte. Bref, infinies perfonnes ont voulu fe rendre recommendables en trouvant quelque fineffe dans cet ouvrage, quoique vraifemblablement Homere n'y eût *Ep 88.* jamais penfé. Ainfi le Grammairien Appion, dont Seneque fe raille dans une de fes épitres s'imagina que les deux premieres lettres de l'Iliade, μ & η, faifant le nombre de quarante-huit, elles avoient été chofies & mifes exprès par Homere au commencement, pour defigner la quantité de livres que fon Iliade & fon Odyffée devoient contenir. Ces mêmes livres ont excité mille conteftations parmi les favans; Ariftote, pour preuve, confidérant l'une & l'autre piéce comme des Tragedies; & plufiers autres, entre lesquels je puis nommer Macrobe, étant perfuadés, que l'Odyffée ne peut paffer que pour une Comedie. Mais le Rhéteur Longinus dans fon traité de la haute Eloquence, περὶ ὕψυς, nomme feulement cette Odyffée un Epilogue de l'Iliade, foûtenant qu'Homere la compofa fi vieil, que l'efprit commençoit à lui diminuer, d'où vient, que tout y eft plein de ces fables, qu'il appelle *Iovis fomnia*, de forte qu'à fon jugement Homere doit être comparé à un Soleil couchant dans ce dernier travail. Et néanmoins l'on a prononcé généralement en faveur de tout ce qui eft forti de fa plume, que trois chofes étoient également impoffibles, d'ôter la foudre des mains de Jupiter, d'aracher la maffuë de celles d'Hercule, & de fouftraire un des vers d'Homere fans qu'on s'en aperçoive, & fans faire vifiblement un tort notable à ses compositions. C'est encore Macrobe, qui en parle ainsi au troisiéme chapitre du cinquiéme livre de ses Saturnales.

Au surplus ne vous imaginés pas, que Platon ou Democrite aient tant de pouvoir sur mon esprit, qu'ils me fassent approuver cette opposition formelle entre la Poësie, & la Philosophie, que je vous ai tantôt rapportée. J'estime autant que personne le langage des Dieux, & je suis fort éloigné du sentiment de ce Pere, qui par un zele qu'on peut nommer indiscret, a bien osé nommer l'eau d'Hippocrene, le vin des Demons. Il n'y a, dit Pindare, que les ennemis de Jupiter qui ne peuvent souffrir la Poësie. Mais je vous avouë, que je ne prise pas également tous ceux, qui se mêlent de parler Phœbus, & que j'en connois beaucoup, qui pensent valoir bien Virgile & Homere, quoiqu'ils n'aient rien de commun avec le premier, que la peine qu'Aulu-Gelle dit qu'il prenoit, *Dum pariebat versus more atque ritu ursino;* ni avec le second, si non lors qu'on les voit tous les jours aller de porte en porte debiter leurs rapsodies. Car c'est une chose merveilleuse, & certaine pourtant, que les plus chetifs, qui se mêlent de ce métier, croient toûjours,

Ode 1. Pyth.

l.17. noct. Att. c. 19.

qu'ils n'y font devancés par perſonne, & que rien n'égale leur verſification,

Horat. ep. 2.

Ridentur mala qui componunt carmina, verum

Gaudent ſcribentes, & ſe venerantur, & ultro,

Si taceas, laudant quidquid ſcripſere, beati.

Je ſai bien, que l'amour, que chacun a pour toutes ſes productions d'eſprit eſt toûjours exceſſive; mais rien n'égale l'aveuglement de ces petits avortons du Parnaſſe. *In hoc gene-* *Cic. 5. Tuſc. qu.* *re neſcio quo pacto magis quam in aliis ſuum cuique pulcrum eſt; adhuc neminem cognovi Poëtam, qui ſibi non optimus videretur: ſic ſe res habet, te tua, me delectant mea.* Je ſuis ſûr, que vous n'étes pas pour contredire là deſſus les penſées de Ciceron & d'Horace. Or il eſt bien plus de ces miſerables & préſomptueux Poëtes à la douzaine, que d'autres; non ſeulement à cauſe que toutes les choſes excellentes ſont rares, mais encore parce que la naiſſance d'un excellent Poëte eſt particulierement chronique, & periodique à ce point, qu'elle n'arrive guères, non plus que celle de plus grands Héros, que de ſiécle en ſiécle.

Conſules fiunt quotannis, & novi Proconſules,

Solus aut Rex, aut Poëta, non quotannis nascitur.

Philostrate a dit plaisamment dans une de ses épitres écrite à Hærentianus, qu'il y avoit de son tems plus de Poëtes, que de mouches; celui d'aujourd'hui n'est pas moins second à cet égard, & mérite bien qu'on ajoûte les termes de Plaute;

in Truc.cul. *Quam olim muscarum est cum caletur maxume.*

Prenés y garde, pour un d'entre eux, qu'on peut considérer comme fameux, vous en remarquerés toûjours une centaine de fameliques.

DES POETES.

LETTRE CXLIV.

MONSIEUR,

Je ne pensois pas en vous écrivant familierement, & à cœur ouvert, courir la fortune dont vous me menacés d'irriter les Fées, ou plûtôt une forte de Frelons beaucoup plus à craindre. En effet, je me fouviens fort bien, que Platon accufe d'une extrême im- *in Minoi.* prudence les plus grands hommes, s'ils fe mêlent d'offenfer les Poëtes, donnant le Roi Minos pour exemple, qui fut par eux relegué dans les Enfers parce qu'il les avoit fait fouffrir dans Athenes. Ils mirent auffi Tantale au même lieu, qui fut un des plus hommes de bien de fon tems, fi nous en croions Philoftrate. Mais comme Platon ne laiffa *l. 7. c. 7.* pas nonobftant ce beau précepte de les chaffer *de vita* de fa République, & de les traiter affez mal en *Apol.* diverfes rencontres, j'ai crû, que j'en pouvois dire ce que je vous ai écrit, fans offenfer ni l'art, que je prife beaucoup, quand il eft bien exercé, ni fes profeffeurs, que j'eftime infiniment, lors qu'ils excellent en un métier, où la mediocrité à toûjours paffé pour un vice. C'eft après Horace que j'en parle ainfi, *Ep. 2.*

―― *mediocribus effe Poëtis*

Non Dî, non homines, non conceffere columnæ.
Et vous favés que Iuvenal, qui ne haïffoit pas fon métier, reconnoit comme ceux, qui s'en acquitoient mal de fon tems, étoient honteufement & miférablement reduits aux plus vils émplois de la vie,

Satyr. 7.   *Balneolum Gabiis, Romæ conducere fur-*
                    nos.

Après tout, je ne crois pas avoir donné sujet de plainte à tant de monde que vous le préſuppoſés. Car puiſque je n'ai rien écrit contre le vrais favoris d'Apollon, & que tous ceux, qui lui ſont la Cour ont ſi bonne opinion d'eux, & de leurs ouvrages, ſelon que je vous l'ai prouvé, qu'ils croient toûjours être dans ſa plus haute faveur; tenés pour aſſuré, que perſonne ne voudra prendre pour ſoi, ce que j'ai dit auſſi ſans deſſein de taxer en particulier aucun de cette profeſſion.

Certainement il faudroit être fort injuſte pour mépriſer un genre d'hommes qui ont preſque toûjours paſſé pour divins, quand les Muſes les ont regardés de bon œil. Il ne ſe peut auſſi que ceux, qui ont des qualités loüables, & dignes de la recommendation du Parnaſſe, de quelque nature qu'elles ſoient, ne faſſent cas des gens, qui ſemblent être les plus propres de tous à publier le mérite, & à rendre les noms immortels,

   Carmen amat quiſquis carmine digna facit.

Et puis peut-on nier en bonne conſcience, qu'une belle penſée, ou une ſentence importante exprimée en vers, ne faſſe une toute

                                    autre

autre impression dans nos esprits, qu'elle ne seroit, renduë simplement en prose. Clean- *Ep. 108.* thes reconnoit dans Seneque avec ingenuité, que ce qu'est la trompette à la voix pour la porter plus loin & la rendre plus éclatante, la Poësie l'est aux paroles, que nous employons pour nous faire entendre, aiant le pouvoir de les insinuer bien plus avant dans nos ames, que si elles étoient proferées communément : *Eadem negligentius audiuntur, minusque percutiunt, quamdiu soluta oratione dicuntur ; ubi accessere numeri, & egregium sensum adstrinxere certi pedes, eadem illa sententia velut lacerto excussa torquetur.* J'ose même rencherir sur ces comparaisons, & soûtenir, que la contrainte d'un vers, & ses pieds mesurés, operent à peu près en cela de la même sorte qu'agit le Canon, qui multiplie tellement les effets du feu & de la poudre qu'il enferme, que son boulet n'auroit presque point d'action, s'il n'étoit ainsi resserré avec eux. Enfin Lucien considére le Poëte comme un Cavalier bien monté sur un Pegase, qui par consequent parle à cheval, comme l'on dit, & laisse derriere lui l'Orateur à pied, éloigné d'une merveilleuse distance. Que vôtre belle Rhétorique, dont vous avés sujet de faire tant de cas, ne s'offense pas de ceci, nous la

Tome VII. Part. II.   N

consolerons une autre fois, & nous ferons valoir à son tour le jugement du Chancelier Baccon prononcé assez plaisamment au Comte d'Essex. Qu'il tenoit véritablement les Poëtes pour les meilleurs auteurs que nous eussions, après ceux, qui avoient écrit en prose.

Mais quoiqu'une excellente Poësie mérite tous les éloges que nous venons de lui donner, & beaucoup d'autres qui s'y peuvent ajoûter, ce n'est pas à dire que tous ceux qui se mêlent de la versification puissent s'en prévaloir. Pour un véritable Poëte,

Virg.
Æn. 6.
—— *magnam cui mentem, animumque Delius inspirat vates, aperitque futura;*
il en est une infinité d'autres qui rendent presque ridicule l'art, dont ils se vantent si fort, pour ne savoir faire autre chose sinon,

Virg. ecl. 3. *Stridenti miserum stipula disperdere carmen.*
En effet, le plus honnête homme du monde en toute autre rencontre, & le plus homme de bien, deviendra tellement importun, que chacun le fuira, si composant de méchans vers il tombe dans le defaut, qu'ont tous ses semblables, de les reciter par tout où ils se trouvent. Une ancienne Epigramme exprime cela fort naïvement en la personne d'un Ligurinus, plein d'ailleurs de probité, & de

vertu, mais que ce vice de debiter fans cesse de mauvaises poësies de sa façon, rendoit presque insupportable.

Vis quantum facias mali videre?
Vir justus, probus, innocens, timeris.
Celui de qui vous m'avés envoié les compositions, & qui est cause de tout ce discours, n'est pas à beaucoup près si recommendable. La premiere de ses pieces, que je lûs, blesse tellement la pudeur, que tous les vers Sotadiques & Fescennins des anciens n'ont rien eu qui lui fût plus contraire. C'est un ramas honteux de tout ce que le Bordel & le Cabaret ont de plus infame,

—— *Atque hoc in carmine toto*   Virg. in
Inguinis est vitium, & Veneris descripta libido. Cir.

Je vous dirai en gros des autres, que les moins étenduës m'ont semblé les moins mauvaises, par la raison portée dans le proverbe qui dit, que les plus courtes folies sont les meilleures. Vous ne vous étonnerés pas, que j'en parle ainsi, si vous vous souvenés qu'on a bien osé dire de certains demi-vers de Virgile, *Dimidium plus toto*. Le retranchement des choses même excellentes est souvent avantageux, à plus forte raison le doit-il être de celles, qui n'ont rien de recommendable. Et si ce beau distique de Varron,

Defierant latrare canes, urbefque filebant,

Sen. l. 3. contr. 16.

Omnia noctis erant placida compofta quiete,

pouvoit être rendu meilleur, comme le maintenoit Ovide, en retranchant la derniere partie du fecond vers, & en mettant un point après *Omnia noctis erant*; trouverés-vous mauvais qu'on fouhaite la diminution de tant de chofes où l'on ne remarque rien de bon? Philoxene ne put jamais approuver la mauvaife veine de ce Roi de Syracufe, qui lui demandoit fon avis d'une élegie plaintive, & d'une defcription de quelque grande calamité; Il lui répondit avec équivoque que la premiere étoit véritablement très pitoiable, & qu'à l'égard de l'autre, fon expreffion de tant de miferes étoit fans doute fort miferable. Mais il y a bien plus de raifon à condanner ces petits ouvrages, dont je vous parle, où l'auteur a rendu des fujets affez ferieux tout à fait ridicules, & où il a debité des chofes gaies d'elles mêmes, à faire pitié, & à donner de l'indignation, tant l'on y voit d'impertinence. Son Centon n'eft pas plus à prifer: Il met des trois & quatre vers de fuite pris d'un même lieu, contre la regle qu'il devoit avoir apprife d'Aufone, *Duos junctim locare, ineptum eft:*

Diod. Sic. l. 15.

& *tres una serie; meræ nugæ*. En vérité, c'est la preuve de ce qu'a prononcé cet ancien sur ce genre de Poësie, *Peritorum concinnatio miraculum est: imperitorum junctura ridiculum.*

Ce que vous m'écrivés pourtant est fort ingenieux, & aucunement à son avantage, qu'il vous a sur tout paru un fort mauvais Poëte, pour avoir souvent quitté la fable, & dit beaucoup de vérités. Je vois par là que la Satyre vous plait, où le stile grossier de cet homme traitera toûjours le monde fort rudement. Prenés garde néanmoins que cette façon de rimer se convertit souvent en ris amer. L'on a beau dire, que les Poëtes n'apprehendent point la foudre, parce qu'ils sont couronnés de laurier. Nous en avons vû d'aussi mal traités, que s'ils eussent été foudroiés. Et celui-ci offense si lourdement de certaines personnes, qu'à mon avis il feroit mieux dans sa petite fortune de grimper s'il pouvoit sur le Potosi, que sur le Parnasse qui n'a point d'arbres fruitiers. Ceux de son métier que les anciens nommoient *grassatores*, se trouvoient bien d'y joindre celui de Parasites, & de Rufiens. Mais véritablement ce sont des choses si distinctes aujourd'hui, qu'on voit là plûpart des derniers dans l'opulence, & les

Aul. Gell. l. 11. c. 2.

pauvres Poëtes presque toûjours dans la nécessité. Qu'y feroit-on, puisque c'est elle seule qui les fait si bien chanter? Le Chardonneret ne dit plus mot quand il est soul de chenevis: Et la meilleure Poule cesse de donner des œufs, lors qu'elle devient trop grasse.

DES

DOUTES RAISONNÉS

LETTRE CXLV.

MONSIEUR,

Etant composés de parties différentes comme nous le sommes, nous vivons autant & plus par le spirituel, que par le végétable, ou par le sensitif, & nôtre ame n'est pas mons desireuse naturellement de savoir, que nôtre estomac est avide d'aliment, parce que la meule d'un moulin ne se gâte point tant faute de bled, que l'esprit se rouille, si on ne l'occupe, de même que nôtre ventricule se remplit de mauvaises humeurs si la bonne nourriture lui manque. Cependant tout cet appetit physique d'apprendre & de connoître n'aboutit guères qu'à nôtre mortification, *Eo quod*, dit l'Ecclesiaste, *in multa scientia multa est indignatio, & qui addit scientiam, addit & dolorem.* Plus nous penetrons dans la science, mieux nous remarquons nôtre ignorance, qui nous afflige. Et Aristote s'est rencontré dans la pensée de Salomon, quand il a prononcé, que nos doutes croissent à mesure que nous devenons plus savans, *Qui plura novit, eum majora sequuntur dubia*; ajoûtant ailleurs, qu'il n'est pas moins difficile de former ces doutes bien raisonnés, que de trouver la vérité des choses. Si est-ce que personne n'est encore descendu dans le puits de Democrite où elle s'est cachée; & c'est beaucoup quand au lieu d'elle nous attrapons quelque petite vraisemblance. Toutes nos disputes de l'Ecole sur cela n'ont rien de solide, ni de réel; *In vocibus occupati inanes tantum sonos fundimus*, selon qu'Epicure s'en plaignoit de son tems, & quoique Louïs XI. fit donner un Arrêt l'en mil quatre cens soixante-treize contre les Terministes ou Nominaux, je défere bien plus au jugement de beaucoup d'autres, & particulierement à celui du Pere Paul Servi-

Cap. 1.

in Rhet.

3. Metap. c. 1.

in ejus vita

te, qui comme juge plus entendu les préféroit absolument à leurs adversaires, qu'on nommoit Philosophes Réaux. Les Dogmatiques, qui prennent ce dernier titre ont néanmoins plus de vanité que de réalité, & ceux même, qui ont étudié avec succès dans leurs colleges, sont souvent contraints de prendre le parti de l'Epoque, & de chercher quelque repos & quelque satisfaction d'esprit dans son *aphasie*, qu'elle fonde sur les raisons, qu'elle a de douter. C'est le meilleur & le plus sûr parti, que je crois qu'on puisse prendre, pourvû que ce soit avec le jugement & la retenuë nécessaire, n'étant son ami que jusqu'aux autels, non plus que du Peripatetisme, du Portique, ou de l'Academie. La Sceptique a cet avantage, que sans s'attacher determinément à rien, elle compose son systeme de ce qui lui paroit apparemment recevable dans toutes les autres sectes, imitant l'adresse du Peintre Zeuxis, qui sût donner à son Helene toutes les graces des cinq plus belles filles de Crotone. Certes l'on ne sauroit trop s'éloigner des affirmations magistrales de tous les Dogmatiques. *Principium Philosophiæ conscientia infirmitatis.* Nous nous devons toûjours souvenir du mot notable de Cleobule, *Imperitia in omnibus.* Et je ne vois rien

Cic. l. de Inv.

de plus à mon grè dans tout ce que Dioge-gene Laërce nous apprend de ces anciens Philosophes, que la modération d'Arcesilaus, qui ne voulut jamais composer de livre, *Quód æque de omnibus suspenderet sententiam.* Or puisque vous me persecutés sans cesse de vous communiquer ce que j'applique ordinairement dans mes petites lectures à ce genre de philosopher, je vous rendrai compte de deux livres, qui m'ont servi depuis peu d'un doux divertissement, & dont j'ai tiré quelques observations sur ce sujet.

Le premier des deux est la Rélation d'un Pere Jesuite de ce qui s'est passé en Canada aux années dernieres 1657. & 1658. Son chapitre septiéme est de la diversité des actions, des sentimens, & des jugemens, qui se trouve entre les peuples de la nouvelle France Americaine, & ceux de la nôtre Européenne. Il remarque donc, comme les premiers ont presque tous leurs sens différens de nôtres. Leurs yeux jugent de la beauté tout autrement que nous ne faisons, soit pour la couleur, se barbouïllant le visage pour le rendre plus agréable; soit pour la polissure, se le cicatriçant à même dessein en diverses façons. Ils aiment les cheveux noirs, roides, & luisans de graisse; se moquent des têtes frisées, & au lieu de poudre de Chipre, couvrent les leurs de duvet ou de petite plume d'oiseaux. Ils ne peuvent souffrir qu'on porte barbe, & c'est là injurier un homme que de le nommer barbu. A l'égard de l'Ouïe, nos musiques gaies ne leur paroissent qu'une confusion, aiant les leurs mornes & pesantes, dont ils font beaucoup plus de cas. L'Odeur musquée put à leur nés, celle des huiles & de la graisse leur plait merveilleusement; méprisant de même de sentir la rose, l'œillet ou la giroflée, quoiqu'ils estiment infiniment l'odeur du Tabac. Leur goût ne peut souffrir le Sel, & ils mangent tout sans cela, rejettant nos sauces, nos ragouts, & nos saupiquets. Un œuf mollet leur passe pour crud, & le font toûjours durcir; mais ils trouvent excellent le petit oiseau, qui se trouve dans des œufs, que nous appellons couvis, & le Pere aiant mangé lorsqu'il étoit parmi les Algonquins d'un petit Outardeau tiré d'un de ces œufs, le nomme un morceau delicat. Ils hument l'écume du pot avec volupté, ne lavant jamais la viande, & boivent la graisse, ou la mangent si elle est figée. Le potage est le dernier de leurs mets. Et pour le pain, ils ne le mêlent jamais avec la viande, en usant separément.

Nos Brindes leur sont inconnus, & quoiqu'ils invitent assez à manger, jamais ils ne convient personne à boire. Aussi ne boivent-ils qu'après le repas, sans mêler comme nous faisons les viandes avec le boisson. Pour ce qui touche le dernier, qui est aussi le plus grossier de nos sens, ils préferent le dormir sur la terre avec un chevet de bois, à la delicatesse & mollesse de nos lits; ce qui ne se peut prendre pour une barbarie, puisque les Chinois & les Japonois, à qui elle ne sauroit être reprochée ne peuvent dormir non plus que sur un chevet fort dur, les grands Seigneurs le faisant ordinairement du precieux bois de Calambar, ou de quelque autre, qui s'ouvre & se ferme à clef, pour y mettre ce qu'ils veulent assurer dans leur sommeil. Mais je ne veux pas vous frustrer d'une réflexion, que fait le Pere, tant sur ce que nous venons de dire, que sur ce qui suit. C'est que si quelqu'un étoit monté sur une tour assez haute, pour y contempler toutes les Nations du Monde, il se trouveroit sans doute bien empêché à determiner qui est la mieux fondée en ses coûtumes & façons de vivre. Dans cette partie du nouveau Monde qu'il a vûë, les hommes & les femmes se coiffent d'une même maniere, mais les premiers y portent bien plus frequemment des chaines ou colliers, que ne font pas les femmes. Leurs habits sont sans comparaison plus larges & plus courts que les nôtres, ne leur descendant guères plus bas, que le genouïl. La coûture de leurs bas de chausses ne paroit pas derierre, mais entre les jambes. Leur chemise n'est pas renfermée, croiant que la bienséance veut, qu'elle se voie dessus l'habit (ce que les Turcs pratiquent aussi en beaucoup de lieux.) Ils se rient de nos mouchoirs, & offrent aux Européens en les raillant, de remplir ces linges de ce qui sort de leur nés, s'ils prisent tant cette ordure, qu'ils serrent si curieusement dans leurs pochettes. Tant s'en faut qu'ils rognent leurs ongles, que c'est galanterie parmi eux de les avoir très grands. S'ils coupent quelque chose avec un couteau, c'est toûjours tenant le trenchant en dehors, au rebours de nous, qui faisons cette action, le trenchant en dedans. Quand ils dansent, ils se tiennent pour y avoir bonne grace fort courbés. L'on ne parle point, ou fort peu, à leurs tables, où l'on fait la part à chacun, & où le maitre du festin ne prend jamais place. Ils reçoivent à grande injure qu'on leur demande leurs noms; se font paier par avance leur salaire, ou leurs denrées, s'ils en vendent; & l'homme qui se marie donne la dot au pere de son épousée, allant aussi demeurer en sa maison. Enfin leurs morts sont enterrés avec une infinité de hardes, comme s'ils s'en devoient servir en l'autre monde & ils leur font garder dans la fosse où ils les mettent, la même posture & assiette qu'ils tenoient dans le ventre de leur mere.

Je ne serai pas si long à vous extraire ce que le second livre m'a pû fournir, bien que la Rélation de Mandeslo qui le compose, soit plus grosse que celle de Canada. Mais en partie parce qu'elle contient moins de choses propres à nôtre sujet, en partie pour ne pas donner à cette lettre une étenduë, qui vous puisse importuner, je ne vous rapporterai que ce peu d'observations, qui suivent. La main gauche est reputée la plus honorable parmi les Japonois. Les filles Banianes des Indes Orientales se marient dès l'âge de sept ou huit ans, parce que celles qui en ont douze sont reputées surannées. Elles sont gloire d'avoir des dents noires, & ont un grand soin de se les rendre telles; aussi disoient-elles à Mandeslo qu'il étoit fort vilain avec ses dents blanches comme celles de Chiens & des Singes. Dans la Province de Kilan en Perse les hommes en femant la terre jettent le grain ou la femence allant à reculons, ce qui se fait ici tout au contraire; Les femmes de Baly près de Java obligent les hommes à pisser étant accroupis, soûtenant que c'est faire comme les Chiens que de vuider ses eaux debout. Tout le Clergé de l'Isle Formose est feminin, n'y aiant que ce sexe qui se mêle de la Réligion, si l'on peut dire, qu'il y en ait parmi cette sorte de Payens. Le meurtre, le larcin, & l'adultere, ne sont pas crimes parmi eux, & ne passent pas seulement pour des fautes. Mais c'est un grand peché d'avoir contre les ordonnances couvert ses parties honteuses en une certaine saison de l'année; d'avoir porté des vestes de soie lors qu'elles doivent être de coton; & aux femmes sur tout de ne se pas faire avorter, quand elles ont moins de trentecinq ans. Je vous recite là de prodigieuses réveries, & de damnables coutumes tout ensemble. Mais de quels déreglemens n'est point susceptible l'esprit humain, pour ne pas dire nôtre nature corrompuë? N'avons-nous pas vû des hommes semblables à cet ami de Pic de la Mirande, qui cherchoit le plaisir dans la douleur, & se faisoit fouëtter pour la volupté? Si ce que disoit cet ancien & vénérable vieillard, que l'homme, à le bien prendre, ne soit qu'une maladie continuë depuis sa naissance jusqu'à sa fin ; si cela dis-je n'est pas vrai à l'égard du corps, pour le moins se peut-il soûtenir par la consideration de l'esprit. Nous sommes infectés en cette derniere partie dès que nous suçons le lait de nos nourrices, qui nous impriment mille craintes, & ne nous endorment guères qu'avec de dangereux contes. L'institution, que nous recevons ensuite de nos parens, & de nos maitres, ne nous est souvent guères plus avantageuse. Les livres de Fables, & les mauvais Auteurs, que nous lisons d'ordinaire plus volontiers que les autres, continuent à nous infatuer. Et le peuple, dit Ciceron, (ce mot comme vous savés va bien loin, & comprend beaucoup) c'est à dire nos plus ordinaires compagnies, achevent de nous perdre, nous faisant passer pour bonnes toute sorte d'opinions fausses & ridicules, en consequence dequoi il n'y a point d'actions si fort contre la raison, & contre les bonnes mœurs, dont nous ne soions capables.

DE L'ETUDE DES MATHEMATIQUES.

LETTRE CXLVI.

MONSIEUR,

Je ferois bien fâché de m'oppofer à cette application particuliere aux Mathématiques où vous étes refolu, puifque vôtre Génie vous y porte, & que vous étes le premier à condamner les abus, qui s'y commettent. Les Mufes font différentes, & chacun peut avec honneur faire la cour à celle qui a le plus de part dans fes inclinations. Il eft vrai, qu'il eft à craindre que la coutume à des demonftrations évidentes, comme font celles des Mathématiques, ne nous faffe rejetter dans la Phyfique, dans la Morale, ou ailleurs, des conclufions, qui pour n'avoir pas tant de clarté, ne laiffent pas d'être bonnes & recevables. C'eft ce qui a fait quelquefois nommer odieufe la

conversation

de certains Géometres, qui vouloient qu'on leur rendit tout ce qu'on leur difoit, auffi apparent qu'Euclide a fait fes propofitions; & j'avouë qu'il y a des efprits à qui la contemplation ordinaire de ces fciences fi abftraites peut préjudicier, les rendant prefque incapables des plus beaux emplois de la vie civile. Peut-être qu'Epicure fe fondoit là deffus, quand il loüoit un Philofophe de fon tems nommé Appelle, d'avoir évité dès fa plus tendre jeuneffe la contagieufe connoiffance de ces *Difciplines*, car c'eft ainfi qu'on appelloit de fon tems par excellence les Mathématiques. Mais en tout cas, il n'y a que l'excès d'attachement à de certaines parties qu'elles ont abfolument feparées de la matiere qu'on leur puiffe imputer; les autres démeurent feparées fans reproche, & telle qu'une ame contemplative ne peut choifir de plus digne, ni de plus agréable objet.

Plutar. cont. Epit.

Vous n'ignorés pas néanmoins, que comme le bien & le mal font mêlés par tout, vous aurés befoin de feparer l'un de l'autre, & par exemple de diftinguer ce qu'enfeigne l'excellente Aftronomie, des impoftures de l'Aftrologie Judiciaire. J'ai parlé des vanités de cette derniere en tant de lieux, que je ferois confcience d'y rien ajoûter. Je vous ex-

horte seulement à vous souvenir que cel
du dernier siécle qui l'a le mieux cultivée,
tablissant d'aphorismes en sa faveur, que Pto
lomée ni aucun des anciens n'avoient fait
n'a pas laissé d'avouër à la fin, qu'elle n'a-
voit rien de solide, & dont il ne falut beau-

c. 16. coup se défier. C'est de Cardan que je veux
parler, qui fait cette ingenuë declaration au
Livre qu'il a écrit de sa propre vie, que rien
ne lui avoit été plus préjudiciable que sa cré-
dulité aux regles de cet art, parce que ne devant pas vivre selon elles plus de quarante ans,
ou au dire des plus entendus ne pouvant jamais arriver jusqu'à la quarante-cinquiéme
année, il avoit pris toutes ses mesures là dessus, qui furent de grand préjudice à son ar-
riere saison. En effet, l'on sait, qu'il vécut
soixante-quinze ans moins trois jours.

4. Æn. *Heu vatum ignaræ mentes!*
l'on ne sauroit appliquer mieux qu'ici cet hé-
mistique de Virgile, & Saint Basile a defini
le plus proprement qu'il se pouvoit la Judiciaire, quand il l'a nommée πολυάσχολον ματαιό-
τητα, *vanitatem ex abundantia otii profectam.*
Pour preuve de cette definition, & pour vous
faire rire, je vous reciterai ce que j'ai lû depuis peu d'un Jean Menard célebre Médecin
de Ferrare. Les Astrologues, à qui sa cre-

dulité faisoit qu'il deferoit beaucoup, l'avoient persuadé que difficilement se garantiroit-il de perir dans une fosse. Cela les lui fit éviter toutes long-tems, avec une précaution merveilleuse. Il ne put s'empêcher néanmoins de tomber dans celle d'une jeune femme, qu'il épousa sur ses vieux jours, & qui, les lui abregeant, fit ridiculement reüssir ce qui lui avoit été prédit. Je terminerai ce propos plus serieusement, par le jugement d'un homme de grande speculation, & d'une profonde connoissance de toutes les parties des Mathématiques. Voici comme il parle de celle-ci. *Quod Astrologia a contemplatione siderum de futuris eventibus fortuitis judicare, vel in utramque partem pronuntiare audet, non scientiæ est; sed fugiendæ egestatis causa hominis stratagema est, ut prædam auferat a populo stulto.* Hobbes.l.de homine.

Les autres parties vous donneront sans doute mille plaisirs innocens, & chacune vous fournira une infinité de joies spirituelles, qu'on ne sauroit assez estimer. Car je suis tout assuré, que la Musique vous touchera l'ame par son harmonie intellectuelle, encore plus que par celle des sons, qui ne contentent souvent que l'oreille. Ce n'est pas qu'une belle voix ne soit fort à priser, &

O ij

qu'il ne me fouvienne bien qu'on a voulu la préferer aux plus beaux vifages, dont l'on ne retire que des fatisfactions corporelles, celle-ci pénétrant jufqu'à l'efprit? fans que les mauvaifes conditions de quelques Muficiens foient confidérables, qui prouvent au contraire l'excellence de leur art, puifqu'il force nos inclinations à l'aimer nonobftant cela. En effet, Anacharfis ne condanna que le vice des Fluteurs de Grece, quand il dit, que fon païs de Scythie n'en nourriffoit point à caufe qu'il n'y avoit point de vignes. Et lorsqu'on proféra cette raillerie de Neron, *cantando Gallos excitavit*, l'indecence & la mauvaife application de ce Prince étoit plûtôt reprife, que la Mufique diffamée. Il faifoit tout au rebours d'Amphion, qui bâtiffoit des villes en chantant, & lui les détruifoit, & tant s'en faut qu'il apprivoifât les animaux feroces, ou qu'il les rendit comme Orphée raifonnables par fa voix, qu'il faifoit perdre le fens avec la patience aux hommes, & ne vifoit qu'à les rendre bêtes s'il eût pû. Les Philofophes ont bien deftiné l'harmonie à d'autres ufages; Platon l'emploie admirablement dans fa République, & prefqu'au même tems le Socrate de la Chine ce grand Confutius foûtenoit, qu'il eft impoffible qu'un Etat foit bien gouverné fans la Musique, comme vous le confirmera le premier livre de la premiere Decade du Pere Martinius. Prenés garde pourtant, que vous ne vous embarassiés trop dans ces melodies mondaines du Docteur Flud Anglois. Il se trouve des analogies assez spirituelles de ce concert universel à nos plus excellentes melodies. Msis il y a d'ailleurs bien du vuide, ou du chimerique, & c'est sans doute que les idées de Platon possedent plus de realité qu'il ne s'en rencontre dans de tels raisonnemens. Je connois un homme de grande théorie là dessus, qui ne trouve à dire au gouvernement présent de l'Angleterre si non que sa République qui devroit être en *be, fa, be, mi,* n'est encore qu'en *ge, re, sol, ut*. Jusqu'à ce que l'on ait inventé des instrumens propres à nous faire entendre la symphonie des Orbes celestes, comme l'on nous a fait appercevoir de nouvelles Etoilles, par le moien des lunettes à longue vûê, contentons nous des plaisirs d'une musique plus aisée à concevoir. Sans mentir, la nôtre ordinaire est très propre à nous faire passer agréablement quelques heures de la vie, que nous écoulerions moins doucement sans son divertissement. Il s'en faut donc prévaloir,

Cantantes licet usque (minus via lædet) eamus. Virg. ecl.

Nous n'avons point ni vous ni moi, graces à Dieu, cette marque de reprobation, de la haïr. Mais fi ce qu'on dit en Perfe de ceux de la province de Chouvarzam eft véritable, ils ont naturellement de grands préjugés d'Election, puifqu'on affure que quand leurs enfans crient & pleurent au berceau, ils ne le font qu'en mufique. C'eft fans doute pour faire entendre en raillant, que les plus excellens Muficiens viennent de cette contrée, dont la ville de Gergene eft la capitale.

Vie de Tamerlan.

Je vous conjure de vouloir bien joindre dans la Géographie les obfervations du nouveau Monde à celles de l'ancien. L'une & l'autre Inde au Levant & au Couchant vous en fourniront de belles, & les découvertes qui fe font tous les jours vers le Sud, & la nouvelle Guinée ne contribueront pas moins à vôtre contentement, que celles de Groenland & des païs les plus voifins de nôtre Pole. Une Rélation de ce climat morfondu me faifoit douter ces jours paffés, fi les veftes ou robes, dont les Samojedes fe couvrent, & qu'ils trouent par les yeux pour regarder au travers, n'ont point fait dire, qu'il fe trouvoit des peuples fans tête; comme leur ample chauffure, & les raquettes dont fe fervent ceux de Canada afin de cheminer fur la neige, ont pû donner lieu à la fable de certaines gens dont parle Pline, qui se couchant les pieds en haut demeuroient à l'ombre de leur larges plantes. Contemplés sur tout avec attention les changemens merveilleux que les Siécles ont apportés en de certains lieux, qui n'ont rien de ce que l'on y voioit autrefois. Ces savantes & magnifiques Athenes ne sont présentement que solitude & barbarie, non plus que le reste de la Grece, & la Hollande ou Batavie au contraire, si décriée pour sa stupidité, *auris Batava, Batavum ingenium*, vous fera voir un Amstredam que vous admirerés, & un Leiden, où il semble que les Muses aient transporté leur Parnasse. Vous souvenés-vous avec quelle diffamation Ciceron a parlé de nos Gaules dans une de ses Oraisons, où il s'écrie, *Quid illis terris* *asperius ? quid incultius oppidis? quid nationibus immanius?* Vous diriés qu'il décrit la Scricfinnie, ou la contrée des Lapons. Cependant ceux du païs de cet Orateur viennent tous les jours, se former chez nous à un certain air de galanterie, qu'ils avouënt ne se trouver point chez eux. Et pour vous faire remarquer cette variation hors de tout interêt, *Pietro della Valle* vous assurera que l'Hyrcanie autrefois si affreuse & si abominée

Orat. de prov. Con.

pour son infertilité, & pour l'inhumanité de ses habitans, est aujourd'hui sous le nom de Mazanderan, l'un des plus beaux païs de l'Asie, & qui a ses peuples les plus courtois, n'y en aiant point qui les devancent en toute sorte de civilités. Certes il y a de belles réflexions à faire sur de si étranges vicissitudes.

DE
L'IMPASSIBILITÉ.

LETTRE CXLVII.

MONSIEUR,

Je ne suis nullement pour ce retranchement absolu de toutes les passions, lequel vous prisés tant, & je suis persuadé au contraire, que quand même l'impassibilité des Stoïciens se pourroit établir parmi les hommes, ils ne composeroient plus qu'un peuple de pierre ou de marbre, ce que quelqu'un a dit des statuës de l'ancienne Rome. Ne vous attendés donc pas que j'eftime autant que vous cet endroit de Virgile, où il conftituë une partie du bonheur de l'homme champêtre, & retiré, dans l'indolence, ou pour mieux dire, dans l'infenfibilité, lors qu'il dit de lui,

—— *neque ille*
Aut doluit miferans inopem, aut invidit habenti. L. 2. Georg.

A la vérité, je trouve bonne l'exemtion de quelques paffions honteufes, telle qu'eft manifeftement l'Envie: mais je ne m'accorde pas avec ce defaut de compaffion, où ce Poëte met, comme Epicurien, une partie de la felicité. En effet, les paffions font fouvent utiles, foit au corps, foit à l'efprit; le temperament du premier fe redreffe par leur violence en beaucoup de rencontres, & nôtre ame profite quelquefois de ce qu'une paffion en arrête une autre & la fufpend, comme deux balances égales ne branlent plus & demeurent fans mouvement. Ce n'eft pas fans fujet par confequent, que la bonne Morale les place toutes comme indifférentes entre le vice & la vertu; que nôtre Religion fait particulierement de la colere en certains cas un acte méritoire, & que S. Jean Chryfoftome foûtient à l'égard de celle-ci, que l'on commet une faute, qui se peut appeller peché, de la vouloir absolument reprimer aux occasions, où nous en devons avoir, *cum qui cum debet irasci, non irascitur, peccare.* C'est principalement elle néanmoins, qui vous donne tant d'aversion contre toutes les autres pour avoir observé que les plus vertueux & les plus moderés sont sujets aux plus violens transports qu'elle donne, passant d'une extremité à celle qui lui est opposée, de même que du vin le plus doux, il se forme le plus piquant de tous les vinaigres :

Basil.hom. 10.contr.irasc Greg. 3.Moral c. 31.Homil. 21. in. Matth.

Bonus animus læsus gravius multo irascitur. Cela me convie à vous entretenir de ce que mon imagination, jointe à ce que je puis avoir de mémoire, me fourniront sur ce propos, pour en tirer avec vous quelque instruction.

Laberius.

Encore qu'il soit vrai, que les Coleriques peuvent être considérés comme des Lions, que la fiévre travaille durant tout le cours de leur vie : Et bien qu'on ne puisse nier, que les plus grands hommes, & de la plus haute estime, n'aient beaucoup perdu de leur reputation pour n'avoir pû resister aux emportemens d'une bile, qui les maitrisoit,

Hectora qui solus, qui ferrum, ignemque Iovemque,

Ovid.13. Met. de Ajace.

Sustinuit toties, unam non sustinet iram.
Si est-ce que ceux de cette complexion, que nos anciens nommoient felons *à felle seu bile*, ne doivent pas être tenus pour incurables, moiennant qu'ils se veüillent servir de leur raison, qui n'est pas moins naturelle à tous les hommes que la Bile, & qui peut calmer les plus grands orages de cette furieuse passion, pourvû qu'on défere à ses préceptes. La fable du Lion Néméen ou Cléonéen, qu'Hercule tua, ne veut dire autre chose, les Poëtes nous aiant voulu faire savoir par là, que ce grand homme, tout atrabiliaire qu'il étoit, savoit fort bien domter son courroux, & soûmettre à la raison les plus violens excès de sa colere. Mais pour l'imiter il faut de longue main se former des habitudes à rendre cette raison maitresse & dominante, quand sa superiorité lui est contestée par quelque fiére passion. Nous devons sur tout par son moien prévenir à tems nos coleres, de même, dit Plutarque, qu'on n'attend pas le milieu de la course pour mettre le frein aux chevaux, qui doivent être soigneusement bridés avant qu'ils la commencent. La violence d'une bile fortement allumée ne se peut que très difficilement reprimer; & si l'on souffre, qu'elle s'insinuë trop avant dans nôtre ame, la raison s'en trouve tellement

embaraffée, qu'elle devient presque inutile, & ne nous sert pas plus que les ailes à des oiseaux englués. Mais graces à Dieu, ce qu'est le frein aux chevaux, & le gouvernail aux navires, la raison l'est à l'homme au sujet des passions, s'il s'accoutume à leur donner la loi de bonne heure.

En vérité, il y a des premiers mouvemens que l'Ecole déclare n'être pas en nôtre puissance. Ils y sont nommés *motus primoprimi*, & comme tels excusés par les plus féveres Théologiens. C'est faire comme ce Ctesiphon qui regimboit contre sa mule, de leur penser resister d'abord par des discours raisonnables. Mais ces premiers transports durent si peu, qu'on les peut comparer à des éclairs, qui disparoissent en un instant, & qui sont même souvent suivis d'une agréable férénité. J'ai vû de tels éclairs le soir, accompagnés même de quelque coup de tonnerre, qui étoient un prognostique certain de la beauté du jour suivant. La même chose a lieu dans la Morale, qui use de cette similitude, parce qu'après ces emportemens si subits dont nous venons de parler, la raison dans une ame bien habituée reprend aussitôt le dessus, & y regne avec toute la grace d'un calme qui survient après quelque orageuse tempête. Certes il n'y en a point de plus à craindre que celle qu'excite la colere. Car encore, comme le considére un excellent Philosophe, l'on voit que les mers courroucées se purgent dans leur agitation de ce qu'elles ont d'ordure; au lieu qu'une personne outrageusement irritée commet ordinairement tant d'actions indignes, que, l'orage passé, elle a honte elle même de la turpitude. Il est donc besoin d'employer toutes les précautions possibles contre de tels desordres, qui se font sentir aux plus gens de bien,

(*Gravissima est probi hominis iracundia*)
& qui ne sont jamais si grands, ni si préjudiciables, que quand ils se trouvent secondés d'une autorité puissante,

Fulmen est ubi cum potestate habitat iracundia.

Rien n'est capable de resister à la violence d'un esprit, qui peut tout ce qu'il veut, & qui veut ce qui est contraire à la raison.

Cependant qui est-ce qui s'efforce de contracter quelque habitude propre à s'opposer aux injustes efforts d'une impetueuse colere? Qui sont ceux, qui invoquent, lors qu'elle les entreprend, le vrai Jupiter Meilichius, lui faisant un sacrifice de leur ressentiment, comme autrefois dans Athenes sur l'autel de la Misericorde? Si est-ce qu'il est d'autant plus avantageux d'en user ainsi, que les douceurs de cette vertu ne contentent pas tant les autres qu'elle oblige, que ceux mêmes, qui la pratiquent. O l'heureuse assiette, & l'agréable constitution d'une ame, qui se fait dire en de telles rencontres, Où t'emportes-tu miserable? ne vois-tu pas le gouffre horible où ton courroux te va précipiter?

Quint. *Quo me ducis anime? quo me trahis affectus?* Certainement ce sont de telles homilies & de semblables réflexions, qui appaisent les plus grands desordres de la partie irascible en faveur de la raisonnable. Nous en avons besoin, puisque ces deux parties nous composent, & que nous sommes selon la fable de vrais Centaures, qui ne tenons pas moins du brutal, que de ce qui nous fait tant glorifier d'être hommes. Un peu de coûtume à de tels discours interieurs, & repetés à tems, est presque le seul remede contre l'impetuosité d'une colere enflammée. Le canon, qui brise une muraille de marbre, perd inutilement sa violence contre des balots de laine, & la passion, dont nous parlons, qui terrasse tout ce qui lui resiste directement, s'amollit & s'évapore insensiblement par des réflexions de cette nature. Ceux qui s'en fervent utilement, rougiffent d'abord de fe voir au mauvais état où leur bile les a mis, & cette loüable couleur dont leur vifage fe couvre, témoigne qu'ils en font confus dès leur premiere émotion qui fait palir les plus emportés. Car comme les fievres, qui commencent par le froid font les plus à craindre ; un courroux, qui nous rend blêmes eft bien plus dangereux, que celui, qui nous fait rougir, & qui femble declarer par là qu'on a honte d'en être furpris, & que l'on voudroit en être défait. Les coleres pales & froides montrent au contraire qu'elles prétendent avoir raifon, tant s'en faut, qu'elles fe repentent de leurs déreglemens ; & c'eft ce qui leur donne de fi pernicieufes fuites, de même qu'on ne voit point de plus dommageables guerres, que celles, que l'on croit juftes, & qui prennent un prétexte fpecieux.

J'avouë qu'on reffent quelquefois des coleres fi bien fondées, qu'il eft prefque impoffible de les blêmer avec équité, puifqu'on eft même obligé felon nôtre premier difcours de s'y laiffer aller. Il faut d'ailleurs donner quelque chofe à l'infirmité humaine, ne fut-ce qu'en confideration de ce que nous ne voions rien fous le Ciel qui n'ait fon manquement & ſes foibleſſes. Le déreglement des ſaiſons, le débordement des rivieres, & tant d'autres accidens contre l'ordre apparent de la Nature, ſemblent excuſer nos fautes, & rendre moins criminelles les irregularités de nôtre Morale. Mais au moins accoutumons nous à modérer les premiers bouillons d'une ſi dangereuſe paſſion, & ſi elle nous oblige à quelque reſſentiment, uſons en avec retenuë, ne donnant jamais le fouët à ceux qui nous ont offenſés qu'au ſon de la fuſte, c'eſt à dire la raiſon appellée, comme Ariſtote a temoigné qu'on puniſſoit de ſon tems les ſerviteurs en Toſcane. Le malheur eſt que ceux-là ſont le plus grand nombre, qui ſouvent n'ont point d'autres traits d'hommes que ceux, qu'ils portent au viſage. Nous ſommes pires étant irrités que tout ce qu'il y a de bêtes feroces, qui épargnent du moins leurs ſemblables, *nec eſt ulla ſuper terras adeo rabioſa bellua, cui non imago ſua ſancta ſit*. Et les douceurs mêmes de beaucoup de gens ſont pleines de rigueur & de cruauté; ce qui a fait dire au Sage Hebreu, *miſericordiæ impiorum crudeles*. En effet; nôtre humanité eſt ſi mal intentionnée contre elle même, & l'homme paroit naturellement ſi porté au mal, que j'oſe dire qu'à le bien prendre, & eu égard

Plutar. de Ira.

Quintil. decl. 12.

gard à cela, c'eſt peut-être une des plus grandes loüanges qu'on peut donner à ceux, que l'on eſtime beaucoup, de dire qu'ils ſont inhumains, ou qu'ils ont dépoüillé l'humanité. Pourquoi non, ſi le reſte des animaux, qui ſont les fideles miroirs de la Nature, n'ont rien de ſi dépravé que nous. Cette même penſée me fait croire auſſi quelquefois que nous emploions mal les mots de bêtiſe, & de brutalité, les bêtes brutes étant ſouvent moins vicieuſes, & plus raiſonnables en quelque façon que nous ne le ſommes. Je finis cette extravagance, de peur de vous mettre en colere au même tems, que je declame ſi aigrement contre elle.

DE
LA CONTINUATION DES ETUDES.

LETTRE CXLVIIL

MONSIEUR,

Je ne me laſſe point de vous exciter à la continuation de vos entretiens ſpirituels. Ne vous arrêtés pas aux dégoûts que vous donnent de l'Etude ceux, qui vous la repréſentent comme la choſe du monde la plus inutile. Ce qu'ils vous ont dit eſt vrai, qu'on ne voit guères les riches à la porte des ſavans, & que ſouvent au contraire ceux-ci vont trouver les hommes de grande fortune. Mais vous n'ignorés pas ce qu'on a toûjours répondu à cette objection, que les Médecins étoient obligés d'aller viſiter les malades, ne ſe pouvant preſque faire autrement; outre que ce n'eſt pas grande merveille ſi la plûpart de gens, qui vivent dans l'opulence, négligent ceux, qui cultivent la science, n'en connoissant point le prix; au lieu que les savans n'ignorent pas le bon usage des biens, qui leur manquent, & dont les autres se servent très mal. Et néanmoins la chose ne va pas toûjours comme ils le disent. L'on a vû des Empereurs méner à côté d'eux dans leur char de triomphe des hommes d'un éminent savoir. Le Roi Phraotes traite avec Appollonius dans Philostrate comme avec son superieur, reconnoissant, que la science a je ne sai quoi de plus Roial que le Sceptre, τὸ γαρ βασιλικότερον σοφία ἔχει, La pauvreté de Diogene n'empêcha pas Alexandre le Grand de l'aller trouver pour conferer avec lui. Julien descendit de son thrône pour aller au devant du Philosophe Maximus, qu'il embrassa tendrement; & Ammien Marcellin, qui nomme cette action indecente, en a fait peut-être un très inique jugement. Peut-on rendre trop d'honneur à la science, qui seule a le pouvoir, naturellement parlant, de nous approcher du Ciel d'où elle tire son origine. Il faut bien qu'elle soit grandement estimable par la doctrine des contraires, puisque l'ignorance est universellement exposée au mépris de tout le monde. Souvenés-vous du proverbe des Arabes, qui porte, que ce n'est pas être si orphelin de n'avoir ni pere ni mere, que de se trouver sans science & sans erudition. Certes l'induction d'Aristote est bien puissante, pour montrer, que le desir de savoir est une passion naturelle, dont il n'y a personne, qui ne soit touché. Car, comme il représente fort bien, si la Nature nous a donné tant d'amour pour les sens, & sur tout pour celui de la vûë, à cause des connoissances que nous prenons par son moien plus grandes que par celui des autres; de combien plus grande affection devons nous être transportés pour la science, qui nous revele toutes les beautés & tous les secrets du Ciel & de la Terre, nous faisant comprendre ces choses avec beaucoup plus de perfection & de justesse, que ne font les organes corporels, qui nous trompent si souvent? Du moins ne sauroit-on nier, qu'à la façon des vaisseaux de long cours, qui semblent approcher les païs les plus éloignés, en nous communiquant leurs commodités; les sciences ne donnent à nôtre siécle les lumieres & les connoissances de tous les autres, qui l'ont précedé: *Literæ tanquam naves sulcantes Oceanum temporis, remotissima sæcula copulant.*

Il est aisé de reconnoitre le génie de ces mauvais conseillers, qui ne visent en vous dé-

l. 1. Metaph. c. 1.

goûtant de l'étude qu'à vous rendre semblable à eux. Ce sont gens, qui tirent vanité de leur ignorance, & qui dans leurs propos ordinaires proferent dédaigneusement, qu'ils se contentent d'user des Elemens, sans se soucier d'en connoitre les qualités. L'idée d'une maitresse leur est bien plus précieuse, que toutes celles de Platon. Et parce que Saint Augustin a *Mer. text.* prononcé après Aristote, qu'il y a des cho- 51. ses, qu'il vaut mieux ne pas savoir, que d'en être trop instruit, *præstat quædam nescire, quam scire*; Ils paraphrasent cela en faveur de leur vie fainéante & debauchée, invitant tout le monde à les imiter. Un de leurs plus grands lieux communs, s'il se peut dire, qu'ils en aient fait quelques-uns, est celui de la mauvaise fortune des hommes de lettres, dont ils représentent la pauvreté & tous les mauvais succés. Je leur accorde facilement ce que Pierius, & les autres, qui ont traité cette matiere, nous en ont appris. Mais n'est-ce pas une honte de regler tout par l'interêt, & d'avoir si peu de Morale, que de mépriser les plaisirs innocens des Muses, & même ce qui est accompagné d'honnêteté, si l'utilité ne s'y rencontre. Les Arabes, dont je vous ai déja parlé, m'ont *Sem. sap.* appris que leur grand Abviosephus, le plus *c. 6.* savant de son siécle, étoit encore le plus nécessiteux; & néanmoins il n'en étoit pas pour cela en moindre vénération parmi eux. Et si le Pape Sixte Quatriéme traita indignement Theodore Gaza, qui lui avoit dédié sa version Latine du Grec d'Aristote de l'Histoire des animaux, il n'y auroit que ce Pontife à blâmer, si Gaza aiant jetté dans le Tibre les quarante ou cinquante écus dont il avoit reconnu sa dédicace, n'en fut mort après de déplaisir. Quoiqu'il en soit, des exemples singuliers, & qui en ont tant d'autres contraires de gens à qui les sciences ont été très utiles, ne doivent rien obtenir sur vôtre esprit, au préjudice de vos applications studieuses.

Pierius. l. 2 de lite-rat.infl.

Je vous prie de prendre garde au plaisir & à l'avantage qu'ont ceux, qui se connoissent aux Tableaux, sur d'autres, qui n'y entendent rien, quand les premiers distinguent les manieres différentes des Peintres, & les copies d'avec leurs originaux; comme autrefois les entendus en cet art y remarquoient les trois genres divers, l'Ionique, le Sicyonien, & l'Attique. Ne m'avouërés-vous pas que la satisfaction d'un homme savant doit être bien plus grande, lors qu'il observe dans les ouvrages de la Nature, & de Dieu qui en est l'auteur, mille effets avec autant de causes qui le ravissent, & dont les ignorans ne sont nullement touchés? C'est la même chose de la Musique, une oreille docte trouve dans les trois genres de mélodie, l'Enharmonique, le Chromatique, & le Diatonique, une infinité de graces, qui ne sont rien aux autres. Le Melos d'Eolie fort simple, l'Ionique mol, le Phrygien réligieux, le Lydien plaintif, l'Asiatique divers & le Dorique belliqueux, sont écoutés sans confusion, & avec un transport d'ame merveilleux, par cette même oreille savante; au même tems, qu'une ignorante a tout cela pour indifférent. Il y a un passage de Ciceron sur ce que je viens de dire touchant ces deux professions, qui est trop exprès au quatriéme livre de ses Questions Academiques, pour ne le vous pas rapporter ici. *Quam multa vident pictores in umbris, & in eminentia, quæ nos non videmus? Quam multa quæ nos fugiunt in cantu, exaudiunt in eo genere exercitati? qui primo inflatu tibicinis Antiopam esse aiunt, aut Andromacham, cum id nos ne suspicemur quidem.* Jugés là dessus quel doit être l'enthousiasme d'un Philosophe, ou, si ce terme vous choque, d'un véritablement savant, qui découvre dans le globe intellectuel tant de raretés & tant de merveilles, dont le reste des hommes, & ceux sur tout, qui sont d'esprit grossier, ou qui n'ont pris nulle teinture des bonnes lettres, n'ont pas la moindre connoissance, pour ne pas dire, comme Ciceron, le moindre soupçon.

Je suis persuadé, qu'il n'est pas besoin d'un plus long discours, pour vous détromper des mauvaises maximes qu'on vous avoit voulu faire passer pour bonnes. J'emploierai le reste de cette lettre à vous en communiquer quelques autres, qui vous pourront être d'usage, & que m'inspire le seul zele que j'ai pour vôtre avancement.

Premierement gardés-vous bien de croire la moindre chose de tout ce qu'on vous a dit au décri & au préjudice de la plûpart des sciences. Hors celles, qui sont condannés, & qui vont contre les bonnes mœurs, il n'y en a pas une, qui ne puisse vous servir, & que vous ne trouviés de mise tôt ou tard dans le cours de vôtre vie. A la verité Xenophon nous aprend qu'encore que Socrate n'ignorât ni la Géometrie, ni l'Astronomie, il ne conseilloit pas pourtant de s'y arrêter beaucoup, parce que de son siécle l'on donnoit tant de tems à l'une à l'autre, que la plus importante partie de la Philosophie, qui est la Morale, étoit presque négligée. A quoi bonne la théorie des Planetes qui nous instruit de tous leurs mouvemens, si les nôtres sont desor-

l. 4. Memor.

donnés? Et que nous peuvent servir toutes les regles de la Géometrie, si nôtre esprit est déreglé? *Scis quæ recta sit linea*, dit Seneque, *quid tibi prodest, si quid in vita sit rectum ignoras?* Dans un fragment de lettre que le même Xenophon écrivoit à Eschines, il assure, que c'étoit encore la raison pourquoi Socrate n'étoit pas fort profond dans la Musique, dont la théorie avoit occupé jusqu'à lui la plus grande partie des savans. Souvenés-vous de la demande qu'on fit à un fils de Roi, s'il n'étoit point honteux de jouër si bien qu'il faisoit de la Lyre, y aiant de certaines connoissances, dont l'on ne peut avoir acquis la perfection que par une si longue application, qu'apparamment l'on n'en a pas assez donné à ce qui est de plus grande importance. Ne vous jettés donc pas dans l'excès dangereux de ces études, qui pourroient consumer les heures, que vous devés à vôtre profession, & songés principalement à orner la Sparte, dont vous avés fait élection, avec cette reserve d'esprit néanmoins, que l'aphorisme de Sene- *Ep. 88.* que, *Satius est supervacua scire, quam nihil*, vaut bien tous ceux, qu'on lui sauroit opposer. L'on peut voiager par curiosité & voir plusieurs belles villes, mais il ne faut être bourgeois ou citoien que d'une seule.

Vous auriés tort de prendre d'abord du dégoût de vôtre travail, pour reconnoitre que quelque autre y a de l'avantage fur vous. La feconde & la troifiéme place ont toûjours été prifées, quoique la premiere foit au deffus. A moins d'avoir l'ambition auffi déreglée que Céfar, l'on peut fe contenter de n'être pas des derniers. Et je vous renvoie à cet Era-

Hefy.III. tofthene, qui ne laiffa pas d'acquerir une illuftre reputation, encore qu'il fut furnommé β, ou le Bé, à caufe que fans occuper jamais le premier rang, on lui adjugea toûjours le fecond en toute forte de difciplines. En tout cas l'échelon inferieur eft un degré pour parvenir au plus haut: Et vôtre âge ne vous doit point décourager pour être un peu avancé; vous favés la belle renommée qu'acquit Balde dans la Jurifprudence, nonobftant qu'on lui dit d'entrée, *Sero venis Balde, eris advocatus in alio fæculo.*

Il y a deux méthodes d'apprendre, & de fe perfectionner, bien différentes à la vérité, mais qui peuvent être emploiées toutes deux utilement, felon la difpofition d'efprit où l'on fe trouve. L'on eft bien aife quelquefois de commencer par les notions, qui font les plus faciles à comprendre, & même d'être aidé par quelqu'un à les acquerir, imitant ceux qui se servent de nageoires pour se dresser à bien battre l'eau, & à se tenir dessus. Les autres se jettent d'abord sur ce qui est de plus difficile intelligence, afin, qu'aiant une fois surmonté ce penible travail, ils ne rencontrent plus rien que d'aisé ; comme ceux, qui apprenant à danser prennent des souliers plombés, à dessein d'être plus legers au bal, & d'aller mieux par haut en chaussure ordinaire. Mais de quelque façon que vous en usiés, que ce soit toûjours sans abandonner le grand chemin, pour suivre de miserables sentiers où l'on s'égare : *Claudus in via, cursorem extra viam antevertit.* Gardés aussi soigneusement l'ordre des Abeilles, qui vont toûjours, dit Aristote, *à viola ad violam*, sans confondre le suc de diverses fleurs. [9. de hist. anim. c 40.]

Sur tout ne vous hatés jamais de determiner les choses, & usés de cette heureuse suspension sceptique, qui préserve de tant de repentirs :

Ad pœnitendum properat, cito qui judicat. [Laberius.]
La Logique, dont vous possedés si bien l'usage, vous sera très avantageuse. Mais quand vous aurés réduit un antagoniste presque aux abois, & à donner dans ce Cercle ou Diallele qui est le vrai labyrinthe de l'ignorance, gardés-vous bien de lui insulter, & conten-

tés vous à l'exemple de Socrate d'un avantage moderé. Un raisonnement paisible & respectueux, comme étoit le sien, ne jette jamais dans l'envie, & gagne le cœur des plus rebelles à la raison. Continués à employer la vôtre de la belle maniere, & n'oubliés pas ce que nous dîmes la derniere fois, qu'un homme sans raisonnement est un vaisseau sans gouvernail.

QU'IL Y A UNE PAUVRETÉ PRÉFERABLE AUX RICHESSES.

LETTRE CXLIX.

MONSIEUR,

Comme c'est une marque de mauvaise disposition corporelle d'être offensé par des vivres innocens, & que chacun éprouve n'avoir point de mauvaises qualités; l'on peut prendre pour un indice d'esprit déreglé de ne pouvoir souffrir les richesses, & d'en avoir trop d'aversion. *Vanum gloriæ genus,* dit Quintilien, *odium divitiarum.* Je sai bien qu'elles nous peuvent corrompre par la facilité qu'elles nous font trouver à beaucoup de vices, dont la difficulté nous dégoûteroit, & qu'elles semblent démentir en cela l'ancien proverbe, *Superflua non nocent,* que Saint Augustin emploie dans sa Cité de Dieu. Mais Aristote, qui s'est servi de la comparaison, que je viens de rapporter, a fort bien encore determiné ailleurs, que tous les biens, dont l'usage est incertain, tels que sont la Force, la Beauté, le Pouvoir absolu, & les Richesses, ne laissent pas d'être de véritables biens, quoique de méchantes personnes en abusent, parce qu'il est plus juste, que les choses reçoivent leur principale denomination de l'emploi, qu'en font les hommes de vertu, que de celui des vicieux. En vérité Orphée a eu raison de dire que, généralement parlant, l'opulence étoit fille de l'animosité, prise pour une trop superbe élevation d'esprit, & l'Ecclesiastique a prononcé selon ce sentiment, *Domus quæ nimis locuples est, annullabitur superbia.* En effet, l'on peut assurer d'une infinité de gens, qu'ils ont du bien, qui leur fait beaucoup de mal, & il me semble

l.4.c.27.
mag.mor.
c.9. 7. Eudem.c.ult.
&.l. mag. mor.c. 2.

cap. 21.

Gaſſend.in eius vita. l. 6. que Tycho Brahé avoit raiſon de corriger Juvenal, quand il écrit,

Haud facile emergunt quorum virtutibus obſtat Res anguſta domi;

ſoûtenant, qu'il devoit mettre *res numeroſa* plûtôt que *res anguſta*, par ce qu'on voit plus de perſonnes, que l'abondance de bien s'éloigne des vertus, qu'il n'y en a que la pauvreté en recule. Avec tout cela pourtant, il faut avouër, que des richeſſes acquiſes juſtement, dont l'on uſe ſobrement, qu'on diſtribuë gaiement, & qu'on quitte avec patience & ſans regret lors que l'heure en eſt venüe, ſont des inſtrumens très propres à exercer de grandes vertus. C'eſt ce que vouloit ſignifier Nicolaus Damaſcene, quand il comparoit ces mêmes richeſſes à des Flutes, qui ſont véritablement inutiles à ceux, qui ne ſavent pas s'en ſervir, mais qui bien touchées rendoient de ſon tems une harmonie très conſidérable. Car il ne faut pas croire que le bel uſage des biens conſiſte ſeulement à en faire largeſſe, & comme dit l'Italien, *a far dei Zecchini quel ch'altri fanno de lupini*. Si Crates le Thebain jetta les ſiens dans la mer, comme peutêtre on le lui fit accroire, il fit ſelon moi une action, qui ne doit jamais être imitée. L'importance eſt de les bien diſtribuer, & de s'en defaire avec une liberalité accompagnée de jugement. L'on prend bien garde dans l'Oeconomie, selon la pensée d'un ancien, à ne faire sortir le fumier d'une cour, que pour le mettre en lieu où il puisse être utile; à plus forte raison doit-on avoir égard dans la dispensation de ce qui est bien plus précieux, à la faire toûjours avec discretion.

Il ne faut donc pas vous imaginer davantage, que les biens de Fortune soient si fort à mépriser, ou même à rejetter, que l'austerité de quelques Philosophes l'a voulu faire croire. Ils ont beau les nommer le bagage importun des vertueux, *impedimenta virtutis*, ou plus salement encore après Diogene, *vomitus Fortunæ*, ce que je n'oserois traduire en nôtre langue; ils n'en seront pas crûs, paroissant trop de sens reprouvé dans toutes leurs invectives. La moderation de S. Augustin me semble bien plus judicieuse, lors que parlant de la Fortune & de ce qui en depend, au troisiéme livre contre les Academiciens il conclud en ces termes: *Semper fuit sententia mea, sapienti jam homini nihil opus esse: ut autem sapiens fiat, plurimum necessariam esse Fortunam*. Mais il est besoin d'user ici de quelques précautions, parce qu'il n'y a point de bien qui ne soit recherché avec avidité de tout le monde, *omnia bonum appetunt*, & parce que de sa nature il aime à se répandre & à se communiquer, *est sui diffusivum:* En effet, celui principalement dont nous parlons est de cette condition, à cause, ce semble, que la monnoie comme ronde ne demande qu'à rouler d'une main en l'autre, outre qu'elle peut apprehender la rouille si elle ne bougeoit d'un lieu. Nous devons donc avoir égard tant à l'acquisition du bien, afin que nous ne soions pas de

Sen. ceux qui le diffament, *qui pecuniam conspurcant, quæ sic in quosdam quomodo denarius in cloacam cadit;* qu'à sa distribution, faisant en sorte que son issuë de nos mains ne soit pas moins honnête & raisonnable que son entrée. Si nous ne sommes soigneux d'observer cela avec exactitude, nous reconnoitrons bientôt qu'il n'y a pas moins d'inconvenient à posseder des grandes finances, qu'à n'en point avoir,

Floridus. *Tam malum est habere nummos, non habere quam malum est.*

Certes elles sont quelquefois si mal tenuës, & de si mauvaise main: qu'il y auroit lieu de les confisquer avec quelque sorte de justice, & le souhait d'un de mes amis ne me semble pas extravagant en tout sens, qu'on pût jetter

des

des Devolus sur les richesses de ceux, qui ne savent pas s'en prévaloir. Quelle malediction inconcevable d'être en disette au milieu des trésors? *genus egestatis gravissi-* Ep. 7. *mum*, dit Seneque, *in divitiis inopia*. Il soutient ailleurs pour cela que l'avarice est la plus grande & la plus fâcheuse de toutes les pauvretés, *quæ est maxima egestas? avaritia*. Mais quelle miserable phrénesie, pour parler avec Juvenal, de mener une vie chetive & nécessiteuse pour paroitre riche en mourant?

Ut locuples moriaris egenti vivere fato? Sat. 14.
J'avouë que l'on ne sauroit s'étonner assez d'un si prodigieux aveuglement.

Cependant il est difficile d'accorder ces beaux sentimens, qui veulent qu'on jouïsse & qu'on se prévale des biens, que l'on possede, avec une opinion directement opposée, qui ordonne d'être pauvres même parmi les richesses, *magnus ille qui in divitiis pauper est*, Sen. ep. 18. & qui nous propose les plus grands hommes & 20. de l'antiquité, qui dans une extréme affluance de tous biens, avoient des jours choisis exprès pour s'exercer par une imaginaire pauvreté à tout ce que la véritable pouvoit avoir de plus dur & de plus insupportable. La Volupté dont Epicure faisoit des leçons à tout le genre humain, ne l'empêchoit pas, non plus que les autres, d'avoir de ces jours d'abstinence: *Certos habebat dies ille magister voluptatis Epicurus, quibus maligne famem extingueret.* Vous dirés peutêtre qu'il étoit bien aisé à Seneque, qui rapporte tout ceci, & à ses semblables s'il en a eu, de prêcher sur la vendange de la sorte, ou de philosopher touchant la pauvreté sur un fonds de huit cens mille livres de révenu qu'il possedoit. Je vous reponds qu'il n'a gueres eu son pareil en toutes façons, & que le Gulistan qui n'étoit pas si bien fondé que lui parmi les Perses, quoiqu'ils ne l'estiment pas moins dans sa Morale, ne laisse pas d'enseigner, que Dieu aime les riches, qui vivent en pauvres, & les pauvres qui vivent en riches, c'est à dire à l'égard de ceux-ci, qui ont une pauvreté gaie, préferable mille fois à une richesse chagrine. Cela est si vrai, qu'il n'y a point de bien, qui puisse donner une solide satisfaction, si l'on n'a préparé son esprit à le perdre, *Nullum bonum juvat habentem, nisi ad cuius amissionem præparatus est animus.* D'ailleurs, comme Boêce l'a subtilement observé, les richesses ne sont biens à ceux, qui les possedent, que quand ils ne les possedent plus; tant il est constant, que tout nôtre bonheur en cela, consiste à être pauvre & riche tout ensemble.

Sen. ep. 4.

Je prévois une grande repugnance dans vôtre esprit, à souffrir qu'on donne de si grands avantages à une chose telle que la pauvreté, nommé par les Italiens une demie maladie, *Sanità senza danari, mezza malatia;* Etant sans doute bien plus aisé de la rendre recommendable par des discours sophistiques, que de l'endurer. Mais soit que j'aie plus avancé dans la science, qui aprend à méprifer les richesses, que dans celle qui montre à en acquerir, soit que je sois d'un temperament à en pouvoir aimer ceux, qui me fuient, ce qui me fait haïr ces mêmes richesses parce qu'elles ont toûjours évité ma compagnie; je vous declare sincerement encore un coup, que je serai toute ma vie plus content de me voir dans une pauvreté tranquille, que dans des biens inseparables de l'inquietude, comme ils le sont presque tous. Ce n'est pas que, sans donner dans l'héresie de Guillaume de Saint Amour, je ne tienne beaucoup de mendicités honteuses, & à fuïr. Je sai bien que Platon a chassé les Gueux de sa République, & que les Chinois en Levant, ni les Hurons au Couchant, n'en souffrent point parmi eux, ne pouvant comprendre, qu'il y en puisse avoir en France. Mais l'on doit faire grande différence entre une chose violente, comme il'eſt l'extréme indigence, & la pauvreté volontaire d'un honnête homme, ſi le mot de Philoſophe vous déplait. En effet, la Nature demande ſi peu de choſe pour être ſatisfaite, & ſes deſirs, que nous diſtinguons des autres en les nommant naturels, ſont ſi limités, qu'un ſage ſe contente preſque de rien,

Quod vult habet, qui velle quod ſatis eſt poteſt;

Au lieu qu'un homme d'eſprit déreglé n'eſt jamais content. La pauvreté Philoſophique me paroit une Ithaque, qui pour être rude & ſterile ne laiſſe pas de produire des Ulyſſes. Et comme ce prudent Inſulaire la préfera à toute autre demeure; que les Scythes ont plus fait d'état de leurs deſerts que des plus belles contrées de la Grece, & que les Groenlandois encore aujourd'hui mépriſent ce que l'Europe a de mieux cultivé, pour vivre dans une indigence apparente ſous le plus âpre & le plus fâcheux Ciel du Monde: ceux auſſi, qui ſont nés dans une condition médiocre, ou même dans la pauvreté, dont nous parlons, s'y plaiſent ſi fort aiant l'eſprit bien fait, & y vivent ſi doucement, qu'ils ſeroient bien fâchés d'avoir été autrement traités par ce qu'on nomme Fortune. Et en verité, selon qu'Epictete le prononce excellemment dans Stobée, il est bien plus avantageux de coucher sous un petit couvert dans un lit étroit avec santé, que dans un grand & magnifique, étant malade de l'une ou de l'autre partie, qui nous composent. Je pourois vous prouver cela par l'exemple de quelques-uns de ce siécle, & même de ma connoissance; mais parce que je m'abstiens volontiers de telles particularités, j'aime mieux vous faire souvenir de ce vieillard rustique d'auprès de Tarente, qui pour n'avoir qu'un petit champ assez infertile, & tel que le Poëte nous le représente, ne laissoit pas de vivre le plus commodement du monde,

Regum æquabat opes animis,   *Virg. 4.*
& n'eût pas voulu changer sa façon de couler   *Georg.*
les années paisiblement, avec celle du plus opulent de Romains. Aussi savons nous que ces Domteurs de toutes les nations venuës à leur connoissance, faisoient tant de cas d'une honnête pauvreté parmi leurs plus grandes richesses, qu'ils conservèrent le plus long tems qu'ils pûrent la petite chaumiere de Romulus à l'exemple des Atheniens, qui entretinrent de même au milieu de leur Areopage une autre semblable maison, pour faire paroî-

tre combien ils eſtimoient l'ancienne frugalité. L'Apologue des Gruës, qui comme pe chargées, ſe ſauvèrent des Chaſſeurs, c que ne purent faire ni l'Oiſon, ni le Canard, à cauſe de leur peſanteur, nous inſtruit de l'avantage ordinaire de ceux, qui ſont moins gorgés de biens que les autres;

—— dolia nudi
Non ardent Cynici;

& pour dire quelque choſe de plus, je vous maintiens, que ſans exaggerer les miſeres, qui accompagnent indiſpenſablement les richeſſes, la pauvreté conſidérée toute ſeule & ſeparément, a des prérogatives qui la peuvent faire rechercher. Le Ciel a toûjours répandu ſes graces ſur les Pauvres, *fictilibus fuerunt Dii faciles.* Un homme **pauvre a le privilège** des choſes ſacrées,

Res eſt ſacra miſer,

dit l'ancienne épigramme qu'on attribuë à Seneque. Et l'on ne ſauroit nier, que l'indigence n'excuſe ou ne modifie preſque tous les crimes,

Quiſquis peccat inops minor eſt reus;

Petron.
Arb. Iuven.

ſans entrer dans la profanation de celui, qui veut que Jupiter ne faſſe que ſe rire d'un pauvre, qui mépriſe ſa foudre.

Répondons ici à ceux, qui ne trouvent

rien de difficile à supporter dans la pauvreté, après l'avoir bien examinée en tout sens, que la perte des amis dont elle est cause qu'on se voit abandonné; parce que ne pouvant vivre sans la douce conversation de ces amis, ils croient, que la mort est préférable à une vie, qui a perdu avec eux ce qui augmente nos plaisirs, & qui diminuë nos plus sensibles fâcheries. J'avouë que cette sorte d'amis semblables aux mouches, & que le mauvais tems des adversités fait disparoître, toûjours été la plus commune, mais je nie, que leur perte puisse être prise pour une si grande disgrace qu'on la fait, & je soûtiens même, qu'elle doit être plûtôt reputée un gain, qu'autrement. Un véritable ami, ou toute la Morale est fausse, n'est pas si aisé à effaroucher, & celui que la pauvreté écarte si aisément, ne mérita jamais un si beau nom. Nous devons donc plûtôt nous imputer de nous être mépris, & d'avoir fait un mauvais choix d'amis s'ils en usent de la façon, que d'accuser la Pauvreté de dissoudre des amitiés qu'elle seroit plûtôt capable de cimenter, & dont elle se contente d'être la vraie pierre de touche pour les bien distinguer. Ce ne sont pas des amis, qui s'approchent de nous seulement à cause, qu'ils nous voient accommodés, ce sont des lâches, des fourbes, & souvent des importuns, *Qui ad nos quemadmodum ad lacum concurrunt, quem qui exhauriunt & turbant.* Il y auroit plus de quoi s'étonner d'eux, s'ils s'arrêtoient d'avantage auprès de nous, lors qu'ils nous sentent réduits au sec.

Sen. ep. 36.

Mais qu'ils fassent, & leurs semblables, tant de cas des richesses qu'ils voudront, qu'ils nomment l'or un remede catholique ou propre à tout, *panchrestum medicamentum,* comme fait l'Orateur Romain; je me croirai toûjours plus favorablement traité qu'eux de la Fortune, si je suis content de ce peu qu'elle m'a donné; *cui cum paupertate bene convenit, dives est;* Et si je considére avec attention, que je ne puis mourir plus nud, que je l'étois en venant au monde. Car après tout, les biens, qu'ils prisent tant, sont quelquefois plus pénibles encore dans leur possession, que dans leur acquisition, *majore tormento pecunia possidetur, quam quæritur;* ou comme le prononçoit Epicure, *multis parasse divitias non finis miseriarum fuit, sed mutatio.* Ces biens ne peuvent être que la base de leur statuë, qui ne devient pas plus grande, quoiqu'elle paroisse de plus loin par l'élevation de son piedestal. A-t-on vû jamais personne

Cic. 1. in Verr.

(quoiqu'en ait dit tantôt Saint Augustin) acquerir par leur moien une meilleure trempe d'esprit en quelque siécle que ç'ait été? Varron assure le contraire du sien, & de tous ceux, dont il avoit pû prendre quelque connoissance,

Non animis demunt curas ac relligiones   Epig. vet.
Persarum montes, non atria diviti Crassi.

Et je veux vous rapporter une historiette, que m'apprit autrefois Pierius dans son Traité du malheur, qui suit ordinairement les hommes de lettres, pour vous prouver, que ces derniers tems ne sont pas différens en cela des précedens. Le sien n'avoit pas de plus savant homme qu'un Esclavon qu'il nomme, à qui il [Trypho Dalmata.] prit fantaisie d'amasser cinq cens écus d'or, ce lui fut un trésor qu'il voulut coudre lui-même dans son pourpoint, ne desirant pas que personne en prit connoissance. La crainte néanmoins, que le contraire arrivât le rendit si miserable, qu'il n'osoit plus frequenter personne. Et sa disgrace fut telle, que cette apprehension le faisant aller de ville en ville pour mieux couvrir ce qu'il desiroit tenir si secret, on le déroba enfin, & il en mourut d'ennui. C'est ainsi que cette sorte de bien est plus capable de pervertir l'esprit, que de le rectifier ou rendre meilleur. Je sai assez, qu'il se trouve

Q v

beaucoup de gens, qui confervent mieux que lui leurs tréfors; mais tant y a que d'une façon ou d'autre l'inquiétude & la diſtraction, que donnent les Finances, embaraſſent ordinairement ſi fort, qu'elles congedient preſque toûjours des ames les mieux faites toute autre meilleure penſée. Le mot de Finances, dont je viens de me ſervir, quoiqu'il ſe diſe plus des deniers du public, que de ceux des particuliers, fera cauſe que je vous communiquerai, avant que de finir ma lettre, la penſée d'un homme de ma connoiſſance. Il croit, que comme les femmes ne peuvent être bien gardées que par des Eunuques, les Finances d'un Etat ne ſauroient être bien & ſûrement maniées que par ceux qui ſont dans l'impuiſſance d'en profiter. Je vous pourrois dire à l'oreille comme il prétend que cela ſe puiſſe pratiquer, mais je ne ſuis pas reſolu de le confier à ce papier.

DE LA CONNOISSANCE DES CHOSES DIVINES.

LETTRE CL.

MONSIEUR,

Si Dieu avoit voulu, que nous fûssions mille choses, qui causent aujourd'hui de si violentes contestations, tenés pour assuré, qu'il nous les auroit revelées. Cependant vous observerés qu'il est bien plus aisé sur de telles matieres d'attaquer que de defendre, & de détruire que d'édifier; à cause que ce qui concerne la Réligion, & le culte Divin, a presque toûjours je ne sai quoi qui excede la capacité de l'entendement humain. Vouloir comprendre les choses de cette nature, & en rendre un compte aussi exact que l'on peut faire des physiques, des morales, ou des mathématiques, c'est proprement s'opiniâtrer à presser l'eau avec la main pour la mieux prendre & pour s'en prévaloir. Il faut quelquefois s'écarter du fens literal des livres qui reglent nôtre créance, pour fuivre le myſtique, & fouvent l'allegorique, ou l'analogique, le métaphorique, le moral, ou l'énigmatique, doivent être appellés au fecours de la lettre. La docilité & la foûmiſſion d'eſprit fe démêlent mieux de tout cela, qu'une fotte préfomption d'en comprendre mieux le fin que perſonne, ce qui fait d'ordinaire les plus grandes héreſies. Reconnoiſſons ingenument nôtre foibleſſe, & avoüons avec humilité, qu'il n'y a que Dieu, qui nous puiſſe rendre favans, comme il n'y a que lui qui ait une pure & véritable eſſence, accompagnée d'une ſcience parfaite. C'eſt ce que l'inſcription du temple de Delphes, εἰ, enſeignoit même aux Payens; & c'eſt être ridicule de préſumer quelque choſe là deſſus de ſes propres forces. Tout ce que nous pouvons humainement faire, c'eſt d'ébaucher dans nôtre ame quelque figure imparfaite de la Divinité, ſoit par attribution, en lui donnant des qualités & des perfections, comme les Peintres font des couleurs à ce qu'ils veulent repréſenter, ſoit par abſtraction, en lui ôtant ce que nous ne jugeons pas lui convenir, à la façon des Sculpteurs, qui retranchent toûjours du marbre jusqu'à ce qu'ils y aient trouvé la ftatuë qu'ils fe font imaginée. Mais *Flacourt.* helas, que nos fantaifies font d'elles mêmes extravagantes quand elles fe rendent métaphyfiques? Je lifois il y a peu, que ceux de l'Isle de Saint Laurens reconnoiffant un Dieu auteur de toute forte de biens, établiffent à l'oppofite un Diable, qu'ils croient le principe du mal, & lequel ils craignent beaucoup plus, qu'ils n'aiment le premier. Cela eft caufe que dans la diftribution de ce qu'ils lui facrifient, & en toute autre occafion, ils font toûjours paffer le Diable dèvant Dieu, n'apprehendant rien de celui-ci, & ne fongeant qu'à flater ou appaifer l'autre. Les Perfes dans la Rélation d'Olearius font les Diables fi corporels, qu'ils affurent, que leur grand Aly en tailla un en piéces. La Théologie, qu'ils fuivent, leur apprend encore, que comme les Anges peuvent pecher, les Diables fe convertiffent auffi quelquefois, témoin celui, qui fe fit de la réligion de Mahomet. Or ce n'eft pas feulement dans celle de cet Impofteur qu'on remarque de femblables extravagances, le livre de Théodoret *hæreticarum fabularum* fait bien voir, qu'il s'en rencontre par tout, & que le Sanctuaire même n'en est pas toûjours exemt. Mais comme les choses sont mêlées, n'y aiant rien de si pur au monde, ou de si éloigné de toute mixtion, qu'on n'y puisse reconnoitre quelque étincelle de bonté parmi la plus grande malice; l'Alcoran même vous expliquera à sa façon, & avec ses manieres de parler figurées, comme le sont toutes les langues Orientales, l'inexprimable étenduë, & l'impénetrable profondeur de la Divinité. Vous y lirés, que si tous les arbres, qui sont sur la terre étoient autant de plumes, & que la Mer ne fut que de l'ancre, propre & destinée à écrire les seules merveilles de Dieu, ces choses n'y suffiroient pas, & elles se trouveroient consumées avant que de finir une si grande entreprise.

Quoiqu'il en soit, Dieu dans sa toute-puissance, & dans ses autres incomprehensibles attributs, est un Soleil si lumineux, qu'il ne peut être envisagé ni bien reconnu par des yeux imbecilles comme les nôtres, que l'excès de cette lumiere aveugle plûtôt qu'elle n'éblouit. N'est-ce point encore que comme les corps simples, tels que nous concevons le Ciel, & le feu Elementaire, nous font invisibles à cause de leur trop grande tenuité ou simplicité; Dieu qui est la pureté & la simplicité même, devient comme tel imperceptible à nôtre Entendement. Ou, ne nous arriveroit-il point là dessus ce que nous éprouvons, lors qu'on approche jusques sur nos yeux des objets, que cette trop grande proximité empêche de reconnoitre; Car Dieu se trouvant intimement par tout, selon son immensité & son infinité, dont il remplit toutes choses, devient peutêtre moins perceptible à nos ames, pour leur être trop présent; outre qu'elles ne conçoivent rien immédiatement & sans l'intervention des sens, *nihil est in intellectu quod non fuerit prius in sensu*, ce qui forme un autre obstacle à nôtre connoissance. N'attendons rien par consequent sur ce sujet que de la pure grace du Ciel, qui ne se communique guères qu'à ceux, qui s'humilient devant lui; & qui abandonne au contraire tous les présomtueux. En effet comme nous éprouvons, qu'à mesure qu'un tonneau se vuide, le vent succede en la place du vin, ou des autres liqueurs, qui le remplissoient; à proportion aussi de ce que nous perdons des graces d'enhaut, & au même inftant, qu'elles s'écoulent, la vanité prend leur place dans nos efprits, & en chaffe toutes les bonnes habitudes.

Vous vous étonnerés fans doute, que je faffe tant le Prédicateur, &, qui plus eft, que je m'adreffe à vous pour debiter mon Sermon. Mais vous m'en avés donné fujet, en m'envoiant les écrits pleins d'animofité, que vous avés voulu que je parcouruffe, & en me parlant de cette loüable inclination à la pieté, dont vôtre chere compagne eft fi fort touchée. En vérité, c'eft avec beaucoup de raifon, que l'Eglife nomme fon fexe, le fexe devot, & qu'elle prie fi précifément, & fi diftinctement *pro devoto femineo fexu.* Cette penfée jointe à la connoiffance, que j'ai de vos vertus, & fur tout de vôtre équitable juftice, font que je dirois volontiers de vous deux, fi vôtre grande modeftie le pouvoit fouffrir, ce qu'Ovide a prononcé de Deucalion & de Pyrrha,

Nec illo melior quifquam, nec amantior æqui
Vir fuit, aut illa reverentior ulla Deorum.

Le rapport en eft d'autant plus jufte, que vous travaillés fi heureufement enfemble à la réparation du genre humain. Tant y a que je ne me promets point d'autre fuccès de ma prédica-

prédication, que celui qu'elle recevra de vôtre difposition à l'entendre favorablement. Je le dis ainfi à caufe de ce que j'ai lû dans le Guliftan, que les Perfes eftiment fi fort. Il veut, que les lieux, où fe font tant de Declamations pour porter à la pieté, foient en cela femblables aux marchés publics; que fi l'on va fans argent à ceux-ci, l'on n'en rapporte rien; & fi l'on affifte aux meilleurs Sermons du monde fans la Foi, l'on n'en retire jamais aucun profit. Cependant vous favés le mot de cet ancien, qu'une Etuve, & une Prédication font tout à fait inutiles, fi elles ne nettoient. Au refte, ce qui eft arrivé *Arifton* dans le Cloitre, dont vous me parlés, n'eft *dans Plu-* pas fort extraordinaire. De femblables dif- *tarque.* cordes y font comme des tempêtes qui furviennent dans le port, où des vaiffeaux fe choquent & fe brifent, après avoir évité les plus furieux orages de la haute mer. Et pour conclufion, fi vous m'avés trouvé un peu plus diffus, que je n'ai accoûtumé de l'être fur de femblables matieres, fouvenés - vous qu'elles demandent quelquefois de nous quelque chofe au delà d'un refpectueux filence, & que Dieu, qui s'eft contenté de la dixiéme partie de nos biens, veut, que nous lui donnions la feptiéme de nôtre tems. J'ai lû néanmoins dans la Rélation de Mandeslo, que les habitans de l'Isle Formose, proche de la Chine, n'avoient ni Fêtes, ni jour de sabat ou de repos. Si les Holandois, qui la tiennent présentement y ont apporté du changement en beaucoup d'endroits, ce n'a pas été encore aux montagnes, qu'ils n'ont pû jusqu'ici subjuguer, & où les femmes seules se mêlent de ce qui concerne le culte divin, pouvant être d'autant mieux nommées Prêtresses, que ce sont les plus âgées d'entre elles, qui vaquent à cela.

F I N.

TABLE
DES
MATIERES
CONTENUES

DANS LES SEPT TOMES

DES OEUVRES

DE

MONSIEUR DE LA MOTHE LE VAYER.

Le premier Nombre marque les Tomes, *le second la Partie du Tome & le troisième cotte la page*. *Les Noms propres sont en lettres Capitales*, *& les autres en Italiques.*

TABLE
DES
MATIERES CONTENUES
DANS LES SEPT TOMES DES OEUVRES
DE
MONSIEUR DE LA MOTHE LE VAYER.

ABARIS courut toute la terre fans manger IV. II. 8. Il prédifoit les tremblemens de terre, VI. II. 214.

ABDERITES, V. II. 135. 138. 139.

ABEILLES, I. II. 302. II. I. 77. III. III. I. 103.

En très grande quantité dans la Mofcovie, IV. II. 5.

l'Irlande ne les peut fouffrir, I. 112.

Elles font mâles & femelles, *ib.* 112.

Celles de l'Inde font fans aiguillon, noires & petites; leur miel & leur cire noirs, *la même.*

Elles ne font point de profit, fi elles font derobées, VI. I. 321.

Les gens de guerre s'en font fouvent fervis en leurs rufes & ftratagemes, *ib.* 329.

Elles ne peuvent fouffrir les parfums que nous eftimons les plus agréables, VI. II. 392. 393.

Abolition des crimes, I. I. 52. & *fuivantes.*

Abbreviateurs d'hiftoires, IV. II. 261. & *fuiv.*

ABRICOTS de certaine qualité irrémiffiblement mortels. VII. II. 16.

Abftinence, VI. I. 429.

Abftinence admirable des Pythagoriciens, tant à boire & au manger, qu'au parler, en la joye & en la tristesse. V. I. 244. & suivantes.

Abstractions spirituelles, VII. I. 349. & suivantes.

ABYLA montagne, I. II. 57.

ABYSSINS, I. II. 143.
Ils mangent le veau crû. II. II. 474.
N'ont aucunes loix par écrit se contentans de la naturelle en toutes leurs difficultés. VI. I. 346.

Academie Françoise & son glorieux établissement, II. I. 258.

ACADEMICIENS, ou secte Academique, *voyés* Platon.
De leurs erreurs contre la foi & la religion, III. I. 306.

ACHELOUS fleuve, I. II. 71.

ACHEN Royaume, I. II. 134.

ACONIT, figure d'une dangereuse beauté, VII. I. 266.

ACRIDOPHAGES peuple, II. II. 475.

Action, II. II. 157. *sequ.*
Il y a beaucoup de choses qui en agissant ne font rien souffrir aux autres, sans s'en ressentir elles mêmes, V. I. 296.
de l'Action de l'Orateur & de son geste, I. II. 229. & *suiv.*
Préceptes & regles touchant le geste, *ibid.*
Des belles actions ausquelles nous devons nous porter, VI. II. 278. 279. & *suiv.*
l'Action doit préceder le répos, IV. I. 250. *sequ.*
Ce que c'est qu'Action, III. II. 27.

Action morale qu'est-ce I. II. 241.

Conditions nécessaires à une action pour être morale, *ib.* 242.

ADAM, réverie des Rabins touchant son mariage avec Eve, VII. I. 394.

Adée roiaume, I. II. 151.

ADEN, ville de l'Arabie heureuse, I. II. 123.

ADONIA fête triste & mortuaire parmi les Atheniens, VI. II. 204.

Adresse merveilleuse de faire ficher des poix chiches, en les iettant de loin sur la pointe d'une aiguille. I. I. 253.

ADRIEN Empereur se plaisoit à peindre des citroüilles, I. I. 243.
Etoit grand Mathematicien, *ib.* 269.
Il a été le plus curieux & le plus malheureux de tous les hommes, VI. I. 154.
Quoique savant il persecutoit les savans & habiles hommes, VII. I. 147.
Voyés Hadrien.

ADRIEN I. du nom Pape, est secouru & assisté par les François contre les Lombards, IV. II. 392.

ADRIEN VI. Pape, IV. II. 360.
Il traitoit mal les plus beaux esprits de son tems, VII. I. 149.
Préferoit la merluche à toute autre viande, & au meilleur poisson, *ibid.*

Adversité, II. II. 371.
La seule apprehension des infortunes & déplaisirs cause parfois d'étranges accidens, *ibid.* 373.

Il y a des hommes plus sujets aux adversités que les autres, *ibid.* 376.

Nous ne pouvons pas éviter les évenemens fâcheux de ce monde, *ibid.* 374. *& suiv.*

Considération avantageuse pour nous obliger à souffrir patiemment les afflictions qui nous arrivent, *ibid.* 379.

Les adversités & les afflictions nous sont plus avantageuses, que les prosperités & bons succès, *ibid.* 381.

Ceux à qui toutes choses rient, sont plus sensibles aux mauvais évenemens, *ibid.* 383.

La plûpart de nos afflictions n'ont rien en elles-mêmes, qui nous dût deplaire, si nous ne les regardions point du mauvais côté, *ibid.*

Le moyen d'adoucir l'amertume de nos malheurs & souffrances, c'est de s'accommoder à ce que nous ne pouvons pas éviter, *ibid.* 385.

Il y a du plaisir, de l'honneur & de la gloire à souffrir constamment les afflictions qui nous arrivent, *ibid.* 386.

Les plus grandes adversités sont capables de nous faire du bien avec le tems, & de nous être plus avantageuses qu'autrement. *ibid.* 389.

La Philosophie nous apprend à surmonter ce que nos jours ont de plus difficile, par de certaines gayetés que ses raisonnemens nous impriment, VI. II. 120.

Il vaut mieux avoir un peu d'Adversité que trop de felicité, IV. I. 238. *& suiv.*

Advocats. Advocat fiscal, qui le premier en créa, I. I. 80. VI. II. 252. *& suiv.*

Ceux de la Guinée plaident les causes de leurs parties, le visage couvert, VI. II. 253. 254.

Advocats nommés bouchers en une Province du Roiaume de Maroc, *ibid.* 254.

Un Advocat est estimé dautant plus méchant, qu'il est plus estimé dans sa profession, VII. I. 219.

Æolie, I. II. 117.

Affection criminelle & insolente action de plusieurs femmes payennes semblables à celle de la femme de Putiphar, VII. I. 219.

Afflictions. Elles perfectionnent l'esprit, II. I. 263. 264. VII. I. 138. *sequ.*

AFRIQUE, sa description, sa longueur & sa largeur, I. II. 34. Ses parties, sa situation, & ses principales montagnes & rivieres, *ibid.* 137. *& suiv.*

De l'Empire du Turc en Afrique, *ibid.* 138. 139.

Ses Isles principales, *ibid.* 153. *& suivantes.*

Pays qui nous y sont inconnus, II. II. 79. 80. 85. *& suiv.*

AFRIQUAINS & leur façon étrange de trafiquer, III. I. 86. 87.

AGATHE de Pyrrhus d'un prix inestimable, VI. I. 37.

AGATHIAS historien Grec étoit Payen, IV. I. 168. *sequ.*

AGESILAUS Roi de Sparte, II. II. 458. surpris joüant au milieu de petits garçons, I. I. 242.

R iiij

AGIPODES ou Ægipodes, IV. II. 7.

AGLAUS SOPHIDIUS, VI. I. 70.

AGNOITES hérétiques & leur erreur, III. II. 160.

Agra séjour du Mogol, I. II. 127. 128.

Loi *Agraire* cause de grands désordres parmi les Romains, II. II. 247.

Agréable, les choses où nous prenons plaisir, s'exécutent ordinairement avec succès, VI. II. 140.

Agriculture, II. 105. VI. I. 451.

Des plus considérables Monarques de la Terre se sont adonnés à l'Agriculture, *ibid.* 185. & *suiv.*

Inventeur de l'art de fumer, & d'engraisser les terres, *ibid.* 186.

La première éducation des jeunes Princes seroit meilleure un peu à la mode des champs pour les rendre robustes, que dans les délicatesses, *ib.* 188.

Hors cette première nourriture, on les doit retirer de cette vie champêtre, *ibid.*

En grande recommandation parmi les Anciens, II. I. 101.

Avis nécessaires pour ceux qui veulent acquérir des héritages, VI. I. 459.

Une soigneuse culture rend fertile le plus stérile terroir, *ib.* Femmes qui seules cultivent la terre, VI. I. 154.

AGRIOPHAGES peuple Africain, III. I. 178.

AGYRIUM, IV. II. 47.

AIAX impie, VII. II. 95.

Aides, quand & par qui introduites, I. I. 70.

AIGLE reconnoissant finit avec sa bienfaitrice, III. I. 40.

Ses plumes consument celles des autres oiseaux, VII. I. 230.

AIMANT, IV. II. 317. II. I. 92. 97. VI. I. 25.

Aimant qui a la force d'attirer la chair, III. I. 347. 348.

AIR, de son excellence, II. I. 50. Estimé pesant, V. II. 154. Adoré, VI. I. 205.

AIX capitale de la Provence, I. II. 102.

AIX la Chapelle Ville, I. II. 93.

ALAIN CHARTIER, I. II. 227.

ALBANIE, I. II. 74. 75. I. II. 119.

ALBE JULIE, ville capitale de Transylvanie, I. II. 77.

Le Duc d'ALBE peu respectueux envers Dieu, le Pape & la Réligion, IV. I. 357. 358.

ALBERT DURER, excellent Peintre principalement pour le naturel, VI. I. 94.

ALBION Isle, I. II. 43.

Nouvelle ALBION. *ib.* 41.

ALCIBIADE d'une humeur accommodante selon les compagnies où il se rencontroit, VI. I. 66.

ALCIDAMUS excellent coureur, I. I. 235. 236.

ALECTOIRE pierre, VI. I. 24.

ALECTOR, II. I. 92.

ALEP son étymologie, I. II. 119.

Sa situation au regard de Marseille, VI. II. 357.

ALEXANDRE V. du nom Pape, II. II. 270.

ALEXANDRE le Grand, III. I. 225. 237. VI. I. 153.

Ame d'une insigne bonté, I. I. 46.

Récompense qu'il fit à un homme qui jettoit adroitement un pois chiche en le fichant de loin sur la pointe d'une aiguille, I. I. 253.

Son courage & sa valeur à méprifer tous les dangers de la guerre, ausquels il s'exposoit librement avec les interêts de tous ceux de son parti. IV. I. 412.

Sa mort mit la confusion parmi ses Généraux d'armée, & causa ensuite la perte de ses conquêtes, ib. 404.

Elle ne fut point causée par le poison, V. I. 168.

Meurt de trop boire, II. II. 465. Il s'offensoit lors qu'on refusoit ses presens, VI. II. 170.

ALEXANDRE SEVERE, I. I. 243.

Il étoit grand mangeur, II. II. 463.

ALEXANDRIE ville d'Egypte, I. II. 141. 142.

ALEXANDRINS V. II. 93.

ALGER Roiaume, I. II. 140.

Allegations & citations de passages & autorités en langue étrangere, rejettées par les uns, admises & approuvées par d'autres, II. I. 274. 275.

Allegorie, I. II. 211.

Alleluja chanté aux enterremens des Fideles en la primitive Eglise, II. II. 332.

ALLEMAGNE, menacée de perdre entierement sa liberté Germanique par les invasions des Espagnols, IV. II. 374. *sequ.*

Sa description, I. II. 84. & *suiv.*

Elle est divisée en dix cercles & a trois corps, qui resolvent aux diétes toutes les affaires, *ibid.* 85.

Ses principaux fleuves, *ib.* 87.

Divisée en haute & basse, *ibid.* 88.

De la haute Allemagne, *ibid.* 89. & *suivantes.*

La basse Allemagne & ses dependances, *ibid.* 91. & *suiv.*

Alliance. Des Traités & Alliance des Espagnols avec les Mécreans & les Infideles IV. II. 349. & *suivantes. voyez* Espagnols.

De l'Alliance des François avec le grand Seigneur, & avec les Suedois & les Holandois, *voiez* François.

De l'Alliance des Catholiques avec les Heretiques, IV. II. 364.

Un Prince Catholique peut sans offenser Dieu contracter Alliance avec les Heretiques & les Infideles, *ibid.* 410. & *suivantes.*

Les Papes mêmes ont eu recours à l'assistance des Infideles, *ibid.* 412.

Tous les Empereurs Chrétiens & les Républiques Chrétiennes ont des Alliances avec des Nations Barbares & Mécreantes, *ibid.*

Charles-Quint s'est aidé des

Infideles contre les Fideles, *ibid.* 113.

Les Espagnols sont alliés dans toute l'Afrique & toute l'Asie avec des Rois Mahometans & Idolâtres dont quelques-uns n'adorent que le Diable, *ibid.* 114.

Celle du Roi avec le Turc est avantageuse pour la Religion Chrétienne, & n'a autre but que le bien de la Chrétienté & la conservation des lieux saints, 115.

Rois Catholiques qui se faisoient la guerre les uns aux autres, à l'aide des Mores & Mahometans, *ibid.* 417.

ALOUETTE, VI. I. 210.

Allusions, I. II. 211.

Elles ne sont pas toutes à rejetter dans une Oraison, II. I. 250.

Toute Allusion de paroles n'est pas vicieuse dans un discours serieux, VII. I. 277.

ALPHEUS fleuve, I. II. 71.

ALPHONSE d'Arragon, VI. I. 107.

Son estime pour les belles lettres, II. I. 363.

ALPHONSE, Roi de Castille, surnommé Mainpercée, I. I. 253.

ALPHONSE X. Roi de Castille, Prince très savant & très malheureux dépoüillé de son Etat par son propre fils, I. II. 334.

Trop attaché à la connoissance de l'Astronomie, I. I. 181.

ALSACE divisée en haute & basse, I. II. 89.

ALTAY montagne, I. II. 115.

ALVARO DE LUNA Favori de Jean II. Roi de Castille, I. I. 317.

AMARA montagne, I. II. 139.

AMASIS Roi d'Egypte se déguisoit quelquefois & faisoit publiquement le fou, *ibid.* 243. 244.

Voleur avant que d'être Roi, III. I. 138. 139. VI. I. 317. 318.

AMAZONES, V. II. 92.

AMBERG capitale du Haut Palatinat, I. II. 90.

l'Ambition, IV. II. 225.

Il y a une Ambition honnete & juste desir d'honneur, que le Christianisme ne blâme pas non plus que le Gentilisme, V. I. 68.

Elle est appellée magnanimité, II. II. 178.

Ambition blâmable, *voyez* Orgüeil.

AMBRE iaune & sa production, II. I. 87.

Au sortir de la mer l'ambre gris jette une méchante odeur, VII. II. 16.

AMBRUN, VI. II. 385.

Ame, V. I. 209.

Combien il est difficile d'en connoitre la nature, si elle est immortelle ou mortelle, III. I. 395. *& suivantes.*

Trois sortes d'Ames, la vegetante, la sensible & la raisonnable, II. I. 96.

Des Ames & de leur dependance de nos corps, II. II. 144.

Des facultés de l'Ame: de quelle façon par leur moien l'esprit procede en ses diverses operations, V. II. 131.

Reveries bizarres de quelques grands personnages touchant nos Ames, III. II. 182. 183.

Diverses definitions de l'Ame ibid. 184. sequ.

AMERIQUE, nommée autrement le nouveau Monde, I. II. 35.

De son nom d'Amerique, ibid. 36.

Nommée encore Inde Occidentale, là même.

Consideréc comme une Isle, ibid. 37.

De l'Amerique Septentrionale, & ses principales parties, ibid. 158. & suivantes.

De l'Amerique Auftrale ou Meridionale, & de ses principales parties, ib. 164. & suiv. Pays qui nous y sont inconnus, II. II. 86. 87.

AMERICAINS, de leurs mœurs & façons de faire & de vivre, V. II. 144. & suiv.

Amis douteux & inconstans, V. I. 242.

L'Ami inutile semblable à un ennemi incapable de nous nuire, II. II. 136.

Un Ami préferé à une femme & à des enfans, là même.

Amis de Cour comparés à certains fleuves, ibid. 140.

Les Amis qui nous abandonnent dans nôtre pauvreté, ne sont pas vrais amis, VII. II. 247. 248.

AMIENS capitale de la Picardie, I. II. 100.

Amitié en grande recommandation parmi les Pythagoriciens, Préceptes de Pythagore sur ce sujet, V. I. 241. & suiv.

Bel éloge de l'Amitié, II. II. 152. 153.

L'Amitié passe parenté, VII. I. 347.

L'Amitié est la seule chose qui soit géneralement aimée de tous les hommes, même des plus determinés, II. II. 152.

L'Amitié estimée necessaire comme le Soleil, ibid. 129.

Il n'y en a point de veritable & parfaite parmi nous, ibid. 141. sequ.

Diverses definitions de l'Amitié, ibid. 130.

Conditions requises dans une amitié parfaite, ibid. 130. sequ.

Difference entre l'Amitié & l'amour, ibid. 131. sequ.

Il y en a qui n'ont de l'Amitié que pour leurs ennemis V. II. 153.

Il importe grandement de ne se pas engager dans une affection mal à propos, VI. II. 180. & suivantes.

Amitié fraternelle. Exemples assez singuliers, ibid. 165.

Sans elle il n'y a point de douceur considerable dans la vie, III. II. 191. sequ.

AMMIEN MARCELLIN Historien Latin, IV. II. 269.

Amour, I. II. 248.

L'Amour donne la loi à toutes les autres paſſions, *ibid.* 249.

Pardonnable aux jeunes gens, ridicule aux vieillards, *là même.*

Les Stoïciens n'aimoient que les perſonnes laides, *ibid.* 248. 249.

L'Ame d'un Amant eſt plus dans ce qu'elle aime, que dans ce qu'elle anime, *là même.*

L'Amour préferable à l'humilité, II. II. 195.

Eſt different de l'amitié, *ibid.* 131.

L'attache de l'Amour pareil à celui du lierre, *ibid.* 135.

Pourquoi repréſenté nud, *ibid.* 115.

De l'Amour des vieillards. Reponſe aux reproches de l'Amour ridicule, dont la Comedie prend plaiſir de les diffamer, *ibid.* 286. 290.

Tous les reſſentimens amoureux des vieilles gens ne ſont pas ridicules *ibid.* 291. *ſeqn.*

L'Amour a un pouvoir deſpotique dans le monde, IV. I. 121.

Il a fait faire de grandes fautes aux hommes les plus ſages, *ibid.*

Remedes d'Amour, *ibid.* 125.

D'où il procede, III. II. 199.

L'inclination de toutes choſes tend au bien particulier, plus qu'au general, *ibid.* 200.

Amour propre, il n'eſt pas toujours condamnable, V. I. 67. III. II. 197.

L'Amour de ſoi même l'emporte au deſſus de l'amitié. Chacun a plus d'affection pour ſa perſonne que pour tout autre, II. II. 143.

De l'Amour propre de quelques-uns jaloux de leurs fantaiſies, pour abſurdes qu'elles ſoient, 227. 228.

Il fait affectionner à chacun juſqu'à ſes propres defauts, III. I. 381.

Il n'eſt blâmable qu'aux choſes qui regardent le corps, & il eſt loüable en ce qui concerne l'eſprit, III. II. 200.

Amour de la Patrie, IV. II. 182.

Blamable en un Ecrivain, quand il paroit avec trop de paſſion dans ſes œuvres, *ibid.* 209.

Cette affection depend plus de la coûtume qu'elle n'eſt naturelle, VI. II. 232.

Il n'y a guères que les hommes vulgaires qui ſoient touchés de cette tendreſſe, *ibid.* 234. *voyez* Patrie.

Amour & plaiſir venerien, III. I. 346.

Cette paſſion amoureuſe eſt préjudiciable, honteuſe & inexcuſable aux vieillards, *ibid.* 347. *& ſuivantes.*

Il n'y a rien qui nous conduiſe plûtôt au dernier terme de nôtre vie, *ibid.* 348.

Moiens & remedes pour ſe garantir des folies d'Amour, *ibid.* 349. *ſeqn.*

L'Amour de lui-même n'eſt point vicieux ni blamable, VI. I, 137. *ſuivantes.*

L'Amour fou qu'un mari fait

paroître pour fa femme, la met dans le libertinage & la coqueterie, VI. II. 319. 320.

Les affections dereglées qui vifent plus à la corruption qu'à la generation, font blamables, *ibid.* 321.

L'Amour eſt le plus inventif de tous les Dieux, *ibid.* 367.

Il fait toutes nos bonnes ou nos mauvaiſes deſtinées, *ibid.* 369.

Eſt toûjours accompagné de quelque amertume, *là même.*

Il y a de la fortune & du hazard dans l'Amour, *ib.* 370.

Pourquoi la ſtatuë de la Fortune auprès de celle de Cupidon, *ibid.*

Du plaiſir que l'homme & la femme reçoivent dans l'Amour, *ibid.* 372.

Pourquoi les Philoſophes Cyrenaiques defendoient qu'on fît l'Amour à la lumiere, *ibid.* Remedes pour guerir du mal d'Amour, VII. I. 343. *ſeqq.*

Amphibies, qu'eſt-ce, II. I. 97. 98.

Il s'en trouve dans tous les ordres de la Nature, *ibid.*

Amphibies entre les animaux d'élemens différens, *là même.*

AMSTERDAM capitale de la Hollande, I. II. 92.

AMYANTHE pierre, I. II. 72.

Anagramme fatal, V. II. 320.

ANAXAGORE, II. II. 57. 241.

ANAXIMANDRE, diſciple de Thales, I. II. 4.

ANAXIMENE Précepteur d'Alexandre: adreſſe pour éluder le ſerment de ce Prince, de ne lui rien accorder de ce qu'il lui demanderoit, III. I. 147.

ANCONE, I. II. 66.

ANDES du Perou, II. I. 52.

Adrinople, I. II. 69. 73.

ANDROCIDE Peintre excellent, VI. II. 146.

ANDRINOPLE de Procope, IV. II. 148. *& ſuivantes.* 166. 167.

ANGES, Pourquoi Lucifer & ceux de ſon parti ſe revoltèrent, III. I. 191. 192.

ANGE POLITIEN, impie, préferant les Odes de Pindare aux Pſeaumes de David, VII. I. 149.

ANGLETERRE, en particulier, Roiaume, ſa deſcription, I. II. 45. 46.

ANGLOIS, fondement de leur prétenduë & injuſte domination ſur les Ecoſſois, VII. I. 23.

ANGOLA royaume, I. II. 147.

ANGUILLES qui portoient des pendans d'oreilles, VI. I. 37.

ANIAN Roiaume de l'Amerique ſeptentrionale, I. II. 163.

Animaux terreſtres. Les plus conſiderables d'entr'eux, II. I. 119.

Animal fait comme un Loup qui eſt terreſtre la moitié de ſa vie, puis devient aquatique & poiſſon, *ibid.* 98.

Animal qui a le pied gauche fait comme celui d'une cane d'eau, & le droit comme celui d'un oiſeau de proie, *ibid.*

Quel est le plus spirituel de tous les Animaux, VI. 1. 511.

Qui sont les plus stupides, *ibid.* 512.

Le plus gros de tous les Animaux, *là même.*

Le plus beau & le plus laid des Animaux, *ibid.* 514.

Le plus tardif, *ibid.*

Si l'empire que nous prétendons avoir sur le reste des Animaux, est de droit naturel, ou si c'est une usurpation tyrannique de nôtre part, *ibid.* 500. *sequ.*

Dieu a toûjours témoigné qu'il consideroit jusqu'au moindre des Animaux, sur qui s'étend sa providence, *ibid.* 503. *sequ.*

Dieu veut que le pouvoir de l'homme sur les autres Animaux soit juste & raisonnable, puis qu'il n'est pas indeterminé, *ibid.*

Les bêtes sauvages & malfaisantes ne sont devenuës telles que par la persecution des hommes, *ibid.* 506.

Aux païs de nouvelle découverte il ne s'est point trouvé d'Animaux qui ne fussent privés, *ibid.* 507.

D'où vient ce prétendu empire de l'homme sur le reste des Animaux, *là même* & 509. De l'Animal amphibie, VI. II. 310.

Animaux qui voient à travers les murailles, *ibid.* 333.

La nature des Animaux n'est pas également favorable en tous lieux, VII. I. 405. 406.

Il y en a que la Nature a créés sans tête, VI. I. 159.

Animosité qui se voit entre des Nations voisines, qui ont toûjours de nouveaux differens à démêler ensemble, IV. II. 322.

ANNE'E, de l'illustre famille des Années, IV. II. 251.

Année. Du grand An climacterique, VI. I. 396.

Années Lunaires aussi bien que Solaires, VI. II. 307.

Années commencées par un mois, d'autres par un autre, *ibid.*

ANNIBAL. Sa mort prédite par un Oracle, VII. I. 180.

ANNICERIENS, V. II. 164.

ANNOBON, ILE, I. II. 155.

ANSBACH, markgraviat, I. II. 90.

ANTHIAS, poisson, II. I. 116.

ANTHREDON, oiseau qui fait du miel, III. II. 68.

ANTIGENIDE, flûteur, V. II. 138.

ANTINOUS, Constellation, III. I. 226.

ANTIOCHE, ville de la Syrie, I. II. 118.

ANTIOCHUS, surnommé Dieu, VI. I. 167.

ANTIOCHUS Cyzicenus Roi prenoit plaisir à faire joüer des Marionnettes, I. II. 244.

ANTIPATER, II. II. 469.

Antipathie & contrarieté d'humeurs, qui se trouve entre les François & les Espagnols; & de la raison & cause generale de la concorde ou discorde de ces deux Nations, IV. II. 325. & suivantes.

Antipathies de table, II. II. 451.

Antipathies de mœurs & de façons de faire de diverses Nations, V. II. 144. & suiv.

De l'Antipathie des plantes, VI. II. 314.

Antipathie entre les Iaponnois & nous autres François, VII. I. 8. 9.

ANTIPELAGIENS de la Cour, ibid. 3.

Antiphrase, I. II. 214.

Antipodes, il n'y en a point, I. II. 20. 21.

Antiquités Romaines de Denis d'Halicarnasie, IV. II. 62. 63.

ANTISTHENE Cynique, V. I. 202. II. II. 101.

ANTISTHENE, fondateur de la famille des Cyniques, I. II. 254.

Antithèses, I. II. 211.

ANTOINE de Leve, sa mort, I. I. 317. 318.

ANTOINE Tempesta peintre, VI. I. 99.

ANTONIA femme de Drusus, VI. I. 30.

Antonomasie, I. II. 210.

Antre de Trophonius, il rendoit incapables de ris & de joie ceux qui y entroient, III. I. 340.

ANVERS ville capitale du Brabant, I. II. 92.

APALECHITES, peuples de la Floride, VI. I. 111.

APELLES excellent Peintre, VI. I. 94.

APENNIN, montagne, I. II. 63.

Aphasie, V. II. 192.

APIASTER ou Merops, oiseau qui vole vers le Ciel la tête baissée vers la terre, II. I. 114. VII. I. 97. 98.

APIS des Egyptiens, ibid. 6.

Fausse Divinité suffoquée dans une fontaine par ses Prêtres après un certain tems, II. II. 311.

Apogée du Soleil, voyez Soleil.

APOLLODORE, Architecte, VI. I. 88.

APOLLODORUS, peintre, le premier qui donna des yeux à ses figures, ou qui du moins représenta la vivacité des yeux, VI. I. 100.

APOLLON, pourquoi porter les graces dans sa main droite, & son arc avec ses fleches dans la gauche, VI. II. 34. 35.

APOLLONIUS Philosophe, I. I. 160. II. II. 456. III. I. 13.

Apologue gentil & ingenieux, III. I. 235.

Apophrades dies, VI. II. 296.

Apostrophe, I. II. 214.

Apparence exterieure de l'homme fort trompeuse aussi bien que les jugemens que l'on en fait, II. II. 92. 93.

Deux Appetits, l'un raisonnable, l'autre sensitif, I. II. 244.

Appetit intellectuel, c'est à dire volonté; en quoi different de l'appetit sensitif, II. I. 157. seqq.

Appetit sensitif, II. I. 158.

Appetit naturel, VII. I. 58.

APPIEN Historien Grec. De son histoire & de l'ordre particulier qu'il y observe selon les Provinces & les Regions differentes, IV. II. 99. & suiv.

APPIUS CLODIUS aveugle, VI. II. 136.

Apprehension seule tuë sur le champ, III. I. 23.

AQUILAR noble famille Espagnole, II. II. 64.

ARABE signifie Larron, I. I. 268.

Les Arabes adonnés à la chymie, & à falsifier la monnoie, *ibid.* 344.

De leurs mœurs & de leur façons de faire, V. II. 148. 149.

Arabes du port de Calayate, VI. I. 29.

ARABIE en general & ses principales parties, I. II. 121. 122.

Arabie deserte, *ibid.* 122.

Arabie heureuse, *là même & suivantes.*

L'Arabie Petrée, *ibid.* 122.

ARATUS Sicyonien General d'Armée, ne commençoit jamais ses exploits de guerre qu'avec palpitation de cœur, III. I. 27.

ARAXES, plusieurs fleuves de ce nom, VI. II. 356.

Arbres qui degenerent en vieillissant, II. II. 277.

Arbre à qui la pluie est mortelle, & que la moindre humidité fait dessecher, VII. I. 9. 10.

Arc. Adresse merveilleuse à bien tirer de l'Arc, I. I. 228.

Arc en Ciel, II. I. 78. 79.

ARCADIUS repris d'imprudence, d'avoir donné la tutelle de son fils & de l'empire au Roi de Perse leur ennemi, IV. II. 172.

ARCADIENS grands amateurs de la Musique, V. II. 84.

ARCESILAUS, III. I. 38.

Archaïsme, I. II. 217.

ARCHELAUS Roi, son grand étonnement pour avoir vû une eclipse de Soleil, I. I. 179.

ARCHESTRATUS ne pesant qu'une obole, III. I. 98.

Un *Archiduché* seul en Europe, I. II. 33.

ARCHIMEDE Ingenieur très excellent, I. I. 176. 177.

ARCHITAS Tarentin, VI. I. 281.

Architecture. Pour ce qui en regarde l'exercice, c'est un art tout à fait indigne d'un Souverain, I. I. 197. 198. 199. 201. 202.

Dieu fut lui-même l'Architecte de l'ancien Tabernacle, VI. I. 465.

Il y avoit l'ordre merveilleusement agréable dans les édifices qui lui étoient consacrés, *ib.* 466.

Toutes les Nations ont été conformes dans l'estime des beaux Ouvrages d'Architecture, *ib.* 466. *sequ.*

ARELIUS, peintre, VI. I. 98.

LEONARD ARETIN plagiaire, IV. II. 160.

ARETIN fut le premier qui donna les six voix de nôtre Musique, V. II. 118.

ARGENT, c'est un vrai instrument d'iniquité, II. II. 261.

L'usage

L'ufage de l'or & de l'argent banni parmi plufieurs Nations, là même.

L'Argent eft l'inftrument des inftruments, ibid. 253.

ARGILE, II. I. 97.

ARIENS, peuple Alléman, I. I. 105.

ARIMASPES, des Scythes, Nation, peuple, IV. II. 7. III. I. 178.

ARISTAGORAS, I. II. 4.

ARISTIDE, moderation admirable à fouffrir les offenfes, II. II. 426.

ARISTIDE eft le premier qui s'eft fervi de la Morale en la Peinture, il manquoit au Coloris, VI. I. 91.

ARISTIPPE, II. II. 57.

Ariftocratie fujette à de grands inconveniens, I. II. 322.

De la crainte qu'ont les Ariftocraties, d'être converties en commandement defpotique & Roial, ibid. 325.

Ce qui rend ordinairement la Souveraineté de peu de perfonnes illuftres en bien & en autorité, fi peu tolerable, ibid. 324.

ARISTODEME, excellent Comedien, VI. II. 265.

Ariftolochie, remede contre la morfure des ferpens, II. II. 29.

ARISTOTE, il étoit contemporain de Demofthene, II. I. 204.

Nommé de Précurfeur de Jefus-Chrift aux chofes naturelles, III. I. 403.

Des fautes qu'il a commifes dans chaque fcience, ibid. 411. 412.

De fa mort, V. I. 168. 172. feqq.

Il étoit curieux de voiager & de connoitre le monde, VI. I. 59.

Il a eu plus de foin d'inftruire fes difciples à bien difputer qu'à bien penfer, & à contenter de paroles leur adverfaire, qu'à le fatisfaire & foi-même par de bonnes raifonns, VII. II. 123.

Si l'on eft obligé de fuivre toûjours fes fentimens dans la philofophie? V. II. 228.

Arithmetique, fes Auteurs, & premiers inventeurs, I. I. 171.

Elle eft neceffaire pour l'intelligence de la Philofophie de Platon, II. II. 12.

C'eft la plus pure partie des Mathemathiques, & contient de merveilleux myfteres dans tous fes nombres, depuis l'unité jufqu'aux plus éloignées parties de fon calcul, VI. I. 395.

Arithmetique de la fecte de Pythagore, ibid. 398.

Ceux de Mofcovie fe fervent de noyaux de prunes pour faire leur jet, & tous leurs comptes, VII. II. 114.

Arles archevêché, I. II. 102.

ARMACH, Ville, I. II. 47.

Armes, I. I. 83. & fuivantes.

La connoiffance du bel ufage des Armes eft neceffaire à un Prince Souverain, ibid. 228.

Tome VII. Part. II.   S

Souverains qui se sont battus en duel, *ib.* 226. & *suiv.*

Adresse merveilleuse dans le combat de seul à seul, 226.

Peuples armés de filets dans le combat, *là même.*

On a douté s'il étoit permis de se servir de toutes sortes d'Armes, VI. 1. 335. *Voyés* Guerre.

ARMENIE la grande, l. II. 119.

ARMENIE la petite, l. II. 116.

ARNAUD de Ville neuve, Medecin & grand Chimiste, I. I. 329.

ARNE fleuve, I. II. 63.

ARONDELLES ou HIRONDELLES Symbole des amis interessés & inconstans, V, I. 243. *seqq.*

Elles mangent en volant, II. II. 463.

Arondelles & autres oiseaux de passage, tous morts de froid, VI. I. 186.

ARRAGON Couronne & Roiaume, ses descendans, I. II. 60.

ARRAS capitale de l'Artois, I. II. 92.

ARRIEN historien Grec, & de ses œuvres, IV. II. 88. & *suiv.*

ARSENIUS précepteur d'Arcadius, I. I. 11.

Artamene, bel éloge en faveur de cet Ouvrage, VII. I. 71.

Art & science. Ces mots se confondent ordinairement, I. I. 162.

Des Arts mechaniques, *ibid.* 184.

Il y a même des Arts de si peu de consideration, & qui consistent en des subtilités si inutiles, que les Princes ont fort bonne grace de les ignorer: & ne doivent pas seulement en faire état, *ibid.* 252.

C'est un grand defaut de jetter inconsiderement la jeunesse dans l'apprentissage des Arts ou des Sciences, sans discerner ce qui a le plus de rapport à leur temperament, III. I. 247.

ARTEMISIE Reine d'Halicarnasse, IV. II. 10.

ASBESTE lin incombustible, VII. I. 161.

ASIE, sa description, sa longueur & sa largeur divisée en majeure & mineure, I. II. 33. 34.

De ses parties, *ibid.* 104. & *suivantes.*

Ses principales rivieres & montagnes, *ibid.* 106.

Pays qui nous y sont inconnus, II. II. 84.

De l'Asie Septentrionale, *ibid.* 80.

ANE persecuté par la Linotte & par le Serein, IV. II. 319.

Les Anes ne peuvent subsister en Silesie, II. I. 121.

Il est la figure de nôtre ignorance, V. II. 206.

Anes sauvages jaloux de leurs petits mâles, VI. I. 195.

Il est le plus patient, le plus genereux, & le plus spirituel de tous les animaux, VI. II. 206.

Pourquoi appellé Martin. *ib.* 207.

THOMES, III. l. 177.

ASTOLPHE Roi des Lombards aiant conquis l'Exarchat, en est chassé par les François, qui le donnèrent au S. Siege, IV. ll. 391.

Les *Astres* & les Corps superieurs influent sur les Corps inferieurs & materiels, l. l. 265.

Incertitude & indetermination de leur sexe, *ib*. 290. 291.

Estimés être la cause des Oracles, & de leur cessation, VII. l. 167.

Astrologie judiciaire, c'est une science condamnée & indigne de l'esprit d'un Souverain, I. l. 254.

De la Tyrannie qu'elle exerce sur l'esprit de ceux qui n'apprehendent que l'avenir, 255. L'Astrologie judiciaire est mieux reçuë par tout le monde, que les plus solides sciences que nous aions, *ibid*. 257. 258.

L'Inde Occidentale n'a pas été trouvée exemte de cette sorte de superstition, *ibid*. 259.

De son utilité & de son excellence, *ibid*. 259. & *suivantes*.

Divers exemples du succés de ses prédictions, *ibid*. 266. & *suivantes*.

Reponse à ce que l'on rapporte de la fausseté de quelques prédictions, *ibid*. 271. 272.

Ce que c'est qu'Astrologie judiciaire differente de l'Astronomie, *ibid*. 272.

En quoi elle est recommandable, & en quoi condannable, *ibid*. 273.

Les plus grands hommes de l'Antiquité n'en ont jamais parlé, *là même* & 274.

Condamnée absolument par l'Ecriture sainte, par les Peres, par les Canons de l'Eglise, & par tous les Conciles, *ibid*. 276.

La plus parfaite science des Cieux qu'on se puisse imaginer, n'est pas capable de prévoir la moindre des actions qui dependent de nôtre volonté, *ibid*. 279.

Refutation de ce que nous rapporte Plotin du Livre du Ciel, *ibid*. 283.

De la Prédiction faite au Pape Marcel avant son Pontificat, *ibid*. 285.

De l'avis que le Langrave de Hesse donna au Roi Henri III. de se donner de garde d'une tête raze, *ibid*. 286. 287.

De la prédiction de la mort de Jean Pic de la Mirande, *ibid*. 288.

L'Astrologie judiciaire combatuë par divers raisonnemens, fondés sur la contrarieté qui se trouve dans les principes des Astrologues, & sur la difference de leur calcul, *ibid*. 289.

Dissemblance & diversité de leur figures, *ibid*. 290.

Le sexe des Astres n'a pû encore être determiné *là même* & 291.

De l'incertitude de leurs moiens de correction, par lesquels ils rectifient & ajustent les Nativités, *ibid*. 292.

Depuis la création du monde, les Astrologues n'ont pû faire

deux experiences semblables, ibid. 294.

Les jugemens de la Iudiciaire ne peuvent subsister, parce que les hypoteses du Ciel qui les soutiennent ne sont pas veritables, ibid. 295.

Elle est peu utile à ses Professeurs, VI. I. 400.

De ses vanités & de ses impostures, VII. II. 209.

Plaisante rencontre d'un Medecin de Ferrare à ce propos, ibid. 210.

Astrologue trompeur, VII. I. 188.

Astronomie, son excellence, I. I. 177. *seqq*.

De l'étude que l'on en doit faire, VII. II. 230.

ATAHVALPA Roi, ne crachoit jamais que dans la main d'une Dame, VII. I. 329. 330.

Ataraxie, V. I. 388.

ATHENES ville très grande, & fort celebre, I. II. 70. VI. II. 378.

Par qui detruite, VII. I. 20.

Elle n'est aujourd'hui que solitude & Barbarie, VII. II. 215.

ATHENIENS, V. II. 93.

Etoient religieux observateurs de leur foi, VI. I. 153. 218.

Curieux de nouveautés, *ibid.* 294.

Blamés de demander incessamment, VII. I. 240.

ATHLETES & Lutteurs, II. II. 498.

ATHLANTES de Lybie, ils n'ont point du tout de nom, VI. I. 304.

ATHOS montagne, I. II. 72.

ATLAS pris pour un grand Philosophe, V. II. 196.

Le grand & le petit ATLAS montagnes, I. II. 139.

Atomes pris pour les principes de toutes choses par quelques Auteurs, II. I. 5. 7.

ATTALUS, Philosophe Précepteur de Seneque, V. I. 334.

ATTALUS Roi d'Asie s'amusoit à fondre des Statuës, I. I. 244.

ATTICUS ennemi du mensonge, III. I. 176.

ATTILA *ibid.* 237.

Attachement, l'animal vivant ne peut en demeurer privé un seul moment, II. I. 146. VI. II. 393.

L'homme l'a plus excellent que le reste des animaux, III. II. 240.

Attributs donnés à beaucoup de Docteurs, dans toute sorte de professions, VII. I. 381.

AVA ville, VI. I. 32.

Avare, il est toûjours dans la necessité & dans une misere perpetuelle, *ibid.* 248. *seqq*.

Il n'y a point d'hommes plus necessiteux que les Avares, III. II. 252.

Avarice, C'est un vice reprochable à un Prince, IV. II. 130.

Un Prince n'est pas moins obligé à fuir ce vice, que celui de la prodigalité. Galanterie gentille des Bearnois, cherchans un Souverain dans la maisons des Moncades, I. I. 39.

Elle est pire que la prodigalité, VI. I. 248.

L'Avarice est la plus grande & la plus fâcheuse de toutes les pauvretés, VII. II. 241.

Aubene, droit d'Aubene, d'où ainsi nommé, II. II. 62.

Aversions mortelles de certaines choses qui sont affectionnées par d'autres, IV. II. 323.

Aveuglement volontaire, III. I. 216.

Différence entre un Aveugle qui a perdu la vûë qu'il avoit, & un Aveugle né, qui n'a jamais vû, VI. II. 132.

AUGÉE Roi, apprit à la Grece l'art d'engraisser les Terres, I. I. 186.

AUGURES, I. I. 323. & VI. I. 361.

AUGUSTE, I. I. 100.

Grand & genereux guerrier, *ib.* 129.

Iouoit aux noix avec ses petits fils, *ib.* 242.

De la pompe funebre, IV. II. 114. 115.

Sa grande prosperité, & ses étranges disgraces, desordres & mortifications, II. II. 362. *sequ.*

Grand dormeur, *ib.* 50.

Saint AUGUSTIN, son texte n'a pas le privilège d'être Canonique, V. I. 12.

De ses sentimens touchant la grace & la vertu des Payens, *ib.* 37. *& suiv.*

AVIGNON, Comté, I. II. 66.

Avirons, qui les inventa, V. II. 117.

AULU GELLE, IV. II. 176.

AURELIEN, Empereur, III. I. 146.

AUSBOURG, Ville capitale de la Suabe, I. II. 89.

AUSSUN, étrange peur, III. I. 22.

De l'*Auteur* & de son dessein en son instruction de Monseigneur le Dauphin, I. I. 18. *& suiv.*

De sa deference à l'assemblée de l'Academie Françoise, II. I. 258.

De sa louäble moderation, II. II. 268.

Son dessein touchant la composition de ses lettres, VI. I. 7. 8.

Auteurs & Ecrivains qui traitent des matieres après d'autres, qu'ils font profession de suivre & d'imiter, I. I. 17.

De ceux qui ont écrit devant nous, & de la citation de leurs ouvrages que l'on doit faire en écrivant, VI. I. 10. *sequ.*

Autochirie, XIII. 20.

AUTRICHE, I. II. 76. 84. 88.

AUTRUCHE, II. I. 113.

AYMAN, I. II. 123.

B

BAARAS, Plante, VI. I. 458.

BABYLONE, ville de la Mesopotamie, I. II. 119.

BABYLONIENS. De la sepulture de leurs morts, VI. 1. 207.

BACCHUS & Iunon ennemis, II. II. 467.

Nommé *Biformis*, & pourquoi, III. II. 131.

Bacchanales des Gentils. Rapport entr'elles & de certaines ceremonies des Iuifs, VI. II. 400.

BACTRIENS, II. II. 275.

Bagues & anneaux, VI. I. 23. & *suivantes*.

Nations étrangeres qui en portent aux doigts des pieds, IV. 1. 163. *suivantes*.

Bain de l'honnête pudeur qui y est requise, VI. I. 50.

BALENE, c'est la plus grande de toutes les creatures vivantes, II. I. 117. III. I. 29.

Elle est aveugle, VI. II. 134.

Bamberg evêché, I. II. 90.

BANJANS peuples du Levant se marient à sept ans. III. II. 15.

Banquet, *voyez* Festin.

Le *Batême*, & les Eaux lustrales en usage parmi les Payens, dans le Mahometisme & au nouveau monde, VII. 1. 289.

Barbarisme, I. II. 216.

BARBEAU de mer acheté deux cens écus, II. I. 117.

BARBES ou Genets, II. I. 404.

BARBIER de mer, II. I. 118.

BARCA royaume, I. II. 140.

BARCE ville prise par le moien d'une équivoque, III. I. 138.

BARCELONE ville capitale de Catalogne, I. II. 58.

BASILE Macedonien, II. II. 415.

BASILIC, il fait perir ce qu'il envisage, II. I. 135.

BASINE mere de Clovis, infame adultere, VI. I. 388.

LE BASSAN peintre, VI. I. 99.

BASSIANUS Caracalla Empereur, tâchoit de faire perir les Oeuvres d'Aristote, VII. I. 148.

BASSON Poëte, II. II. 71.

Batailles, elles sont des Arrêts du Ciel, qui decident les differens des Etats, IV. I. 399.

Celle qui est la plus avantageusement dressée, V. II. 188.

Nos Batailles se donnent ordinairement de jour: les Massyliens de Lybie n'en donnent jamais que de nuit, *ibid*, 147.

Bataille de Lutzen, quoique les Suedois y demeurassent victorieux, toute la maison d'Autriche ne laissa pas d'en faire des feux de joie par tout, IV. I. 400.

Bataille de Pavie, IV. I. 320.

Bataille de Serisoles, IV. I. 378.

Bâtards, de l'aversion que l'on en a ordinairement, VI. I. 386.

Bâtimens. Contre la vanité & le luxe immoderé des Bâtimens particuliers d'aujourd'hui, VI. I. 461. *sequ*.

Ce qui est de plus insupportable aux Bâtimens d'aujourd'hui, c'est qu'on fait ceder l'interêt du public à la vanité des hommes privés, *ibid*. 463.

BAVIERE divisée en haute & basse, I. II. 90.

DES MATIERES.

BAUME, Il jette une liqueur excellente à ceux qui l'ont blessé, II. l. 341.

C'est le symbole de la patience à souffrir les injures, *la même.*

BANTAN, ville & Roiaume, I. II. 134.

BAYARD, sa fin genereuse, IV. l. 335.

Beatitude, V. l. 164.

Si quelqu'un peut être heureux en ce monde, II. II. 347. *sequ.*

BEAUMONT, noble famille de Navarre, II. II. 64.

Beauté, une extreme beauté excite autant de haine que d'amour, V. II. 151.

Beauté mâle & Beauté femelle, VI. l. 148.

Il n'en faut faire état qu'autant que la raison le veut, *ibid.* 143. *sequ.*

Dans la Beauté l'Art y surmonte la nature, VII. l. 265. *suivantes.*

Les peuples de la nouvelle France jugent de la Beauté tout autrement que nous ne faisons ici, VII. II. 203.

BEDUINS peuple, III. l. 426.

BELISAIRE, grand Capitaine, étrange revers de Fortune. IV. II. 157.

BELLEGRADE ville Capitale de Servie, I. II. 75.

BELLETTE. III. l. 38.

BENEVENT Duché, I. II. 66.

BENOMOTAXA voyez Monomotapa.

BENGALA, Golphe de Bengala, I. II. 132.

BERGAMASQUE, I. II. 66.

BERLIN sejour des Electeurs de Brandenbourg, I. II. 95.

BERTRAND du Guesclin ne fut jamais moins estimé pour sa petite taille & sa laideur, VII. l. 272.

BESOARD, II. l. 91.

BESSARABIE, I. II. 78.

Bête qui devoroit les gens en Gastinois, VI. II. 229.

Bestialité, crime punissable, III. l. 170.

Bibliotheque historique de Diodore Sicilien, IV. II. 48. & *suiv.*

Invective de Seneque contre les trop curieuses & trop nombreuses Bibliotheques de son tems. VI. l. 125.

BICHE, V. II. 94.

Bien Souverain, V. l. 263.

Grande diversité d'opinions touchant le Souverain Bien, III. II. 161.

Bien, II. II. 245.

Il est quelquefois difficile de discerner le bien d'avec le mal, *ibid.* 180.

Des Biens temporels, *ibid.* 157.

Trois sortes de biens, & trois sortes de maux, III. II. 123.

Bienfaits. Le bienfait doit être desinteressé, franc & sans espoir de retour & de reconnoissance, III. l. 35. & *suiv.* VII. l. 232. & *suivantes.*

La societé civile ne subsiste

S iiij

que par le devoirs mutuels & par le Bienfaits, VII. I. 232.

La méconnoissance des ingrats ne nous doit pas empêcher de continuer autant que nous le pouvons nos Bienfaits, III. II. 252.

Bienfaiteurs adorés, III. I. 79.

Bizarrerie étrange d'un homme qui ne pouvoit souffrir le chant du Roslignol, & ne trouvoit point de Musique si agréable que le chant ou coacement des Grenoüilles, VI. II. 97.

BILBAO ville capitale de BISCAYE, I. II. 58.

BIOLYSERO, Forteresse, I. II. 55.

BITHINIE, I. II. 116.

BLANCHEUR. Le Blanc couleur de dueil, II. II. 103. III. II. 329.

L'excellence de la couleur Blanche, III. I. 111.

De l'avantage que reçoit le corps humain par la Blancheur, *là même*.

Elle passe au païs du Mogol pour une laideur, IV. I. 143.

BLED apprêté en plus de vint fortes différentes, VI. II. 350.

BLEU, il sert de fard aux Arabes d'Afrique, III. I. 119.

Au Levant c'est la livrée du dueil, *là même* & III. II. 329.

BOEOTIENS, II. II. 479.

BOEUF, c'est la figure de la suspension sceptique, V. II. 201.

Bœufs de Bœotie, VI. I. 510.

BOHEME, I. II. 88. 90.

Boire. Plusieurs personnes estimées ne boire point du tout, VI. I. 534.

Divers usages & façons de boire, VI. II. 351.

Coûtume grandement bizarre & extravagante vers les Roiaumes d'Agola & de Congo, VII. I. 146.

Le Boire chaud exempte de la goute les Chinois & Japonois, IV. I. 104.

Bois, qui n'engendre ni vers ni araignée, I. II. 47.

Le Bois pourri dans la mer produit des Cannes, II. I. 114.

Bois qui s'allume sans feu sur un Autel, VI. II. 402.

BOLESLAUS avoit les dents rangés de travers, VII. I. 370.

Bonne chere qu'est ce? II. II. 478.

Bonté. Trop de Bonté & de facilité est préjudiciable à un Prince, I. I. 240.

BONZES du Japon, II. II. 254.

BORAMETS, plante, II. I. 97. VI. I. 455.

BORISTHENE Cheval d'Adrien, VI. I. 364.

BORNEO, Isle & ville, I. II. 134.

BORNO roiaume, I. II. 147.

BOSNIE, I. II. 74.

Bosphores, I. II. 30.

Bosphore Cimerien, *ibid.* 80.

BOUCHE de Saint Iean, I. II. 80.

Boucher, le metier de Boucher n'est permis qu'aux plus illustres du païs, en l'Isle de Madagascar, VII. I. 155.

BOUILLON Ville & Duché, l. II. 93.

Boulimie qu'est-ce ? IV. l. 94.

BOURDEAUX capitale de la Guienne, l. II. 101.

BOURGOGNE, l. II. 102.

Bourreau, comment il est vêtu en Espagne, III. l. 122.

Le metier de Bourreau n'est pas reputé infame parmi beaucoup de Nations où chacun l'exerce à l'endroit des criminels, VI. ll. 228.

Il s'achete en Moscovie sans aucune note d'infamie, VII. l. 113.

BRABANT Duché, l. II. 91.

BRACHMANES Philosophes, V. l. 214. & VI. l. 34.

BRAMINS du Roiaume de Narsingue, V. l. 216.

Des Ducs de BRANDEBOURG l. II. 95.

Braule de la torche, II. l. 49.

BRAVA, ville & la seule Republique qui se trouve en Afrique, l. II. 153.

BRESLAU capitale de la Silesie, l. II. 95.

BREST forteresse de la Basse Bretagne, l. II. 103.

BRESIL, l. II. 164.

BRESSAN, l. II. 66.

Grande BRETAGNE, Roiaume, sa description, l. II. 41.

BRETAGNE, Duché, divisée en haute, moienne & basse, ibid. 103.

BRIANÇON, VI. II. 385.

Brie, diction Thracienne qui signifie ville, ibid. 384.

BRINDES. Il y a de l'inhumanité à contraindre de faire les Brindes, ceux qui n'ont pas envie de boire, V. l. 530. seqn.

BRIQUE, elle est estimée la meilleure & la plus saine pour faire des batimens, VI. l. 474.

Le President BRISSON, IV. l. 51.

BROCHET. Les Canadoises n'en osent manger la tete, II. II. 476.

BRUANT, IV. II. 319.

BRUGES ville, l. II. 92.

BRUSSELLES, ville, l. II. 92.

BUCEPHALIE, ville bâtie par Alexandre le Grand à l'honneur de son cheval Bucephale, VI. l. 365.

BUDE ou OFEN, ville capitale de la Hongrie inferieure, l. II. 76.

BULGARIE, l. II. 74. 75.

BURSE de Bithinie, ville, l. II. 69.

C.

Cabale. L'art de Cabaler regne aujourd'hui dans toutes sortes de professions, même dans celles qui temoignent le plus d'integrité, III. l. 265.

Cacophonie, l. II. 219.

Cacozele, l. II. 215. 229.

CADIX autrefois Gades, l. II. 58.

CADMUS, II. II. 67.
CÆSELIUS Jurisconsulte, genereuse repartie, II. II. 289.
CAFFA ville, I. II. 79.
CAFFRES Nation, I. II. 151. trafiquent sans parler, III. I. 85.
Ils mangent leurs peres quand ils sont vieux, VII. I. 12.
Ce qu'ils pensent des Singes d'Afrique, VI. II. 280.
CAIETAN Cardinal étoit un homme laid & malfait, VI. I. 144.
CAINAN ou Cailon, Isles, I. II. 15.
CAIRE, ville, VI. II. 189.
Son étimologie, ibid. 382.
Appellé encore Babylone, & Bagdad. là même.
C'est la seule ville qui a Université dans l'Empire du Turc, V. II. 355.
CALABRE, I. II. 70.
CALAMFOUR, Il ne laisse venir ou croître aucune plante auprès de soi, VI. II. 275.
CALAMITE, ami naturel du fer, IV. II. 317.
Calamité, elle fait plus de superstitieux que le bonheur de reconnoissans, VII. I. 121.
CALEB, en qui Moyse avoit tant de confiance, VII. I. 303.
CALENDERS Religieux Turcs, VI. I. 32.
CALICUT. Ses habitans trafiquent sans parler, III. I. 85.
CALIFORNIE peninsule en l'Amerique Septentrionale, I. II. 162. 163.
CALIGULA Prince cruel, I. I. 44. 45.

Traite mal Tite-Live, Virgile, Homere, & Senecque, IV. II. 206.
Il dormoit peu, II. II. 50.
Sa passion indiscrete & desordonnée pour son cheval de course, VI. I. 365.
CALLISTHENE, Philosophe, sa mort, IV. II. 91.
CALOGES, III. I. 177.
Calomnie. Il n'y a rien de plus glorieux ni de plus considerable sous le Ciel, que le mépris des Calomnies & des médisances, III. I. 261.
La Calomnie est d'autant plus amere, qu'elle procede d'une bouche infame, VII. I. 308. sequ.
CALPE montagne, I. II. 57.
CAMBAYE, I. II. 126. 132.
Du grand CAM de Tartarie, de son état, & de sa sepulture après sa mort, I. II. 111. & suiv.
CAMBALU, ville fameuse & Capitale de l'Empire du Catay, I. II. 111.
CAMBYSES, Prince cruel, I. I. 45. 47.
Sa mort prédite par l'Oracle de Butis, VII. I. 179.
CAMBRIGE, I. II. 46.
CAMELEON, III. I. 31.
De quoi il se nourrit, II. I. 142.
Campana superbia, VII. I. 94.
CAMPAGNE de Rome, I. II. 66.
CANADA païs étrangement froid, I. II. 160.

CANADOIS, ils ne mangent jamais le cœur des animaux, II. ll. 476.

N'apprehendent point la mort, ibid. 343.

Ne mangent point lors qu'ils festinent leurs amis, ibid. 481. Tuent leurs peres lors qu'ils sont vieux, V. ll. 158.

Les peuples naturels y abandonnent leurs malades, VII. l. 203.

De leurs mœurs & façons de faire, VII. ll. 201.

Ils croient que toutes leurs reveries contiennent un succès necessaire, & que tout ce qu'ils s'imaginent en dormant doit arriver, V. ll. 293.

CANAHE, fontaine d'Italie, dans laquelle Iunon se lavant tous les ans recouvroit son pucelage, VI. II. 318.

CANARIES prises pour les Isles fortunées, I. ll. 156.

Canaux merveilleux, I. I. 202. 203.

CANDISC fait le circuit de la terre, I. ll. 40.

CANICULE, I. I. 366.

CANISTIUS Lacedemonien celebre Coureur, VI. l. 255.

CANTHARIDES, elles sont plus belles que les Abeilles, VI. l. 148.

CANTORBERY, ville, I. ll. 46.

Sebast. CANUT fait le tour du monde, I. ll. 39.

Cap de bonne esperance, I. ll. 137.

Cap Breton, I. ll. 57.

Cap de Comorin, ibid. 132.

Cap de Cornouaille, I. ll. 42.

Cap de finis terræ, ibid. 57.

Cap de Fortuna, ibid. 37.

Cap verd, ibid. 35. 155.

Cap de saint Vincent, I. ll. 57.

Capo di Faro, promontoire de Sicile, IV. ll. 45.

Cap de Palos, I. ll. 57.

CAPOVE ville celebre, VI. ll. 377.

CAPPADOCE, I. ll. 116.

CARACALLA fort adonné à l'Astrologie judiciaire, I. l. 257.

S'abandonne à la Magie, ibid. 373.

Caracteres de plusieurs sortes, II. I. 285.

Difference des stiles, là même.

Caracteres magiques, on ne doit pas y ajoûter foi, VI. l. 356.

En tout tems, & parmi toutes Nations on a tâché d'autoriser cette vieille erreur, ibid. 357.

Armes & billets enchantés, là même.

CARAMANIE, I. ll. 116.

CARAVAGE Peintre très habile pour le naturel, & pour son artifice dans l'obscur & dans le lumineux, VI. l. 92.

CARDAME, VI. ll. 397.

CARDAN, sa mort, I. l. 314.

Medecin & Astrologue, II. ll. 212.

Ennemi de mensonge, III. l. 164.

Lui & Iule Scaliger deux grands ennemis, VI. II. 113.

De sa grande Doctrine, maltraité par Iule Scaliger. *ibid.* 225. 226.

CARDIENS, & leur Religion, VII. I. 125.

CARDONA noble famille de Navarre, II. II. 64.

CARIBES, VII. I. 129.

CARIE, I. II. 117.

Dom CARLOS d'Espagne avoit l'inclination portée dès son enfance à la rigueur, I. I. 48. 49.

CARPATHE montagne, I. II. 76.

CARPI, ville & principauté, I. II. 65.

CARRARE, ville & principauté, I. II. 66.

Cartes jeu peu séant à un Monarque. I. I. 237.

Cartes Geographiques, qui en fut le premier inventeur, I. II. 4.

CARTHAGE, ville celebre, VI. II. 377.

Pourquoi ainsi nommée, *ibid.* 382.

CARTHAGINOIS, ils trafiquent avec ceux de Lybie sans parler, III. I. 87. 88.

CARISTE ville d'Eubée, I. II. 72.

CARYSTIE carriere de marbre, VII. I. 166.

CASAL ville, I. II. 65.

CASAN grand Cam de Tartarie, étoit extremement petit & laid de visage, III. I. 104. 105.

CASHEL ville, I. II. 47.

CASPIENS Nation, II. II. 275.

CASSEL demeure des Landgraves de Hesse, I. II. 94.

CASSITERIDES, Isles, I. II. 42.

CASSIUS HEMINA, IV. II. 175.

CASSUBIE province, I. II. 82.

CASTELLANUS, Eveque & grand Aumonier de France, II. II. 411.

CASTILLE Couronne, Roiaume, & ses dependances, I. II. 60.

La Castille d'or, Province de l'Amerique Septentrionale, *ib.* 165.

CASTOR, II. I. 98.

Du Duc de CASTRES, fils du Pape Paul III. & de son assassinat, IV. I. 348. 349.

CASTRO ville & Duché, I. II. 65.

Catachrese, I. II. 211.

Cataclismes ou deluges, VI. II. 361.

CATAPHARES, ou Cafatares certains Arabes, que l'on dit manger le dedans des fruits & le cœur des hommes qu'ils regardent attentivement, VI. II. 331.

CATAY Roiaume ou Empire du grand Cam: sa situation, son étenduë, & sa description, I. II. 111.

CATHERINE de Medicis, sa mort, I. I. 318.

Sa moderation loüable, II. II. 429.

CATON, IV. II. 175. V. I. 225.

Heureux en procés, VI. II. 253.

Représenté par la figure d'un cheval, VI. I. 368.

CATON l'ainé étoit vieux lorsqu'il voulut savoir le Grec, II. II. 494.

Sa moderation & patience admirable, ibid. 425.

Se repentoit & se fachoit de trois choses, V. II. 166.

Les CATONS jouoient souvent aux dés, I. I. 242.

Cavales de Miltiades, VI. I. 364.

De la Cavale de Mahomet, ibid. 365.

Cavalerie de grande Reputation, ibid. 370.

Par tout où l'Alcoran regne, on voit les femmes à cheval comme les hommes, VI. II. 238.

Les Cavaliers de la Cour Africaine du Roi de Benin ont les deux jambes pendantes d'un côté, VII. I. 145.

CAUNE, ville, VI. II. 388.

Causes. Une même cause ne produit pas toûjours de mêmes effets, IV. II. 389.

Diversité d'opinions touchant le nombre des causes, II. I. 19. suivantes.

Trois sortes de causes selon Platon, VII. II. 67.

Cecité voyez Aveuglement.

CEDAR Province, I. II. 122.

CELTES, II. II. 344. VI. I. 324.

CELTIBERES, II. II. 209.

Cimetiere, il n'y a sque la seule Religion Chretienne qui demande une terre benite, devant que les corps y soient inhumés, VII. II. 113.

Des Cimetieres hors des villes ibid. 116.

Censeurs & critiques, II. I. 298.

Censure des Livres, VII. II. 224. & suivantes.

CENTAVRES, VI. I. 364.

Centenaire, nombre qui contient le comble de toute perfection, VI. I.

CEO Isle, & ses habitans, II. II. 275.

CEPHALONIE, Ile, I. II. 67.

CEPHYSODORUS, Rheteur, ibid. 229.

CERAUNIE pierre, III. I. 17.

Cercles du Globe en general divisés en huit, quatre grands & quatre petits, I. II. 8.

Des Deux Cercles nommés l'un le Cercle Arctique, l'autre le Cercle Antarctique, ibid. 18. 19.

Cercles polaires, là même.

Cercles de la terre, ibid. 22.

Charles de la CERDA Castillan, II. II. 63.

CERFS, ils doivent leur naissance à la crainte, III. I. 31.

CERIGO île, I. II. 67.

CERISIER, II. I. 104.

Certitude, s'il y a quelque chose de certain en ce monde, V. II. 199.

Les Sectateurs de Pyrrhon

affurent qu'il n'y a rien de certain, III. l. 302.

Il n'y a point de certitude en ce monde, excepté les verités revelées : & il n'y a aucune chofe fi apparemment fauffe, qu'on ne puiffe revetir de quelque vraifemblance : Tout y eft fujet à tromperie, VI. II. 96.

CERVEAU, c'eft la fource de tous le nerfs, II. l. 156.

CESAR venant à l'Empire étoit fort favant, I. l. 157.

Il fe trouvoit toûjours dans les premiers rangs de fes legionaires, fans avoir jamais reçû une feule bleffure, *ibid.* 121. 128. IV. l. 412.

Il nageoit en perfection, I. l. 231.

Avoit la connoiffance du mouvement des Cieux, *ibid.* 179.

Mis au rang des Hiftoriographes Latins, IV. II. 193.

Honnete & vertueufe pudeur, VI. l. 49.

Chagrin & fâcherie. Il y a quelque foulagement à fe plaindre quand le cœur eft opprimé de douleur, III. l. 290. *voyez* Melancholie, & Profe chagrine.

Chair eftimée la plus delicate, II. II. 475.

La Chair nourrit la Chair, VI. II. 348.

On fe peut fort bien contenter fans être carnacier, *ibid.* 350.

CHALCIS, ville Capitale de l'Eubée, I. II. 72.

CHALDEENS Aftrologues, I. l. 266.

De leurs reveries ridicules, *ibid.* 275.

Chaleur, Les chofes douces fe fentent moins au goût étant chaudes que froides, II. l. 149.

Souvent elle n'eft pas moins extravagante, ni moins difproportionnée que fon contraire VI. l. 188.

CHAMBERY ville Capitale de Savoye, I. II. 64.

CHAMEAUX, V. II. 94. II. II. 443.

CHAMPAGNE, I. II. 100.

Le *Changement* & la varieté rend agréables les chofes nouvelles, VI. l. 291.

Des grands Changemens qui fe remarquent au monde, VI. II. 358. & *fuivantes.*

Tout Changement n'eft pas blamable, VII. l. 397.

Changemens merveilleux que les Siecles ont apporté en de certains lieux, qui n'ont rien de ce que l'on y voioit autrefois, *ibid.* VII. II. 215.

Chariots allans à voile, I. II. 130.

Charité admirable de quelques peuples étrangers pour les bêtes, excedant fouvant celle que nous avons pour nos femblables, III. l. 69.

CHARITOBLEPHARON, plante merveilleufe, VI. l. 452.

CHARLES le Chauve augmente les bienfaits des Rois fes prédeceffeurs envers le faint Siege, IV. II. 393.

CHARLES-QUINT. Entreprife de Provence, I. l. 318.

Laissa croitre l'heresie en Allemagne pendant trente ans, pour profiter des divisions qu'elle engendroit, IV. II. 342.

De se rares qualités, tant naturelles qu'acquises, & de ses defauts, IV. I. 340. *sequ.*

Son peu de respect envers les Papes & le saint Siege, *ibid.* 321. *sequ.* 348. *sequ.*

Il fut auteur des courts cheveux & des longues barbes, VII. I. 336.

Sa Genealogie, *voyez* Genealogie.

CARLEMAGNE assiste le saint Siege contre les Lombards, & lui fait de grandes liberalités, IV. II. 392.

hasse, I. I. 189. 190. 191. *sequ.*

HATS, ils ne peuvent subsister en l'Isle d'Ahenea, II. I. 121.

Bonté merveilleuse de Mahomet envers son Chat qui dormoit sur sa manche, VI. I. 504.

Chatouillement. L'homme seul est chatoüilleux. II. I. 152.

Chaussure. Curiosité d'être mignonnement chaussées naturelle aux femmes, II. II. 109.

CHAUVESORIS, II. I. 98.

Elle a des dents, des mammelles, & du lait, VII. I. 364.

Seule entre les oiseaux qui en ait, *là même.*

Cheinnc-Hebreu, livre penible, VII. II. 140.

CHELIDOINE, II. I. 91.

CHEMERAULT, Diligence trèsadmirable, VI. I. 258.

Chemise de Mahomet précieusement gardée, VII. I. 293.

CHEMNIS Isle flotante, IV. II. 6.

Cheneviere dont la fumée au lieu d'obscurcir le cerveau, rend l'esprit plus gai, & donne des songes plus agréables, VII. I. 139.

CHENEVIS cuit & roti sous les cendres, VI. II. 351.

CHENILLES conjurées, maudites & excommuniées, VI. I. 359.

CHERIFS, II. II. 403.

D'un Cherif de la ville de Fez, & de l'affection desordonnée qu'il avoit pour un cheval, VI. I. 366.

CHERSONESE, I. II. 28.

Chersonese Cymbrique, *ibid.* 28. 48.

Chersonese dorée, *ibid.* 28. 131.

Chersonese de Trace, *ibid.* 28.

Chersonese Taurique, *là même* & 78.

CHESEL *voyez* laxartes.

Le CHENE & l'Olivier ennemis naturels, IV. II. 318.

Les vieux Chenes adorés par les Payens, II. II. 295.

CHEVAL, il tremble à la vûë & à l'odeur du Chameau, IV. II. 319.

Cheval excellent de Cesar, VI. I. 369.

Chevaux Barbes, I. II. 140. 141.

Chevaux excellens & fort renommés, *ibid.* 364. & *suivantes* & I. I. 224. 225.

Du Cheval dont parle Virgile & qu'il nous represente pour

la figure d'un homme sage, *ibid.* 367.

Diverses façons de nourrir les Chevaux, *ibid.* 374. *sequ.*

D'un Cheval d'Espagne qui de sa seule veuë causoit une diarrhée mortelle à ceux qu'il envisageoit, VI. II. 332.

C'est ce noble animal qui a conquis le nouveau monde, VII. II. 66.

Cheval marin, II. I. 98.

Chevaliers de la Toison d'or, I. I. 342.

Chevelure. Un Cheveu ne se pourroit rompre, s'il étoit également tiré des deux bouts, V. I. 291.

Guerre mortelle entre les Tartares & les Chinois pour les Cheveux, VII. I. 10.

Vers le detroit de Magellan, les hommes portent les Cheveux longs & les femmes ont la tête rasée, *ibid.* 145.

L'usage de porter les Cheveux longs est le plus ancien & le plus naturel, *ibid.* 333. *sequ.*

CHEVIOTE montagne, I. II. 44.

CHEVRE, IV. II. 319.

Les Chevres & les brebis exercent l'amour jusqu'à la fin de leur vie, IV. I. 116.

CHIAPINO Vitelli incommodé pour être trop gros & trop replet, comment il se soulagea, III. I. 106.

De la *Chicane* & multitude des procès, VII. I. 215. *& suiv.*

CHIEN, il est meprisé & haï de plusieurs Nations, II. I. 123. *sequ.*

Les Chiens naissent aveugles, VI. II. 133.

La chair de Chien préferée à toute autre viande, *ibid.* 350.

Il est le symbole de la fidelité, VII. I. 303.

Les Chiens de Laconie s'accouplent plus volontiers & plus aprement quand ils sont fatigués, IV. I. 116.

CHILE' pays de l'Amerique, I. II. 168.

CHILPERIC II. Roy de France, I. I. 8.

CHIMERE montagne, I. II. 116.

CHINE Roiaume, sa situation, sa longueur, & sa largeur, ses Provinces, I. II. 129. *& suiv.*

CHINOIS, II. II. 109. III. I. 69. IV. I. 104.

Adonnés à la Chymie, I. I. 344.

Leur creance touchant la mortalité de l'ame, III. I. 423.

N'ont reconnu de tems immemorial qu'un seul Dieu, & n'y a point de Païens qui l'aient moins offensé de ce côté-là, V. I. 312.

Plusieurs Chinois aïans moralement bien vécû dans la simple observation du droit de nature ont pû faire leur salut, *là même.*

Tous les Arts liberaux & toutes les sciences ont eu cours en la Chine aussibien que parmi nous, *ibid.* 314.

De trois sectes de Philosophes qu'on y permet, celle de Confucius a l'avantage sur les trois autres, *ibid.* 315. *Voyes* Confucius.

Ils

Ils ne permettent à personne d'exercer une charge de Iudicature dans son pais, VII. 1. 216.

Nourrissent exprès leurs cheveux, pour être pris par là, & emportés au Ciel après leur mort, VII. 1. 335.

HIO Isle, I. II. 124.

HIRO le premier chasseur du monde, I. 1. 189.

hiromance, I. 1. 369.

hiromancie, espece de gueuserie, VII. 1. 240.

hironomie, ou Chirotonie, I. II. 29.

Chirurgie, I. 1. 206.

CHOERILUS Poëte, sa fin malheureuse, VII. II. 183. & IV. 1. 268.

Chorographie, qu'est-ce? I. II. 4.

De la *Chromatique* dans la Musique, VII. 1. 278.

Chronologie, elle doit être exactement observée dans une histoire, IV. 1. 294.

CHRYSIPPE Philosophe Stoïcien meurt de trop rire, V. 1. 223.

Chymie, de l'explication de ce mot, I. 1. 327.

Elle est loüable lorsqu'elle ne s'applique qu'à la connoissance des secrets de la Nature, *ibid.* 327.

Elle est blamable quand elle s'emploie à la transmutation des metaux, *ibid.* 328.

Antiquité & réalité de cet art Chymique, *ibid.* 333. & *suiv.*

Raisonnement en sa faveur, là même, & *suivantes.*

Tome VII. Part. II.

Esdras & Salomon n'y ont jamais pensé, *ibid.* 337. 338.

Elle a été quelque tems comme morte, & semble avoir pris une nouvelle naissance en ces derniers siécles, *ibid.* 338. 339.

Elle n'étoit en usage du tems de Pline, qui n'en a point du tout parlé, *là même.*

Les plus certains temoignages de l'antiquité de la Chymie, & les plus éloignés de nous, *ibid.* 340.

De l'usage & de l'étendüe de cette vaine occupation par l'Univers. *ibid.* 344.

CICERON, II. 1. 260. V. 1. 225.

Il commence sa Chronologie par son Consulat, en remontant jusqu'à la fondation de Rome, IV. 1. 294.

Maltraité en son honneur & en sa reputation, IV. 1. 116.

Merveilleusement loüé dans Velleius Paterculus, *ibid.* 220.

De tous ses Ouvrages, II. II. 270. *seqq.*

Il fit un desert de sa maison à Rome pour y vivre avec plus de quietude, III. 1. 356.

Il avoit un appetit extreme d'être loüé, mais il ne vouloit pas être estimé donner de l'encens à ceux de son tems pour en recevoir de leur main, VII. 1. 221.

Il se plaisoit à l'innocente raillerie, II. 1. 346.

CICOGNE, elle étoit adorée par les Tessaliens, III. 1. 79.

CIEL, il est la cause universelle & éloignée des effets singu-

T

lieres qui arrivent ici-bas, l. l. 277.

Diversité d'opinions parmi les anciens Philosophes touchant le Ciel, II. l. 37.

De la hauteur du Ciel, *ibid.* 39.

Du nombre des Cieux, *ibid.* 40.

CIGUE, VII. l. 1.

CIMBRES, II. ll. 209.

Cimetieres, VII. l. 211. *seqn.*

CIRCASSIENS & leur Religion, VII. l. 126.

Circoncision en usage dans beaucoup de Provinces de l'Amerique, VII. l. 287.

CIRE mangée avec le miel, VII. l. 155.

CIRON VI. l. 513.

CITRONS males & femelles, III. l. 324.

CLAUDIUS Empereur prenoit souvent plaisir à joüer aux dés, I. l. 242.

Clefs Laconiques, VI. l. 323.

Clelie, bel éloge en faveur de cet Ouvrage, VII. l. 71.

CLEMENT IV. Pape, VI. l. 261.

CLEMENT VII. Pape maltraité par les Espagnols, IV. ll. 399.

Il étoit venu d'une couche illegitime, VI. l. 388.

Clemence. L'excés de bonté en un Prince Souverain n'est pas moins préjudiciable à l'Etat que la trop grande severité, I. l. 52.

CLEOMENE Roi de Sparte, VI. l. 117.

CLEOPATRE, de son extreme beauté, VII. l. 267. 268.

Clergé, il est feminin en l'Isle de Formose, VII. ll. 206.

CLESIDES Peintre, V. l. 97.

CLEVES, ville & Duché, I. ll. 94.

Climats, leur nombre, & leur étenduë, I. ll. 21.

CLOELIE fille Romaine, & son passage prétendu du Tybre à la nage avec plusieurs autres compagnes, IV. ll. 69. 70.

COANZA fleuve, I. ll. 148.

Coches & leur établissement, VI. l. 258.

COCHINCHINE & Cochinchinois, Peuple & Nation Asiatique, V. l. 318. & II. ll. 454.

Ils ont des Idoles dans leurs temples, sans toutefois les adorer, V. l. 320.

Du soin qu'ils ont pour la construction de leurs Sepulcres, VI. l. 216.

COCOS de l'Inde, II. l. 104.

COELESYRIE, I. ll. 118. 119.

COEUR de l'homme & sa situation, II. ll. 119.

Le Cœur d'un Vautour préserve de la colere des Princes, I. l. 365.

COLAO qu'est-ce, IV. l. 34.

COLCHIDE, I. ll. 119.

COLCHOS, ville, *ibid.* 120.

Colere. Colere grande & excessive, I. ll. 44. & *suivantes* I. ll. 259.

Trois sortes de Colere, I. ll. 260.

Remede contre cette passion, *ibid.* 261.

Il est honteux à un homme

d'entendement de se laisser transporter à cette passion irascible, III. l. 342. 343.

Il y a beaucoup plus de plaisir à pardonner qu'à se vanger: Belle pensée d'un Roi Arabe, ibid. 344.

Ce qu'il faut faire pour nous corriger de la mauvaise habitude colerique; ibid. 345.

Belle leçon d'un Payen, ibid. 346.

On ne trouve point de naturels si sujets à la Colere, que ceux à qui toutes choses rient, & qui sont plus dans la delicatesse de la vie. VI. l. 179.

Remede & medicament dont l'usage est un excellent & merveilleux correctif de la bile, ibid. 281. & suivantes.

La sagesse d'une personne se reconnoit particulierement dans les attaques de la Colere, ibid. 287.

Les plus vertueux & les plus moderés sont sujets aux plus violens transports de la Colere; VII. II. 218.

Les Coleres pales & froides sont les plus dangereuses, ibid. 223.

Nous sommes pires étans irrités, que tout ce qu'il y a de bêtes feroces; ibid. 225.

COLMANDEL ville; I. II. 132.

COLOGNE ville & archevêché; I. II. 94.

COLOMBES perchées sur un Chene, qui rendoient les Oracles de Dodoné; VII. I. 185.

De la Colombe de l'Arche de Deucalion. Rapport entre cette Colombe & celle de l'Arche de Noé; VI. II. 401.

COLONNES d'Hercule montagnes, I. II. 57.

COLOPHONIENS, braves Cavaliers, VI. I. 72.

COLOQUINTE appellé la mort des plantes, & le fiel de la terre; VI. II. 327.

Celle qui nait unique sur sa plante, est la plus dangereuse de toutes, III. II. 218.

Colosse de Rhodes merveilleux, I. II. 124.

COMAR Isle, sa longueur, largeur & le nombre de ses habitans; I. II. 87.

COMBABUS favori de Seleucus, se châtre lui même volontairement; III. I. 228.

Combat naval de Salamine; IV. II. 12.

COMEDIE & Comediens; VI. II. 261.

Les Grecs, & entr'eux les Atheniens ont excellé aux Comedies, là même.

Comediens autrefois honorés & en grande estime, là même & 262.

La Comedie infame parmi les Romains & les Gaulois; là même.

Comediens chassés de toute l'Italie; là même.

Difference entre Comedie & farce, & entre Comedien & farceur, ibid. 263.

La Comedie est fort instructive, & digne de nôtre attention; ibid. 263.

Elle est en grande estime parmi les Chinois, ibid. 265.

T ij

COMETES, II. 1. 69. *seqn.* —

Commandement. Les meilleurs Commandemens deviennent inutiles, où il n'y a plus de disposition à les respecter, VI. II. 175.

Du Commandement Souverain, VI. 1. 488. *seqn.*

Commencement en toutes choses, IV. 1. 301.

Commentaires de Cesar repris par Asinius Pollio, *ibid.* 285.

Commerce, on ne sauroit en avoir trop de soin, tant il est importante pour la subsistance d'un Etat, I. 1. 74.

COMMODUS Empereur, VI. 1. 154.

Communauté de femmes établie par Platon, V. 1. 145.

Comparaisons dans une histoire, IV. II. 62.

Il est permis à un Historien de s'en servir, étant faites bien à propos, IV. 1. 329.

Elles sont ridicules, lorsqu'elles sont faites mal à propos, *là même. & suiv.*

Comparaison des choses sacrées aux profanes, odieuse, VII. 1. 150.

Complaisance. Celle de ceux qui s'accordent universellement à tout, n'est pas agréable, II. II. 226.

Une Complaisance est un agrément étrange, III. 1. 227.

La Complaisance trop grande est dangereuse, VI. II. 276.

La Complaisance de plusieurs attire à eux la jeunesse facile à séduire, VII. II. 18.

Semblables aux Crocodiles, *là même.*

Compositions studieuses, VII. I. 197. *& suivantes*

Il suffit qu'elles soient de bon aloi, encore que leur Volume ne pese pas beaucoup, V. II. 426.

Les plus recommandables Compositions tirent leur prix des bonnes pensées, plûtôt que de la beauté du stile, III. II. 245.

Le defaut d'ordre y engendre l'obscurité, II. 1. 357.

COMPOSTELLE ville capitale de *Galice*, I. II. 58.

Concubinage, il a quelque chose de plus dur que le mariage, VI. II. 321.

CONESTAGIO, IV. 1. 319.

Conférence. Inconveniens qui se rencontrent ordinairement dans les Conferences en compagnie, II. II. 225.

Confesseur du Roi Charles VIII. corrompu par les Espagnols avec des bouteilles pleines de monnoie d'or au lieu de vin, IV. II. 424.

Confession en usage au nouveau monde, VII. 1. 291.

Confiance que l'on doit avoir en un ami, II. II. 114. 115.

Confirmation & Refutation, I. II. 201. *& suiv.*

CONFUTIUS le Socrate de la Chine, IV. 1. 33.

Il a fait descendre la Philosophie du Ciel en terre, aussi bien que Socrate, IV. 1. 33.

Reduisit en quatre Volumes toutes les sentences des Phi-

DES MATIERES.

Iosophes qui l'avoient précédé, *ibid.* 34.

CONGO ville & Roiaume, son étenduë & sa situation, I. II. 147.

CONNACIE, province, I. II. 46.

CONNETABLE de Montmorency, maltraité par Paul Iove, IV. I. 87.

Connoissance. Il se trouve trois degrés de Connoissance parmi les gens de lettres, VI. I. 13.

La Connoissance de soimême, est la plus importante partie de la sagesse humaine, *ibid.* 517. *seqn.*

Il n'y a rien de plus excellent ni de plus difficile à acquerir, que la connoissance de soimême, III. II. 321.

CONNACIE Province, I. II. 46.

Conquête du Portugal, IV. I. 319.

Consecration des Empereurs, & leur apotheose ou enrolement au nombre des Dieux, IV. II. 114. *seqn.*

Conseil d'un ami, II. II. 113.

Conseil des Rois, *là même.*

Consolation, VII. II. 75, & *suiv.*

Excellent moien de consoler une personne affligée de la mort d'un ami, II. II. 379.

Constance. C'est une marque d'une ame confirmée dans le bel usage de la raison, de vouloir toûjours une même chose, ou ne la vouloir pas, & d'être inébranlable en cette posture, VII. II. 176.

CONSTANTIN LE GRAND. Defauts & crimes dont sa memoire est charchée, V. I. 374.

Sa patience à souffrir les injures, II. I. 342.

CONSTANTINOPLE ville capitale de l'Empire du Turc, sa situation, I. II. 69. 73.

Son étymologie, VI. II. 382.

Appellée encore *Stamboul*, I. II. 73.

Contemplation appellée une mort pretieuse, VI. I. 8.

Contestation comme on se doit comporter dans une controverse ou Contestation de differentes opinions, V. II. 191.

Nos Contestations devroient être comme des consultations, où l'on recherche la verité, sans se soucier beaucoup de la victoire, VI. II. 268. *seqn.*

Continent & terre ferme, I. II. 27.

Contradiction opiniâtre desagréable en compagnie, II. II. 226.

Contrainte, elle donne de l'affliction en quelque lieu qu'elle se rencontre, VII. I. 13.

Contraire. Souvent en la moralité il se fait union de deux Contraires, sans qu'il se forme un temperament particulier des deux, comme il arrive presque toujours ailleurs, V. I. 104.

Convenances naturelles observées dans tous les ordres de la Nature, IV. II. 317. & *suivantes.*

Conversation, & ses effets, II. II. 216.

Le commerce populaire est méprisable & desavantageux, V. II. 137.

Les hommes de merite nous doivent être plus recommandables que les marbres & autres raretés, VI. I. 65.

T iij

Les mauvaises compagnies ruinent la bonne inclination de de ceux mêmes qui sont naturellement portés à la vertu, VI. I. 119. *seqn.*

De ceux avec lesquels on se doit familiariser, VI. II. 276.

Conversation exterieure, II. II. 237.

Conversation interieure, *ibid.* 236. *sequ.*

Convoitise des Richesses, VI. II. 197. *& suiv.*

COPPENHAGEN, ville Capitale de Dannemarc, I. II. 48.

COQ, II. 3. De son chant, VI. II. 194.

Coqs bannis d'une ville, afin de n'être pas importuns à ceux qui dormoient, II. II. 55.

Ils gourmandent ceux qui leur ont donné la naissance, V. II. 159.

Coquilles au lieu de monnoie, I. II. 148.

CORAIL & sa production, I. II. 112.

CORBEAUX blancs, I. II. 49.

Corbeaux qui tombent d'en-haut tout étourdis d'un trop grand cri, II. I. 139.

Les Corbeaux ont un admirable odorat, VI. I. 42.

CORDISTES peuple Gaulois, II. II. 262.

CORELIE, I. II. 53.

CORFOU île, I. II. 67.

CORINTHE, ville fort celebre & de très grand merite, I. II. 71. VI. II. 377.

CORNEILLES, elles ne sont ni Colombes ni Corbeaux, figure des Eunuques & chatrés, VII. I. 252.

CORNEMUSE au lieu de tambour en guerre, I. II. 47.

Inventeur de la Cornemuse, V. II. 117.

CORON ville du Peloponnese, sa perte par la faute de Charles-Quint, IV. I. 361.

CORPS-HUMAIN, de ses parties, & de leur situation, II. I. 129.

Les Corps humains ne sont pas tous semblables, VI. II. 107.

De la fabrique admirable de toutes les parties du Corps humain, VII. I. 359.

L'on ne peut rien contempler de plus admirable dans la Nature, III. II. 226.

Les *Corps* inferieurs reçoivent sensiblement les influences d'enhaut, I. I. 264.

Corpulence de l'homme, s'il est plus à souhaiter qu'il soit grand ou petit, gros ou délié, III. I. 101.

Correction, de celle que nous devons faire de nos propres defauts, *ibid.* 341.

La correction ne nous peut nuire & nous fait profiter quoi qu'elle soit excessive, VII. I. 353.

CORREGGIO, I. II. 65.

Corruption. Il n'y a rien de si exquis & de si prisable dans le monde, qui ne se corrompe de soi-même, ou par nôtre mauvais usage avec le tems, III. I. 294. *& suivantes.*

Les meilleures choses se corrompent par le mauvais usage, VII. 1. 215.

Il n'y en a point de pire que celle des choses excellentes, III. II. 216.

CORSE Isle, I. II. 64.

COS ou LANGO île, I. II. 124. Grandes animosités & grands troubles & desordres causés par la préference des Couleurs à Rome, à Constantinople, en Tartarie, Perse, & Turquie, & en Angleterre, III. I. 108.

Cour, VI. II. 140.

Singeries ridicules, III. I. 224, & suivantes.

De la Cour des Princes, ce qui en peut donner de l'aversion, VI. I. 497.

A la Cour les plus sages y parlent le moins, VI. II. 141. sequ.

Des Courtisans & de la servitude extreme à la quelle ils s'assujettissent, VII. I. 2. sequ.

Figure de ceux qui suivent les esperances trompeuses, & qui se repaissent des sottes vanités de la Cour, ibid. 104.

C'est une vie malheureuse que celle que l'on passe dans la Cour des Rois, ibid. 209. sequ.

Couronne Françoise & son independance, I. I. 24.

Courriers à cheval en Perse, VI. I. 256.

Course & Courriers, I. I. 235.

Courtisane. L'entrée de sa maison n'est pas si dangereuse, que d'y arrêter trop, VI. II. 323.

Les Courtisanes sont pour l'or-dinaire grandement accortes, ibid. 371.

Coutume. VII. II. 170.

Les differentes Coutumes & façons de faire maitrisent étrangement l'homme, VI. II. 363.

Elle doit ceder à la verité & à la raison, VII. II. 170.

Des coutumes & façons de vivre des peuples de la nouvelle France, VII. II. 201.

COUTEAU dont ceux de Delphes se servoient à punir les criminels, & à sacrifier les victimes, I. I. 32.

Couteaux précieusement gardés en deux diverses villes de Cappadoce, VII. I. 292.

Crabe & Cabre, VI. I. 310.

Crachat. Vers la Guinée les Payens ne crachent point en terre, VII. I. 146.

Remarques curieuses, ib. 330.

CRACOVIE ville capitale de Pologne, I. II. 81.

Crainte, I. II. 257. La peur est le plus grand de tous les maux. C'est une punition divine, III. I. 20.

CRAPAUDINE, II. I. 91.

CRAPAUX de quatre diverses sortes en Canada, VI. II. 366.

CRASSUS, II. II. 334.

CRATES le Thebain ou le Cynique, II. II. 57.

Moderation louable & admirable à souffrir les injures, II. II. 423.

CRATES Philosophe, VII. I. 331.

T iiij

CRAVATES, I. II. 91.
Creances mal fondées, VI. II. 229. & suiv.
Création d'Eve, VI. II. 405.
Creature adorée pour le Createur par ceux du Perou, & par les Chincas, VII. I. 120.
Credulité, VI. II. 239. & suiv.
CREMASQUE, I. II. 66.
CRETE ou Candie, I. II. 125.
CRYM ville capitale de la Tartarie Precopite, I. II. 79.
CRISON d'Himere celebre Coureur, VI. I. 255.
CRITIQUES & contentieux, ils sont étrangement importuns & facheux en compagnie, III. I. 383.

    Ils ne trouvent jamais rien de bien, ni dans les divertissemens, ni dans les travaux d'autrui, VI. II. 256.

    Il ne faut s'arrêter à toute sorte de Critiques, VII. II. 131.

CROATIE, I. II. 74.
CROCODILE, III. I. 40. VII. II. 18.

    Cinq choses fort considerables en lui, II. I. 118.

    Il est le seul entre les animaux qui ait les dents mobiles avec la machoire d'enhaut, VII. I. 365.

Croisades des François faites en divers tems pour le recouvrement de la terre occupée par les infideles; & contre les Heretiques Albigeois, IV. II. 396.

La Croix, supplice d'Esclaves, I. I. 100.

CROTONE, ville, VI. II. 190.

CROTONIATES, V. II. 93.
Croupiere de cheval: La couper est une marque d'infamie chez les Turcs, VII. I. 11.
Cruauté inhumaine, III. I. 232.
CRISTAL, pierre qui n'est rien moins qu'une eau glacée & endurcie par le froid, II. I. 93.
CTESILOCHUS, Peintre, VI. I. 97.
CUAMA fleuve, I. II. 150. 162.
CUBA Isle, I. II. 36.
Cube où Quarré. De la figure cubique ou quarrée, VII. II. 25.
Cuir des bœufs, des moutons & des Chevreüils mangé avec la chair, VII. I. 155.
Cuisine & Cuisinier, II. II. 456.
CUISSE d'Arcesilaus, II. I. 8.
Culte divin, VII. I. 117. & suiv.
CUMES, ses habitans extremement grossiers & stupides, V. II. 135.
CUNTUR où Condor, oiseau, VI. I. 512.
Curiosité de savoir n'est point mauvaise en elle-même, VI. I. 149. sequ.
CYANEES où Symplegades, Isles, I. II. 74.
CYDIPPE, Maîtresse d'Acontius, VII. I. 267.
CYGNE, pourquoi chanter quand il est prêt d'abandonner la vie, II. II. 312.

    Le Cygne & le Corbeau pourquoi consacrées à Phœbus par les Payens, VII. I. 81.

    Son chant pris pour le prélude de sa mort prochaine, IV. I. 117.

CYLENE haute montagne, II. I. 51.

CYLON Crotoniate, conspire contre Pythagore & ceux de sa secte; excite une sedition contr'eux, en laquelle ils perirent tous, V. I. 250.

Les CYNETHENSES ennemis de la Musique, V. II. 84.

CYNIQUES Philosophes. Leur fondateur & leur doctrine. Pourquoi ainsi nommés, V. I. 176. *sequ.*

CYNOCEPHALES, III. I. 177.

CYPRE, Isle, I. II. 124.

CYPRES, II. I. 104.

CYRENAIQUE HEGESIAS, II. II. 373.

CYRENAIQUES & leur doctrine touchant la volupté, V. I. 264. *sequ.*

CYRUS grande cruauté, I. I. 46.

CYTHERON montagne, I. II. 71.

CZAR, I. II. 52.

CZUKAU ou SUCHAU ville capitale de la Moldavie, I. II. 78.

D

DALMATIE, I. II. 74. 75.

DAMAS, ibid. 119.

DAMASIENS montagnes de la Chine, I. II. 129.

DANNEMARC, Roiaume, sa description, I. II. 48. *& suiv.*

DANOIS, origine de leurs Rois, III. I. 170.

Danse. On doit faire apprendre à danser à un jeune Monarque, I. I. 231.

Les plus grands Monarques & les plus sages n'ont fait aucune difficulté de danser, *ibid.* 229. 230.

Quelques-uns ont blâmé la Danse, *ibid.* 229.

Danse Pyrrhique, *ibid.* 231.

Les Danses sont un signe de dueil & de tristesse aux Americains Meridionaux, VI. II. 363.

DANTZIC ville, I. II. 82.

DANUBE fleuve, I. II. 75. 87.

DAPHIDAS puni de raillerie, VII. I. 171.

DAPHNUS Medecin, IV. I. 99.

DARIUS grand bûveur, II. II. 466.

DAVID, III. I. 10.

DAUPHIN, poisson, VI. I. 513.

C'est le plus vite de tous les animaux, II. I. 117.

Les Dauphins portent à terre ceux de leur espece morts, pour être inhumés, VI. I. 218.

M. le DAUPHIN de France, du soin que l'on doit prendre de son éducation, & de son instruction, I. I. 3. 4. *& suivant. voyez* instruction.

DAUPHINE, I. II. 101. 102.

Declamateur, & Declamation, VI. II. 283. *& suiv.*

Defaut. Il est utile de tenir cachés nos plus grands defauts autant que faire se peut, VII. 1. 234.

Deference. Il n'y en a point que nous ne soions obligés de rendre aux Princes & Monarques, III. 1. 233.

Defiance. C'est être bien malheureux d'être toûjours dans la defiance & dans l'inquietude de l'avenir, VI. II. 119.

Definition, elle doit enfermer dans son petit espace toute la nature de la chose, III. II. 151.

Degrez Geographiques, I. II. 22.

DEIPNOSOPHISTES, VI. I. 159.

DEL royaume, I. II. 151.

DELE ou Delos Isle de la Grece, illustre par la naissance d'Apollon, VII. I. 161.

Il y rendoit ses Oracles durant six mois de l'Eté, puis delà, il passoit à Pathare ville de Lycie, *ibid.* 165.

DELLY ville de l'empire du Mogol, I. II. 127.

DELPHE Isle de la Phocide où se rendoient les Oracles d'Apollon, VI. II. 376. VII. I. 160. *suivantes*.

Demarche. L'indication de la pudeur d'une personne, se prend à son port & à sa marche, VI. I. 48.

DEMARCHUS Athlete, VI. II. 330.

DEMETRIUS le Cynique, V. 1. 201.

DEMETRIUS Philosophe. Generosité considerable dans la profession ouverte qu'il faisoit de liberté Philosophique, III. 1. 217.

Demi-Savans, importuns en compagnie, II. II. 2.

Democratie & de ce qui lui est propre, I. II. 317. & *suiv*.

DEMOCRITE, V. I. 198.

Comment il consola Darius grandement affligé de la mort de sa femme, II. II. 378.

Il étoit ennemi de la gloire & de la vanité de ce monde. *ibid*. 190.

Reputé fou par les Abderites, quoique plus sage qu'eux tous, V. II. 139.

Reduit à la necessité, pour avoir consumé tout son patrimoine à voiager, VI. I. 69.

Il se priva lui-même de la vûë, VI. II. 136.

DEMONS. Il y en a de bons & de mauvais dont les reponses & les operations ne peuvent être absolument niées sans offenser la Religion, VII. I. 194.

Demonstration. Il y en a de deux sortes très bonnes qui prouvent toutes deux, mais non avec certitude égale, III. 1. 453.

DEMOSTHENE n'aprit point son art d'Aristote, II. I. 204.

Dents, VII. I. 359. *sequ*.

Les plus noires sont les plus belles parmi les Japonnois, VII. I. 8.

Ceux qui en ont peu & fort separées ne sont pas pour vivre long-tems, *ibid*. 362.

Il se trouve des personnes qui ont toutes les dents d'un seul ossement, *la même*.

Les peuples des Indes Orientales font gloire d'avoir les Dents noires, VII. II. 205.

De la Dent du Singe si celebre dans toutes les Relations de l'Inde Orientale, VII. I. 293.

Dents de Loup penduës au cou du cheval pour le rendre plus vite, VII. II. 66.

DENYS d'Halicarnasse Historien, son païs natal, & du tems auquel il vivoit, VI. II. 60.

DENYS d'Halicarnasse, le Musicien, *ibid.* 61.

Depenses, les excessives ruinent une maison, I. II. 294.

Deplaisir, I. II. 256.

Depot. La foi du Depot religieusement gardée parmi les Pisides, V. II. 147.

Les Indiens s'en moquent, *là même*.

DERBICES, Nations, II. II. 275.

Dereglemens de l'esprit humain, VII. II. 206.

Desespoir, I. II. 259.

Desespoir étrange d'un Roi de la Chine, VII. I. 350.

Desir, I. II. 251.

Le Desir nommé la mesure de la pauvreté, *ibid.* 252.

Dessein. Ceux qui quittent un dessein ou un emploi pour en prendre quelque autre, doivent s'y porter petit à petit. Precepte de Pythagore à ce propos, VII. I. 356.

Destin ou destinée & fatalité, en latin *Fatum*, Diverses significations & interpretations de ce mot, VI. I. 437.

Detroit ou manche, I. II. 30.

Détroit D'Anian, *ibid.* 37. 159. 163.

Il est faux & supposé, VI. II. 358.

Détroit des Dardanelles, I. II. 74.

Détroit de Gibraltar, I. II. 30. 57. 137.

Détroit de Magelan, *ibid.* 37. 167.

Détroit du Maire, *là même*.

Dette d'argent se doit payer: Loix & coutumes rigoureuses, III. I. 46.

Devotion, elle est un lien de parfaite amitié entre Dieu & les hommes, I. I. 29.

Des *DEZ* I. I. 236.

DIABLE, il est très-savant, III. I. 192.

Adoré sous divers noms en plusieurs Nations, VII. I. 121.

Il a toujours taché de s'attribuer le culte qui n'est dû qu'à Dieu, imitant dans toutes les fausses Religions, ce que la bonne enseigne dans sa Liturgie, & ce qu'elle prescrit au sujet de ses ceremonies, VII. I. 287. *sequ.*

Diademe, III. I. 199

Dialectique, I. I. 170. I. II. 362.

Dialectique de Chrysippe, V. I. 226.

Des *Dialogues* dans l'histoire, si absolument il n'en faut point emploier, IV. II. 302.

Dialogues de Ciceron & de Platon, II. II. 17.

DIAMANT, VI. I. 23. Il est ennemi de l'aimant, IV. II. 317.

DIANE Cindyade, sur laquelle on disoit qu'il ne negeoit &

ne pleuvoit jamais, VII. 1. 294.

Diane Orthie, Divinité dans Sparte, devant laquelle on foüettoit les enfans par devotion, III. 1. 313.

DIARBEC province, I. II. 126.

Diction, parole ou mot, II. 1. 197. sequ.

L'honnêteté requiert qu'on s'abstienne de celles qui portent necessairement à des pensées sales & impures, V. II. 406.

Dies Decretorii, VI. II. 297.

Dies Ægyptiaci, ibid. 296.

Dies fasti & nefasti, parmi les Romains, la même.

Dies nautis suspecti, ibid. 297.

Diete, Elle garentit de toute sorte d'infirmités, & sert de remede à tous maux, III. II. 55.

DIEU nommé un cercle intelligible, ou une sphere d'intelligence, VII. 1. 76.

C'est une présomtion criminelle de vouloir penetrer jusqu'aux plus secrets conseils de la Divinité, VII. 1. 286.

Dignes merveilleuses, I. I. 204.

DIJON capitale de la Bourgogne, I. II. 102.

Diligence & celerité grandement necessaires dans les affaires d'importance, principalement en matiere d'avis & de nouvelles, VI. I. 253.

DIOCLETIEN préfere la vie champêtre au commandement absolu, I. I. 187.

DIODORE Sicilien, Du lieu de sa naissance, de son histoire, du tems qu'il emploia à l'écrire & de ce qui nous en manque à présent, IV. II. 74 sequ.

DIOGENE estimé l'Auteur de la Secte Cynique, VI. I. 178.

Nommé le Prince des Cyniques, V. I. 176.

Moderation & patience admirable à souffrir toutes les offenses & tous les mépris, VI. II. 153.

Mangeoit en plein marché, parce qu'il avoit faim, VI. I. 160.

Demandoit aux Statuës, afin d'être plus hardi & pour s'accoutumer au refus, VII. I. 241.

DION surnommé Chrysostome, Orateur & Philosophe, II. II. 23.

DION Cassius Cotreius, ou Cotreanus, Historien Grec, sa naissance illustre & ses emplois honorables, IV. II. 110. sequ.

DIOSCURIAS, ville de la Colchide, VI. II. 385.

Discours & divers entretiens qui se font ordinairement dans les compagnies, II. II. 226. & suivantes.

Pour bien juger d'un discours ou composition, il le faut lire, & ne se pas contenter d'en entendre la lecture, VII. I. 274.

Le discours est l'image de l'ame, V. II. 414.

La fin des disputes doit être de découvrir la verité des choses, III. II. 8.

Faut y agir avec moderation & sans injures, II. I. 332.

DISPOSITION oratoire, I. II. 190. 191.

DIU Isle, I. II. 133.

Diversité, la nature s'y plaît grandement, II. I. 141. VII. I. 325.

Il n'y a rien de plus conforme à nôtre nature que d'aimer le changement, & de se plaire à la diversité, VII. I. 111.

Divertissemens & recreations, II. II. 68.

Divination, VI. II. 84.

La Divination est accompagnée de manie & de fureur VII. I. 177.

Divinité, V. I. 208.

Divorce de femme avec son mari, VI. II. 318.

Dix. Le nombre de dix le plus parfait de tous, VI. I. 396.

DODECATHEOS herbe medecinale, II. II. 207.

DOGADO, I. II. 66.

DOGMATISTES, VII. II. 200.

Doigt annulaire ou medecinal, VI. I. 27.

Le doigt annulaire orné d'une bague, est le symbole des graces & des honneurs qu'on fait assez souvent à des faineans, & à ceux qui le meritent le moins, ibid. 34.

Du doigt infame, ibid. 27.

DOLICHODROMES, VI. I. 255.

DOMITIEN, Prince cruel, VI. I. 54.

DOMITIUS, III. II. 417.

DON ou Tanaïs, fleuve, I. II. 53.

DORIDE, peninsule, I. II. 117.

Dormir. D'où vient que les enfans nouveau-nés dorment toûjours, VII. II. 173.

Douceur & benignité. Il faut traiter les animaux d'indulgence & de douceur, si nous voulons avoir de l'humanité pour les hommes, III. I. 345.

Douleur, I. II. 256.

Doutes raisonnés, VII. II. 198.

DRAGON de Mer. Moyen de le pêcher & de le tirer de l'eau, II. II. 385.

Comment les Indiens font pour leur couper la tête, VI. I. 359.

Le cœur de cet animal a la vertu & proprieté de la donner à celui qui en mange, l'intelligence du jargon de tous les autres animaux, VI. II. 88.

DRAK fait le circuit de la terre, I. II. 40.

DRAVE fleuve de la Hongrie, I. II. 76. 87.

DRESDE sejour des Electeurs de Saxe, I. II. 94.

DREUX de la Valée aveugle né, honnête homme, & très capable dans les sciences, VI. II. 128.

Droit, de celui qui naît de la Loy, I. II. 273.

Droit de nature, ib. 273.

Droit civil, là même.

Le Droit naturel des peres sur leurs enfans a été reconnû par toutes les Nations, I. II. 290.

De la Droite & de la gauche. Observations curieuses en faveur du bras & de la main gauche, VII. 1. 328.

DROMADAIRES animaux admirablement prompts à la course, VI. 1. 260.

DRUIDES Gaulois, 1. 1. 371.

DRUSES peuple, III. 1. 425.

DRUSIENS de Syrie, & de leur Religion, VII. 1. 125.

DUBLIN ville capitale de l'Irlande, 1. II. 46.

Trois grands Duchés en Europe, ibid. 33.

Iean DUCAS exclus de l'Empire pour avoir la barbe fourchée, ou separée en deux, IV. 1. 161.

Duel, combat singulier de personne à personne entre plusieurs Souverains, l. 1. 226. & suiv.

Dueil, les Lyciens ne portoient le dueil qu'en habits de femmes, VII. II. 91.

DUERO fleuve, I. II. 59.

La belle DUGLAS Ecossoise, calomnieusement persecutée, V. II. 152.

DUINE fleuve, I. II. 53. 83.

DUN, sa signification, VI. II. 383.

DURAS, fort fameux de l'Albanie, l. II. 75.

E.

EANUS Divinité, VI. 1. 266.

Eau de la mer. Ceux de Grœnland en boivent, II. II. 477.

EBRO fleuve, I. II. 59.

EBUDES, isles, ib. 42.

ECARLATE qui se faisoit par le moien d'un petit poisson couvert d'ecailles, ib. 118. 119.

Echauguettes des Maures abbatuës en Espagne, VI. I. 254.

ECHO, qu'est-ce? VII. I. 325.

De l'Echo que les Gentils donnèrent pour femme à Pan, ib. 305.

Echo artificiel à Syracuse, III. II. 236.

ECHETS, jeu honnête, mais, trop serieux, & qui fatigue beaucoup l'esprit, I. I. 237. 238.

D'où en est venuë l'invention, ib. 238.

Un Magistrat Chinois perd pour trois ans toutes ses dignités, pour s'être trop adonné au plaisir des Echets, ib. 239.

Eclipses, IV. I. 310.

Des Eclipses de Soleil, IV. II. 276.

Ecpyroses ou embrasemens, VI. II. 361

EDIMBOURG, ville capitale d'Ecosse, I. II. 45.

EDOUARD IV. du nom, Roi d'Angleterre, I. I. 316.

Eglise. Les bons traitemens que l'Eglise & les Papes ont reçûs

es François, IV. II. 390. &
suiv.

es Eglises & Chapelles baies du vol, des concussions des larcins du Donateur, II. I. 266.

Eglises enduites avec du sucre mêlé avec de la chaux, VI. I. 473.

Eglise Anglicane, I. II. 46.

Eglise Gallicane, & ses libertés, dans lesquelles elle s'est toujours maintenuë, I. I. 24. & *suivantes.*

GYPTE, VI. II. 192.

La meilleure partie de l'Egypte étoit autrefois de l'Asie, IV. II. 48.

L'Egypte visitée & fréquentée par les étrangers pour observer ses belles antiquités, VI. I. 57.

De l'Egypte ancienne & moderne, VII. I. 67.

GYPTIENS, V. II. 95.

Premiers inventeurs de la Geometrie, I. I. 171.

Leurs extravagances touchant leurs Dieux tutelaires, VII. I. 120.

Les EGYPTIENS comptoient leurs lieues *per Schoenos*, I. II. 27.

ELAPHE montagne, IV. I. 160.
Les Biches qui y naissoient avoient les oreilles fendues & partagées chacune en deux, *la même.*

ELBE fleuve, I. II. 87.

ELECTIFS ou Eclectifs secte de Philosophes, V. I. 327.

Elegance prise pour la curiosité de se parer, & pour les choses de l'esprit, II. II. 101.

Elemens en general, confondus parfois avec les principes de la Physique, II. I. 5. 6.

Elemens adorés, VI. I. 205. 206.

ELEPHANT il est ennemi du Belier, IV. II. 319.

Il a peur du grognement du Pourceau, & de la vûë du Belier, III. I. 28.

Elephans differens en esprit selon la difference des lieux de leur production, VII. I. 406.

Elephans funambules, II. I. 122.

Elephans blancs, *là même.*

Elephans qui ont deux cœurs, IV. I. 160.

ELIDE. Loüable coûtume de ses habitans pour rendre la justice, VI. I. 199.

ELIE. Ressemblance entre lui & Phaëton, VI. II. 400.

ELIEN Philosophe Romain, VI. I. 70.

ELISEE moqué & injurié, V. II. 141.

Punition de ceux qui l'avoient appellé chauve, II. II. 430.

De lui & de sa prophetie, VII. I. 176.

ELLEBORE, V. I. 296.

L'Ellebore blanc purge le cerveau, II. II. 510.

Elocution, I. II. 208.

De ses vices, I. II. 216.

Le trop grand soin des paroles & l'excessive affectation du

langage, a plûtôt été tenu pour un vice, que pour une perfection, VI. II. 2.

De la belle elocution & du langage du tems, VI. II. 293.

L'Elocution est la moins considerable dans un ouvrage qui regarde la Morale, VII. I. 275.

Eloquence. Du soin que doit prendre de la pureté des termes celui qui prétend à l'Eloquence, II. I. 197. & suivantes. voyez Diction.

On se forme diverses idées; & ce qui plait aux uns pour ce regard, est absolument condanné par les autres, VI. II. 66.

L'Eloquence range de son côté tous ceux mêmes qui lui sont contraires, aussi bien que les amis & les indifférens, VI. II. 285.

On ne doit point s'arrêter à toute sorte de Critiques, ni se contraindre à observer les moindres regularités, VII. II. 131.

Du prix de l'Eloquence, I. II. 234. & suivantes.

ELPISTIQUES, ils mettoient le souverain bien dans l'esperance, VII. I. 3.

EMERAUDE grosse comme un œuf d'Autruche adorée, VI. I. 37.

EMERY pierre, I. II. 43.

EMPEDOCLE, VI. I. 438.

Empire. A l'egard des Empires aussi bien que des hommes, la santé est bien pus souhaitable dans une stature mediocre, qu'une complexion infinie dans un corps de Géant, V. II. 383.

Empire de Mogol, I. II. 127. 128.

Empire du Turc en Afrique, I. II. 140.

EMPIRE du Turc, particulierement en Europe, I. II. 67. & suivantes.

Emploi. Tout homme est obligé à travailler, & a faire quelque emploi: Police rigoureuse des anciens Egyptiens, & de ceux du Perou pour cela, III. I. 355.

EMS fleuve d'Allemagne, I. II. 87.

ENCENS, I. II. 123.

Ne peut être dérobé, VI. I. 322.

L'Encens des Arabes Sabéens leur devient à la longue importun, VI. II. 397.

Superstition observée par les Arabes, voulans s'appliquer à la recolte de l'Encens, VII. I. 327.

De deux enfans jumeaux qui ouvroient toutes les serrures en approchant seulement de la porte le côté de leurs corps, VI. II. 332.

Enfans qui ne crient & ne pleurent qu'en musique au berceau, VII. II. 214.

Ennemis. Souvent nous n'avons point de plus grand adversaire que nous mêmes, III. I. 254.

Si on use de prudence a choix d'un ami, il n'en faut pas moins avoir au sujet d'un ennemi, si ont ne peut éviter d'en avoir, VI. II. 183.

ENNIUS

NIUS Hiftorien Latin en vers, IV. II. 175.
NOTOCETES, III. I. 177.
itendement, III. I. 437.

L'entendement eft un principe interne de nos actions, I. II. 240. 241.

Il fe trouve parfois difposé de la forte, que lors qu'il s'éleve au deffus de la matiere, toutes chofes lui font poffibles, VI. II. 87.

Envie, I. II. 263.

Elle eft d'autant plus à craindre qu'elle eft prefque inévitable, III. I. 372.

Elle n'a pour objet que la fortune & le merite, VI. I. 76.

Envieux & jaloux de la fortune d'autrui femblables au Calamfour, VI. II. 275.

EOLIE, I. II. 117.
EPAMINONDAS, fa mort prédite par un Oracle, VII. I. 181.

Ephemerides, leurs connoiffance n'eft pas neceffaire à un Monarque, I. I. 181.

EPICHARME, V. II. 190.
EPICTETE, fa conftance, & fa liberté ou fon affranchiffement de la partie fuperieure, très admirable, III. I. 214.

EPICURE, Chef & fondateur de la fecte Epicurienne. V. I. 262.

Sa figure gravée dans des anneaux, VI. I. 36.

EPIDAURE voyez Ragoufe.
EPIDAPHNE voyez Antioche.
EPIGLOTTE, & comment fait, II. I. 140.

Tome VII. Part. II.

EPIMANES, voyez Epiphanes.
EPIMENIDE de Crete faux Prophete, ne parloit jamais que des chofes paffées, VII. I. 189.

Epiphoneme dans une Hiftoire, I. II. 216.

Epis de bled, VII. II. 152.

Epitres, fi elles font biamables dans l'Hiftoire, IV. II. 303.

Epitaphes, VII. II. 112.

Epithetes, ils relevent merveilleufement une periode; mais il faut en ufer avec moderation, II. I. 249.

Des Epithetes qui doivent paffer pour très confiderables, VI. I. 164. *fequ.*

Epoque, V. I. 289.

De fon avantage fur les autres fectes, V. II. 197. VII. I. 383.

Les doutes paifibles & refpectueux de l'Epoque font préferables à toutes les affirmations hardies des Dogmatiques, *ibid.* 153.

EPONGE, II. I. 97.

Equateur & Equinoctial, nommé feulement la ligne par les Pilotes, & la plûpart de ceux qui écrivent, I. II. 9.

Equinoxe, là même.

Les *Equivoques* frauduleufes, ou pratiquées à mauvaife fin, font vicieufes & condamnées, III. I. 137.

ERASME recommandable dans la belle literature, VII. I. 226.

ERETRIE ville de Theffalie, III. II. 54.

ERFURT, ville Capitale de Turingue, I. II. 94.

V

Erreur, elle est de l'appanage de nôtre humanité, III. II. 170.

Toute l'*Erudition* des plus habiles hommes n'est qu'une ignorance étudiée, V. II. 230.

ERYTHRE'E Roi, donne le nom à la Mer Rouge, VII. I. 299.

ERZEROM capitale de la grande Armenie, I. II. 120.

ESAU, appellé autrement Edom ou le Roux, estimé par plusieurs le Roi Erithrée, *là même*.

ESCARBOT, VI. II. 205.

L'odeur des roses fait mourir les Escarbots, VI. I. 45.

ESCHINE Orateur & excellent Comedien, II. II. 75.

ECOSSE & l'Angleterre jointes ensemble, Isle la plus grande de l'Europe, sa longueur, sa largeur & sa situation, I. II. 43.

Ecosse en particulier Roiaume, sa description, *ibid*. 44. 45.

ECOSSOIS sauvages, *ibid*. 45.

ESCULAPE fut le premier arracheur de dents, VII. I. 368.

ESCURIAL, VI. I. 471.

EMERAUDE pierre pretieuse, vertu fabuleuse qu'on lui attribuë tombant d'une bague, *ibid*. 26.

ESOPE le Tragique, II. II. 475.

ESPAGNE Roiaume, sa description, I. II. 57.

Sa longueur, sa largeur & son circuit, *là même*.

Divisée en citerieure & ulterieure, puis en Berique, Tarraconnoise, & Lusitanique, *ibid*. 59.

Ses principales rivieres, *la même*. possedée par diverses Nations, *ibid*. 60.

Consideré aujourd'hui en trois Couronnes differentes, *là même*.

Nouvelle Espagne, *ibid*. 162.

ESPAGNOLS, de la contrarieté d'humeurs, qui se trouve entre eux & les François, & d'où procede leur inimitié naturelle, IV. II. 326.

Leur infidelité en la conquête du Perou, VII. I. 22.

D'un Espagnol qui tuoit un Vautour ou Faucon en le regardant fixement & le faisoit tomber, VI. II. 331.

ESPAGNOLE, Isle, I. II. 36. 162.

Esperance, *ib*. 258. VI. I. 222.

Nommée le pain des miserables, III. I. 221.

Pourquoi les bêtes n'ont point d'esperance, VI. I. 222.

Eperons & la façon de les porter, V. II. 181.

EPERVIER, oiseau fort estimé, I. I. 191.

Reconnoissant le plaisir qu'il a reçû, III. I. 41.

Esprits & leur difference, VII. I. 402.

De l'Esprit humain & de sa capacité, IV. II. 322.

De sa foiblesse, III. I. 462.

L'Esprit de l'homme variable & inconstant, II. II. 145.

De l'Esprit humain enflé de quelque opinion de Science; Il n'y a rien de plus superbe, n'y de plus imbecille, & de plus ridicule, VI. II. 333.

ESSENIENS, IV. II. 86.

Ils ne se marioient point ne croyant pas qu'il se trouvât une seule femme fidele à son mari, VI. I. 393.

Essieu du monde, I. II. 5.

Etang merveilleux en Irlande, ib. 47.

Etat de l'Eglise & ses dependances, ib. 66.

Des Etats & de leur accroissement & grande étenduë, VII. II. 156.

La grande étenduë d'un Etat ne le rend pas toûjours plus considerable, IV. I. 256.

ETIENNE III. du nom Pape, est secourû & assisté des François contre les Lombards, IV. II. 391.

De l'Estime, VI. II. 146. & suiv.

ETOILES. De leur nombre, II. I. 41.

De leur grandeur, ib. 39.

Peuples Americains qui se figurent des champs Elisées dans les Etoiles, VII. I. 137.

De l'Etoile de Venus qui conduisit Enée en Italie, ib. 297.

ESTOTILAND païs & Contrée de l'Amerique Septentrionale, I. II. 159.

Etres douteux, II. I. 97.

Eternité du monde selon Aristote, III. I. 406.

Etude. De l'Etude des bonnes lettres. Avis & enseignemens importans pour bien étudier, II. II. 492. & suivantes, voyez Science.

Eternuement, du salut qu'on se donne à ce sujet, Coûtume fort ancienne, VII. I. 330.

ETHIOPIE Roîaume & Empire des Abyssins; son étenduë, du Prince de ce grand Empire, I. II. 143. & suiv.

ETHIOPIENS, VI. I. 29.

ETOLIENS, ils n'avoient qu'un pied couvert aux armées, l'autre demeurant toûjours nud, VI. I. 278.

Etranger. Ce mot ne doit point être confondu avec celui d'ennemi, II. II. 62.

Pour être Etranger, on n'est pas moins à estimer, ib. 67.

L'accès libre des Etrangers, cause de la grandeur de Rome, ib. 64.

Etuves, V. I. 335.

EUBE'E' Isle, I. II. 72.

EUDOXIE, VI. II. 277.

EUMARUS Peintre, fût le premier qui distingua le mâle d'avec la femelle, VI. I. 100.

EUMELUS, sa mort prédite par un Oracle, VII. I. 180.

EUNOMIUS se vantoit de connoître Dieu aussi exactement qu'il se pouvoit connoître lui-même, IV. I. 68.

Eunuques VII. I. 245. sequ.

EUPHONIE, I. II. 223.

EUPHRANOR Peintre, VI. I. 103.

EUPHRATE fleuve de l'Asie, I. II. 106.

EURIPE, qui a sept flux & reflux, I. II. 30. 72.

EUROPE, sa description, sa longueur, & sa largeur, I. II. 31. 32.

Representée sous diverses formes, ibid. 33.

U ij

De ses parties, *ibid.* 40.

Pays qui nous y sont inconnus, *li.* II. 82.

EUROTAS, fleuve, I. II. 71.

EUTROPE, IV. II. 269.

EUTYCHIANUS premier Secretaire d'Etat, *ibid.* 169.

EXARCHAT donné au S. Siege par les Rois de France, *ibid.* 391.

Excuse, elle est toûjours déraisonnable, quand elle n'est pas nécessaire, *ibid.* 73.

Examen de conscience, c'est un souverain moien de se connoître soi-même, VI. I. 517.

Exclamations, I. II. 216.

Exemples ils émeuvent plus puissamment que les mœurs, & rendent le chemin de la vertu bien plus court, que celui par lequel nous conduisent les preceptes, IV. I. 282.

Les exemples qui nous émeuvent davantage que les enseignemens, sont souvent encore plus instructifs qu'eux, II. I. 293.

Exercice corporel, que doit prendre un jeune Monarque, I. I. 192.

Exhalaisons, II. I. 142.

Exorde d'une Oraison, & ce qu'il y faut observer, I. II. 191. & *suiv.*

Experience. Les grandes experiences produisent la prudence & la sagesse, II. II. 285.

Extraction des nobles considerable, *ib.* 402. & *suiv.*

F.

FABIUS PICTOR, le premier des Romains qui commença à faire une histoire en prose Latine, IV. II. 175.

Fable de Iason interpretée, I. I. 334.

Pourquoi nous prenons plaisir aux fables, III. I. 130.

Pourquoi on nous les a rendues si absurdes & si incroiables, *la même.*

FABULINUS, Divinité parmi les anciens Romains, *ib.* 375.

Faim, c'est le meilleur apprêt des viandes, & elle ne nous en présente que d'agréables, II. II. 477.

FAMAGOUSTE, ville, I. II. 125. VI. II. 383.

Famille. La negligence à prendre les soins nécessaires à l'égard de sa conduite, donne beaucoup de peine, I. II. 295.

Familles entieres d'une même conformation, III. I. 179.

C. FANNIUS Historien Latin, IV. II. 175.

FASSO, ville, I. II. 120.

Fatalité, VII. II. 68.

FATUA, Deesse, V. II. 205.

Fatum, diverses interpretations de ce mot, VI. I. 440. VII. I. 85. *Voyez* Destin.

FAUCONNERIE, son ancien usage, I. I. 191.

FAUCONS blancs, I. II. 49.

DES MATIERES.

Favoris, III. I. 233. & *suiv*.

Il faut avoir égard aux merites de leurs personnes, & aux services qu'ils ont rendus à l'Etat, I. I. 44.

Favori de l'Imperatrice Sabine, IV. II. 255.

Felicité, elle est ennemie du bon esprit, I. II. 263.

De la felicité parfaite, & du souverain bien, III. I. 447.

De la felicité de ce monde, II. II. 157.

Souvent ce qui semble menacer de ruine, est le principe de nôtre felicité, III. I. 344. 345.

Nôtre plus grande felicité ne dépend pas d'obtenir ce que nous desirons, mais de ne desirer jamais trop fortement ce que nous n'avons pas, VI. I. 52.

Femmes, qui étant souveraines ont paru comme telles à la tête de leurs bataillons, I. I. 117.

Femmes qui se jettent à l'envi dans la fosse ou dans le bucher de leurs defunts maris pour y être inhumées avec eux, IV. II. 6. 7.

Des hommes qui se prétoient leurs femmes l'un à l'autre, *ibid*. 101.

Si les vieilles peuvent avoir de l'amour dans la bienseance, II. II. 290. & *suiv*.

Des Femmes blanches, III. I. 113.

Observations curieuses touchant les femmes & les femelles, *ib*. 325.

La femme est ennemie du repos d'un homme, VI. I. 402.

Les femmes ne doivent pas être traitées par leurs maris avec sévices & barbarie, VI. II. 319.

Femmes qui se prostituoient par devotion dans le temple de Venus, *ib*. 367.

Païs où les femmes seules cultivent la terre tandis que leurs maris prennent leur plaisir, & se donnent du bon tems, *ib*. 154.

Femmes qui ont beaucoup d'amour pour les chatrés, *ib*. 249. 250.

Du tems de Seneque les femmes avoient entrepris sur le métier des hommes, VII. I. 273.

La meilleure & la plus douce partie de nôtre vie se passe auprès de ce beau sexe, *ib*. 390.

Femme qui avoit enseveli vingt deux maris, & un homme qui avoit survécu à vint & une femme, III. II. 17.

Isle de *FER* en Afrique, I. II. 156.

FER, de sa production, II. I. 94.

FERDINAND I. & sa promotion à l'Empire, IV. I. 364.

Son regne illustre par quatre grandes victoires, *ib*. 377.

FERDINAND Roi d'Arragon, I. I. 317.

FERDINAND Prince Portugais ne mentit jamais, III. I. 164.

FERDINAND Gonsalve grand Usurier, VI. I. 251.

FERDINAND Magellan découvre la terre australe, ou terre inconnuë, I. II. 38.

FERRARE Duché, *ib*. 66.

U iij

Festin, la bonne chere rend la personne de meilleure humeur, II. II. 447.

Chilon ne voulut jamais aller au festin de Periandre qu'il n'eût sçû le nom de tous les conviés, VI. II. 201.

Les festins des Perses commencent par les fruits, & par les confitures, & il n'y a point de couteaux à la table, *ibid.* 363.

FEU, III. I. 451.

Poissons qui ont l'usage du feu, & l'industrie d'en faire, *ib.* 152.

Il n'a besoin d'aucun étranger aliment pour sa conversation, II. I. 47.

Adoré de plusieurs peuples, VI. I. 206.

L'inventeur du feu, II. I. 50.

Feu Grec, *la même.*

Feux saint Elme, *ibid.* 73.

Feuilles cheminantes, *ibid.* 97.

FEVES roges. L'usage d'en manger est prohibé parmi les Indiens, VI. II. 349.

Le *FEVRE* de la ville de Rouen parloit en dormant, & répondoit étant endormi en toutes langues où l'on l'interrogeoit quoi qu'il ne les sçût pas, *ibid.* 72. *suivantes.*

FEZ, ville & Roiaume, I. II. 142.

On n'y mange point de roti, II. II. 474. & *suiv.*

Pourquoi ainsi nommée, VI. II. 382.

Fidelité. Puissant moien de s'assurer de la fidelité de ceux à qui on commet un secret, II. II. 114.

De la confiance que l'on doit prendre en un ami. *voyez* Confiance.

De la fidelité des Romains par dessus tous les peuples de la terre, VII. I. 15.

La foi soigneusement gardée en des choses de peu d'importance, est un moien de tromper en des choses de plus grande, *ibid.* 16.

Fiel, symbole de nôtre naissance, II. II. 376.

Fievre de S. Vallier, III. I. 23.

Les fievres chaudes font parler des langages inconnus, VI. II. 84.

FIGUIER, II. I. 104.

Figuier sauvage. Une branche de cet arbre arrête tout court un Taureau furieux, I. I. 364.

Le figuier est le seul de tous les arbres qui ne fleurit point, III. II. 68.

Figures de Rhetorique, I. II. 209.

Des figures de la diction, *ib.* 210.

Preceptes & enseignemens, *ib.* 211. 212.

Des figures de la pensée, *ib.* 213.

Des figures en une oraison, VI. II. 293.

Tout discours excessif en figures est blâmable, VII. I. 278.

Il n'y a point de figure d'oraison absolument à rejetter, *ibid.* 79. 280.

Filer. Hommes qui filoient dans leurs maisons tandis que les femmes faisoient les affaires de dehors, VI. II. 154.

Filles Penitentes, Monastere établi par l'Empereur Iustinien pour les retirer, VI. II. 151.

Une fille agée de quatre ans

veluë par tout le corps, & barbuë comme un homme, III. l. 176.

Les filles de la Chine n'ont point du tout de nom, et ne sont point designées que par l'ordre de leur naissance, VI. l. 304.

Les plus dissoluës sont les plûtôt mariées au Perou. VI. II. 371. 372.

Fils qui épouse sa mere, I. I. 60.

Fin. Du but & de la fin qu'un chacun se doit proposer dans le cours de la vie, V. II. 164.

FINAL, I. II. 64.

Finances, de quelle consequence elles sont au regard tant des particuliers que du general des Etats & des Monarchies, I. I. 66.

Mises au rang des choses sacrées, *ibid.* 67.

Moiens violens & tyranniques dont se servent plusieurs Monarques pour amasser des finances, *ibid.* 67. *& suivantes.*

Belles paroles des Philippes II. Roi d'Espagne, *ibid.* 80. 81.

Comme la dissipation des finances est indubitablement celle d'un Roiaume, leur trop grande reserve ne lui fait pas moins de mal, *ibid.* 82.

Des grands desordres qui se trouvens dans l'Etat des finances, III. I. 271. *& suivantes.*

Des finances d'un Etat & de leur maniment, VII. II. 250.

Finesse & astuce dont on doit se donner de garde, VI. II. 276.

FINLANDIE, I. II. 53.

FINMARCHIE, *ibid.* 51.

Finmarchie Meridionale, *ibid.* 48.

FLACCIE *voyez* VALACHIE.

Flageolet, qui l'inventa, V. II. 116.

Flatterie & flatteurs, VI. I. 350.

Les plus glorieux Monarques ont haï & detesté les flatteurs, III. I. 236.

Flatteries étranges & ridicules, *ibid.* 225. *& suivantes.*

Moderation admirable de Pescennius Niger, *ibid.* 260. *voyez* Loüange.

C'est être trop austere de refuser absolument toute sorte de loüange, VI. I. 350.

Il faut se garder soigneusement des flatteurs, *ibid.* 351.

C'est une injustice & une incivilité de rejetter la loüange que merite la vertu, *ibid.* 352.

Il n'y a rien d'impertinent & de ridicule à l'égal d'un flatteur, VI. II. 150.

Fleuve Sabatique, II. I. 54.

Fleuves, II. II. 67.

FLORENCE, ville & Republique, I. II. 66.

FLORIDE, *ibid.* 161.

FLORUS Historien Latin, qui a fait l'Abregé de l'Histoire Romaine en quatre Livres, IV. II. 247.

De la liberté qu'il prit d'écrire à l'Empereur Hadrien, & la reponse qui lui fut faite, *ibid.* 248.

Si c'est le même Florus qui a fait les argumens sur tous les livres de Tite Live, *ibid.* 249. *seqn.*

IULIUS FLORUS, autre & plus ancien que l'historiographe remarqué par Seneque, *ibid.* 252.

Flûte, V. ll. 97.

Qui l'inventa, V. ll. 116.

Fluteurs de Grece, de leur vice, VII. ll. 212.

Flus & reflus de la Mer, & comme il se fait, II. 1. 83. VI. ll. 93. 361.

Foi. Avant la venuë du Messie, on se pouvoit sauver avec la Foi implicité, obscure & envelopée, V. ll. 24. 25. *voyez* Payens, & la vertu des Payens.

Depuis la venuë du Messie, on ne se peut sauver, qu'avec la Foi explicite de Iesus-Christ, *ibid.* 78.

La Foi & Religion Chrétienne n'a pas été publiée par tout le monde, dès les premiers tems du Christianisme, *ibid.* 79. *& suivantes.*

Si aux lieux où la Foi n'a jamais été publiée, on se peut sauver en vivant bien moralement avec la Foi implicite obscure & envelopée, *ibid.* 88. *& suivantes.*

De la Foi explicite & implicite, *ibid.* 90.

De la Foi & parole donnée. Les Princes doivent être religieux observateurs de leurs paroles, IV. l. 344.

La Foi donnée doit être inviolablement gardée, III. 1. 141. *& suiv.*

Folie, V. ll. 205.

Un Empereur disoit, qu'il n'y avoit point d'hommes qui ne fussent fous, pour le moins sept ans de suite, *ib.* 177.

Folie d'autrui canonisée, *là même & suiv.*

La Folie & l'ignorance sont maladies de l'ame, VI. l. 18.

Le nombre des Fous est beaucoup plus grand que celui des sages, *ib.* 19.

Fontaines miraculeuses, IV. ll. 230.

Fontaines qui éteignent & qui allument les flambeaux, II. l. 53.

Fontaines remarquables pour leurs vertus & proprietés merveilleuses, *ib.* 61.

Fontaines d'Ammon très chaudes la nuit, & très froides le jour, VI. l. 407.

Fontaine en Sicile qui s'émût au son des flutes, *ib.* 399.

FONTAINEBLEAU, l'air n'y a rien de mal faisant, VII. l. 34.

FONTARABIE, I. ll. 58.

Force, celle de l'esprit appellée Grandeur de courage, *ib.* 275.

Qu'est-ce que la Force? *ibid.* 276.

Son objet formel, *ib.* 277.

Appellée la vertu d'un siécle de fer, VII. ll. 8.

Forêts adorées par les Payens, II. ll. 295.

Forme, II. 1. 9. *& suiv.*

Formido, III. 1. 22.

FORMOSE Isle, tout le Clergé y est feminin, VII. ll. 258.

Il n'y a ni fêtes ni jour de Sabath, *là même.*

Aujourd'hui occupée par les Hollandois, *là même.*

Le *FORT* saint Etienne place de la Colchide, IV. ll. 167.

FORTUNAL, orage inopiné, VI. ll. 164.

FORTUNE, elle prive ordinairement ses favoris de jugement & de sagesse, ll. ll. 352. Fortune primigenie Divinité parmi les Romains, *ibid.* 417.

La Fortune ne favorise jamais les desseins formés des hommes sages, V. ll. 164.

Il n'y a point de tems de la vie qui nous doive être plus suspect que celui, où toutes choses nous rient, VI. ll. 118. *seqn.*

C'est une mauvaise excuse de rejetter la faute des mauvaises actions sur la Fortune, VII. ll. 72.

C'étoit une Divinité dans le Paganisme, *ibid.* 73.

Remarques curieuses sur le sujet de la Fortune, *là même & 74.*

Chacun est artisan de sa propre Fortune, *là même.*

De la bonne Fortune, *voyez* Prospérité.

Fougere, IV. ll. 318.

FOURMIS, l. ll. 302. lll. l. 104.

La fourmi doit servir de miroir au paresseux, ll. l. 122.

Adonné aux larcins & brigandages, *là même.*

Elles s'enterrent les unes les autres, VI. l. 217.

Fous, ils demandent compagnie, ll. ll. 236.

Un Fou croit que tout le monde lui ressemble, ll. l. 345.

FRACASTOR Medecin, ll. ll. 215.

FRANCE, & sa situation avantageuse entre l'Ocean & la Mediterannée, l. ll. 97. 98. *& suivantes.*

Sa situation, sa longueur, sa largeur, & sa description, *ib.* 95. *& suivantes.*

Ses principales rivieres, ses Archevêchez & Evêchez, ses Parlemens, *ibid.* 98. 99.

Divisée en douze Gouvernemens, les dependances de chaque Gouvernement, *ibid.* 99. *& suivantes.*

Son accroissement sous le feu Roi Loüis XIII. d'heureuse memoire, *ibid.* 103.

Ce qu'elle possede dans l'Amerique, *ibid.* 104. 160.

De la France Americaine & de la diversité des actions, des sentimens & des jugemens, qui se trouve entre les peuples & ceux de la nôtre Européenne, VII. ll. 201. *& suivantes.*

Les *FRANÇOIS* ont toûjours temoigné par de belles actions une vraie & essentielle devotion; & leurs Rois se sont toûjours montrés vrais fils ainés de l'Eglise, IV. ll. 358. *& suivantes.*

Antipathie & contrarieté d'humeurs des François & des Espagnols, en ce qui regarde le spirituel aussi bien que le temporel, *ibid.* 325. *& suiv.*

FRANCOIS I. defia Charles-Quint en duel, l. l. 227.

De sa prison, IV. l. 320.

Franc-Arbitre, l. ll. 240.

U v

FRANCONIE, ibid. 90.

FRANCFORT, sur le Main, ibid. 85. 90.

FRENE, c'est l'ornement des Forêts, VII. II. 17. 18.

Son ombre fait mourir toute forte de Serpens, ibid. 18.

Friandise, elle est préjudiciable, II. II. 476.

FRIOUL, I. II. 66.

FRISLAND Isle, ibid. 159.

Froid. Froids excessifs qui se font fait sentir en des lieux, où l'on ne croiroit jamais qu'ils dussent être si violens, VI. I. 185.

Païs & contrées extremement froids, ibid. 188.

Frugalité, ibid, 244. & suivantes.

La Frugalité au boire & au manger cause d'un long âge & d'une bonne santé, II. II. 459.

Fruits, Ceux du Printems sont de peu de durée, VII. I. 409.

Fueilles d'arbres, qui marchent étant tombées & touchées, VI. I. 454.

Funerailles des anciens Payens, IV. II. 125. & suivantes.

Coûtume particuliere des certains peuples voisins du Golfe Persique, II. I. 46.

Funerailles magnifiques faites à divers animaux, VII. II. 112. 113.

Fuite, I. II. 253.

G.

GAITANA ou Sedavilla herbe merveilleuse, VI. I. 452.

GALATIE, I. II. 116.

GALINAIRE, petite île, ib. 64.

GALEAS Duc de Milan, ib. 12.

GALILE'E, ibid. 119.

GAMAHES, pierre precieuse, VI. I. 27.

GAND, ville principale de la Flandre, I. II. 92. VI. II. 386.

GANGE fleuve, I. II. 106.

GARCIAS V. Roi de Navarre, surnommé le Trembleur, III. I. 27. & 28.

La GARDIE noble famille de Suede, II. II. 64.

GARIGLIAN, fleuve, I. II. 63.

GARNSAY Isle, ib. 43.

GARONNE, riviere de France, I. II. 98.

GASCOGNE, ib. 101.

GASSENDI, l'Etat malheureux auquel il étoit reduit lors de sa mort, VII. I. 45.

De son équanimité par tout, ib. 48.

GATTO MAMMONA, animal ressemblent à l'homme, III. I. 173.

GAULE Cisalpine, I. II. 96.

GAULOIS, leur creance touchant les ames après le trepas, III. I. 425.

Braves Cavaliers, VI. I. 372.

Curieux de nouveautés, ibid. 294.

Ils ont un instinct naturel à voyager, *ib*. 60.

Etymologie de leur nom, *là même*.

Géans. Seneque en parle comme de chose imaginaire, III. 1. 94.

Géant pris pour un homme superbe & impie, *ib*. 95.

Il y a de véritable Géants, au rapport de l'Ecriture Sainte, *ibid*. 96.

Les anciens représentoient leurs Dieux & leurs Heros plus grands sans comparaison que nous ne sommes, *ib*. 96. 97.

GEBER Grec & Chrétien renié, est celui qui a mis la Chymie en vogue parmi les Arabes, I. I. 344.

GEDEON avec trois cens hommes, défait une armée innombrable d'ennemis, VI. 1. 270.

Gemeaux. D'où vient cette grande ressemblance qui se trouve entre deux freres Gemeaux sujets à de pareils accidens de maladie, I. 1. 301. *seqn*.

Le frere & la sœur naissent séparés d'une membrane, qui ne se trouve point entre deux garçons, ni entre deux filles, VI. 1. 194.

Genealogie ridicule de Charles-Quint, IV. II. 301. & du Duc de Lerme, *ib*. 304.

General d'armée. Combien sa présence est nécessaire dans une armée, I. 1. 122.

S'il doit exposer sa personne dans les hazards, en toutes les occasions qui se présentent, *là même & seqn*.

Generation naturelle, qu'est-ce, II. 1. 10. 11.

GENES Ville & Republique, & ses dépendances, 1. II. 64.

GENEST, I. l. 362.

Genies Présidans au lieu des Oracles, VII. I. 165. *& suiv*.

Gennesii Sepulvedæ Petro Serrano Doctori Theologo epistola, V. II. 45.

Gentils, ils reçurent l'Evangile aux Enfers lors que Jesus-Christ y descendit, ou bien par la prédication des Apôtres, *ib*. 34.

Geographie, qu'est-ce, sa division en plusieurs parties, 1. II. 3.

Differente de la Cosmographie, *ib*. 4.

Il est nécessaire qu'un Souverain en ait la connoissance, 1. 1. 182.

La lecture en est instructive & la plus digne de l'homme, VI. II. 354.

Geometrie, & de ses Auteurs & premiers Inventeurs, 1. 1. 174. *& suiv*.

Cette Science ne convient pas à un Prince Souverain qui ne doit pas beaucoup s'y arrêter, *ib*. 175.

Elle ne subtilise pas toute sorte d'esprits, *là même*.

Ceux qui excellent en cette profession sont beaucoup à estimer, *ib*. 176.

Elle est nécessaire pour l'intelligence de la Philosophie de Platon, II. II. 12.

De ses figures. Les anciens Philosophes s'en sont servis aussi bien que de l'Arithmetique, & de ses nombres, VI. I. 398.

De l'étude que l'on en doit faire, VII. II. 230.

GEORGI peuple de l'ancienne Ibérie, & de leur denomination, VI. II. 364.

GERMANICUS curieux de voiager, & de connoître le monde, VI. I. 57.

GESTE, I. II. 228.

GIESSEN ville de Hesse, ibid. 94.

Gladiateurs, VI. II. 251.

Jacques DUGLAS Ecossois, II. II. 62.

GLAND. La nourriture du Gland rend l'esprit grossier, VII. II. 46.

Du Globe de la Terre, reduit en Table ou Mappemonde, I. II. 4.

De ses cercles, voyez Cercles.

De la Gloire de ce monde, II. II. 186.

GNOSTIQUES, V. I. 91.

Ils se ventoient que leur intelligence égaloit celle de Dieu, dans la pénétration de toutes les causes premieres & naturelles, V. II. 372.

GOA place considerable de l'Inde orientale, I. II. 132.

GOAGA roiaume, I. II. 147.

Golphes de la Mer, de leurs parties à droite & à gauche, I. II. 7. 29.

Golphe de Caliphornie, ib. 30.

Golphe de Mexique, la même.

GONZAGUE, I. II. 65.

GORGIAS Leontin, IV. I. 122.

GORGONES, VI. II. 126.

Iean de GORRIS Medecin de grande estime, III. I. 24.

Goût, il agit en touchant & sans milieu, II. I. 146. VI. II. 393.

Il ne se peut perdre absolument, sans perdre la vie, la même.

Pourquoi les choses douces se sentent moins chaudes que froides au Gout, ibid. 149.

Du Gout parmi les peuples de la nouvelle France, VII. II. 202.

La Goutte ou rosée en Egypte ne vient qu'environ le Solstice d'été, VII. I. 204.

Gouttes maladies, I. I. 375.

Gouverneurs & Précepteurs des Princes. Le choix n'en peut être fait avec trop de consideration, ibid. 10. 11. seqq.

Trois formes principales de Souverainetés, ou trois façons differentes de gouverner les Etats, I. II. 301.

Ces trois sortes de gouvernement se reconnoissent parmi les animaux, ibid. 302.

Maximes generales propres aux trois formes de gouvernement, ibid. 304.

Du gouvernement politique, VII. II. 150. & suiv.

Grammaire Latine. Comment & ce que l'on en doit instruire un jeune Monarque, I. I. 163.

Des scrupules de Grammaire, VII. II. 130. & suivantes.

GRAMPIUS montagne, I. II. 45.

Grands qui abusent de l'auto-

rité qu'ils tiennent du Souverain, VII. II. 156.
GRATIAN Empereur, III. I. 38.
Gratitude ou reconnoissance des bienfaits pratiquée par les animaux mêmes, ibid. 40. & suivantes.
Fable ingenieuse du pigeon & de la fourmi, ibid. 41. 42.
Les Pheniciens & les Egyptiens rendoient des honneurs divins à ceux dont ils avoient reçû quelque notable assistance, ibid. 79. voyez Bienfait.
GRATZ ville, I. II. 91.
Du Grec & du François, du grand raport qu'il y a entr'eux voyez Langue.
Il est appellé Langue morte, II. II. 13.
GRECS, VI. I. 305. seqq.
Se servoient de pendans d'oreilles, ibid. 30.
Etoient grands voiageurs, ibid. 58. 59.
Leur extravagance touchant leurs fausses divinités, VII. I. 120.
GRECE & son étenduë, I. II. 69. 70.
Aujourd'hui sous la domination du Grand-Seigneur, ibid. 70.
Ses rivieres & ses montagnes, ibid. 71.
La grande Grece, ibid. 70.
GRENADE Roiaume & Capitale, I. II. 58.
GRENADIERS, VI. I. 456.
GRENOBLE capitale du Dauphiné, I. II. 102.

GRENOUILLES de Ferrare VI. II. 315.
Les Grenoüilles chantent agréablement pour quelques-uns, VII. I. 133.
GRELE, & comme elle se forme, II. I. 76.
GRISONS, ils sont alliés de la France dès le tems de Loüis XII, IV. II. 422.
GROENLAND Isle, I. II. 49. VI. I. 539.
GRUES, I. II. 302.
GUADIANA fleuve d'Espagne, I. II. 59.
GUALDALQUIBIR fleuve d'Espagne, ibid. 59.
Guardafuay, ibid. 35.
GUELDRES ville & Duché, ib. 91. 92.
GUELPHES & Gibelins. Animosités étranges qu'ils pratiquoient les uns contre les autres, VII. I. 114.
Guerre, III. II. 102.
Il y a des Guerres aussi utiles parfois, qu'on en voit d'autres qui sont la ruine, & la desolation des Provinces, I. I. 83.
Ordinairement les vaillans hommes sont les derniers à conseiller la guerre, ibid. 197.
Sans les armes toutes les disciplines & sciences ne se sauroient maintenir, ibid. 84. 85.
Les armes sont les principales colonnes de l'Etat, ibid. 86.
Nos Princes doivent être curieux de leur milice, s'ils veulent joüir d'un solide repos, ibid. 85. 86.

Les Chretiens étant toûjours aux termes d'une juste crainte, à l'égard des Turcs, peuvent les attaquer quand bon leur semblera, *ibid.* 95.

Les sujets sont obligés absolument de suivre leur Roi à la guerre, *ibid.* 96.

Les grands Monarques n'ont pas même agréé les victoires qui dependoient d'un mauvais principe, *la même & 97.*

L'art de faire camper les armées, de les ranger en bataille, & de les faire combattre est tout à fait royal; les Princes & les Souverains ne le doivent point ignorer, 98. *& suivantes.*

Il y a beaucoup de choses qui concernent la soldatesque, dont un Roi doit être informé; comme il y en a d'autres sur le même sujet, qui ont été autrefois de quelque consideration, & qui paroissent aujourd'hui assés inutiles, *ibid.* 100.

La gloire d'un soldat est bien plus dans l'obeissance que dans la victoire, *ibid.* 101.

Victorieux punis pour avoir combatu contres les ordres, *là même.*

La licence insolente du soldat doit sur toute chose être reprimée, *là même & suivantes.*

Les Rois doivent avoir le soin de recompenser la valeur du soldat, *ibid.* 103.

S'il est permis à un soldat d'user de luxe en ses habits & en ses armes, *ibid.* 104.

Des Volontaires dans les armées, *ibid.* 105.

Des soldats supposés, nommés Passevolans, c'est la plus certaine ruine de toutes les armées où l'on en souffre l'abus, *ibid.* 107.

Un Monarque doit conduire ses soldats avec toute sorte de prévoiance, *là même & 108.*

Du bon conseil, & de la prévoiance d'un Roi guerrier, *là même.*

S'il est plus avantageux d'attendre l'ennemi ou de l'aller trouver, *ibid.* 109.

Il ne faut jamais qu'un Monarque, quelque puissant qu'il soit, entreprenne deux guerres à la fois, *ibid.* 110.

Il ne faut jamais continuer la guerre contre de mêmes ennemis quand, on croit avoir de l'avantage sur eux dans l'exercice des armes, *ibid.* 111.

C'est une faute de grande importance à un Prince, quand par avarice ou autrement il manque à faire tout ce qui est en son pouvoir pour obtenir l'avantage sur les ennemis, *là même* 112.

Encore que rien ne puisse rendre plus illustres les armes d'un Prince, que la clemence, il y a des lieux pourtant où il faut qu'il use de grande severité, quand la punition de quelques-uns doit servir d'exemple à plusieurs autres, *ib.* 112. 113.

Il n'y a rien dont l'entreprise demande une plus mûre deliberation, que celle d'une guerre, *ibid.* 86.

Ceux qui se sont engagés à la guerre mal à propos, & souvent pour des caufes de peu de confideration, ont quafi toûjours fujet de fe repentir, *ibid.* 87.

On ne doit jamais prendre la voie des armes, fans avoir examiné les confequences & fans être affuré de la faveur du Ciel par la juftice de leur caufe, *ibid.* 88.

Principes qui peuvent donner beaucoup de lumieres pour connoître fi une expedition militaire eft legitime ou non, *ib.* 89.

Il y a même des guerres juftes qui font fouvent à deteſter, *là même.*

Celles qui fe font par pure néceffité, déchargent de tout blâme ceux qui les entreprennent, *ib.* 90.

Entre les néceffités qui nous peuvent obliger à prendre les armes, celle de nous defendre contre la violence qui nous eft fait, a toûjours été jugée la plus legitime, *ib.* 91.

Il fe trouve parfois bien de la difficulté à reconnoître les guerres qui font véritablement defenfives, *là même.*

Il ne faut pas toûjours juger de l'aggreffion par les premiers actes d'hoftilité qui ont paru à decouvert, *ib.* 94.

Une jufte crainte de quelque puiffance qui nous menace d'oppreffion, peut rendre legitime la prife des armes pour s'y oppoſer, *là même.*

L'accroiffement des Rois voifins eft un fujet fuffifant pour leur faire la guerre, *là même.*

Toute forte d'apprehenfion n'eft pas capable de rendre une guerre legitime, *ib.* 95.

Une guerre étrangere eft néceffaire pour purger les mauvaifes humeurs d'un Etat, *ib.* 83.

Guerre fociale des Grecs pour vanger une injure, II. II. 430.

Les Confeils de Guerre font pleins de diverfes conteftations, V. II. 189.

Si en tems de guerre, on peut prendre quelque divertiffement & recréation, *ib.* 8.

La guerre & l'injuftice font infeparables, VI. I. 278.

La guerre caufe la calamité des peuples & la defolation des Provinces, VII. II. 8.

La force & la violence l'emportent prefque toûjours fur la raifon, *ib.* 9.

Les villes & les Monarchies plus portées à la guerre font peries, & ne fubfiftent plus, *ibid.* 9.

La fin de la guerre doit être la paix, *ib.* 10.

Pourquoi la cinquiéme Legion Romaine portoit devant elle la figure d'une Truye, *là même.*

GUIANA Province de l'Amerique Meridionale, I. II. 165.

GUYENNE, *ib.* 101.

GUINÉE, fon étenduë. Divifée en Septentrionale & Meridionale, compoſée de plufieurs Roiaumes, *ib.* 146.

Les Gentils de la Guinée ne vouloient pas tenir de la main de Dieu ce qu'ils poffedoient de biens, VII. I. 123.

Les hommes y portent leurs cheveux rangés en diverses façons, *ib.* 335.

GUIRIOTS, Vl. 1. 213.

GURGISTAN, Vl. ll. 364.

GUSTAVE ADOLPHE Roi de Suede, grand & genereux guerrier, 1. l. 121. 1. ll. 51. Sa defense contre ceux qui interpretent si mal tout ce qu'il a fait de genereux & magnifique, condamnant de temerité le passage du Lek, l'attaque de l'Ingolstad, avec le reste de ses plus glorieuses entreprises, sans pardonner à sa fin, la plus belle piece de sa vie, 1. l. 134.

Sa mort glorieuse en la bataille de Lutzen, donna occasion à toute la maison d'Autriche, d'en faire par tout des feux de joie, quoique les Suedois fussent demeurés victorieux, IV. 1. 401. *& suiv.*

La mort de ce Roi ne causa point de confusion dans ses conquêtes, comme fit celle d'Alexandre le Grand dans les siennes, *ib.* 403. *& suiv.*

GUY, il est le seul dans la nature qui devient plus beau en pourissant, IV. 1. 57.

GUZZERATES Peuple, VI. 1. 33.

GYGES Roi de Lydie, fut le premier qui s'avisa de faire chatrer des femmes, Vll. 1. 256.

GYMNOSOPHISTES, ennemis du repos & de l'oisiveté, II. ll. 159.

H

Habits. Les jugemens que l'on fait des hommes, selon qu'ils sont bien ou mal vétus fort incertains, II. II. 92. *& suiv.*

De l'*Habitation* des Villes, VI. II. 185. *& suiv.*

Habitude. Il importe à la Ieunesse de prendre un bon pli pour le surplus de leur vie, *ib.* 280.

Les premieres habitudes bonnes ou mauvaises, peuvent nous donner beaucoup de reputation, & souvent elles nous l'ôtent, *là même.*

Des Habitudes vertueuses, VII. II. 23. *& suiv.*

HÆMUS montagne. 1. ll. 73.

HADRIEN Empereur sa passion indiscrete pour son cheval de chasse, VI. 1. 364.

Haine, 1. ll. 250.

Moien de tirer profit de ses ennemis, *ibid.*

Etranges animosités, VI. ll. 309. *& suivantes.*

Haine & discorde fraternelle étrange. VII. 1. 300.

HALICARNASSE, ville. IV. ll. 60.

HAMAXOVIES, 1. ll. 109. *voyez* Tartarie deserte.

HANNIBAL grand & genereux guerrier, 1. 1. 130. *& suiv.*

HANNON, grand & hardi Capitaine Carthaginois, III. 1. 18. 19.

Harangues

DES MATIERES.

Harangues & Oraisons dans une histoire, IV. ll. 66. 67.

Hardiesse, I. ll. 257.

Pierres qui donnent de la hardiesse, III. l. 16. 17. & *suiv.*

Harmonie, VII. ll. 211. & *suiv.*

HARPAGUS, III. l. 232.

HARPE qui l'inventa, V. ll. 116.

HARUSPICES & de leurs prédictions, ou observations, I. l. 323.

Leur adresse à tromper, VII. l. 187.

Thomas HASELBACH Bavarois, & Professeur en Theologie, blâmé pour sa trop grande lenteur, VII. l. 134.

Haves, VI. l. 310.

HAYE bourg considerable de la Hollande, I. ll. 92.

HEBE' Déesse qui présidoit à la jeunesse, III. l. 11.

HEBRE, fleuve de la Thrace, I. ll. 73.

HEBRIDES Isles, *ib*. 42.

HECLA montagne qui jette des feux continuels, *ib*. 49.

HEGESIE, Philosophe Cyrenaïque, V. ll. 218.

HEGIE, II ll. 65.

HEIDELBERG ville capitale du Palatinat, I. ll. 90.

HELENE ce qui la faisoit pleurer à son miroir, VII. l. 271.

Sainte HELENE, Isle de l'Afrique, I. ll. 154.

HELÆOGABALE, III. l. 116.

HELICON montagne, I. ll. 71.

HELIOGABALE prenoit plaisir d'abymer dans le port des navires chargés de beaucoup de biens & de richesses, I. l. 79.

HENOCHIE, la premiere ville du monde, VI. ll. 375.

HENRY III. Roi de France, averti de se donner de garde d'une tête rase, I. l. 271.

Acte de cruauté, *ib*. 45.

HENRY III. du nom Roi de Castille contraint de mettre son manteau en gage pour avoir dequoi dîner, I. ll. 296. I. l. 37.

HENRY IV. surnommé le Grand, nourri & élevé dans la vie champêtre en ses premieres années, I. l. 188.

Traduit en françois les Commentaires de César, IV. ll. 201.

HENRY VII. appellé le Salomon d'Angleterre, I. l. 71.

HENRY VII. Empereur empoisonné avec une Hostie consacrée, VI. l. 480.

HENRY Grats devient tout gris d'apprehension, III. l. 24.

HERACLITE, de ses pleurs continuelles, V. l. 198.

Ioüoit aux osselets avec des enfans, I. l. 242.

HERACLIUS Empereur, I. l. 315.

Se bat en duel contre Cosroës Roi de Perse, *ib*. 227.

HERBE honteuse ou vergogneuse, VI. l. 451.

Herbe pudique, *là même*.

Herbe d'amour, *là même*.

HERCULE, III. l. 11.

Hercule de l'Histoire profane, VI. l. 62.

Les anciens ont adoré quarante trois Divinités de ce même nom, VII. I. 299.

Hercule l'Egyptien, & son grand rapport à Iosue par ses victoires & ses grandes actions, *la même*.

Heresie, & de son extirpation. Du ferment que font nos Rois à leur Sacre pour l'extirpation des Héresies, I. I. 30.

HERODE le Sophiste en grande estime parmi les Atheniens, VI. II. 304. 305.

HERODIEN, Historien Grec. De son histoire, & de son stile & genre d'Oraison, IV. II. 123. *& suiv.*

Diverses observations sur son Histoire, *ib.* 125. *& suiv.*

De quelques autres œuvres qu'il a faites, *ib.* 134.

HERODOTE, Historien Grec, reconnu pour le pere de l'histoire, IV. II. 1.

Accusé d'être trop amateur de la fable, & d'avoir fait une histoire trop poëtique, *ib.* 4.

Sa defense, *ib.* 4. *& suiv.*

Du HERON, IV. I. 117.

HEROPHILE, Sybile, qui prédit l'embrasement d'Ilium, VII. I. 160. *voyez* Pythie.

HESPERIDES, Isles de l'Afrique, I. II. 155. *& suiv.*

HEXAMILE, muraille, *ib.* 71.

HIBOU, quoique tenu par plusieurs pour être de mauvais présage, étoit de bon augure parmi les Atheniens, I. I. 376.

En singuliere veneration parmi les Tartares, II. I. 111.

HIBRAIM tué en dormant, III. I. 142.

HIERON Tyran de Sicile, II. II. 210.

HIERUSALEM, I. II. 119.

HIMANTOPODES, III. I. 177.

HIPERNOTIES, II. II. 81.

HIPPOCRATE honoré comme un Dieu, *ibid.* 201.

HIPPOCLIDES *voyez* Polistrate.

HIPPODAMUS, II. II. 99.

Hippomanie, VII. II. 65.

HIPPONE fausse Divinité, *ibid.* 66.

HIPPOPODES, III. I. 177.

HIPPOPOTAMES, chevaux marins apprivoisés, VI. I. 373.

HIRONDELLE, II. I. 111.

Hirondelle blanche, *ibid.* 113.

Histoire. Beaucoup de choses sont rapportées par les meilleurs Historiens, comme de vaines creances, qui ne peuvent jamais passer pour veritables, I. I. 287.

Elle est une des principales parties de l'art oratoire, IV. I. 298.

Des Oraisons historiques, *là même*, *& suiva.*

De l'histoire ou travail, & composition historique, VI. II. 398. *& suivantes.*

Conformités de l'histoire profane avec la sacrée, & des fables paiennes avec nos veritès Theologiques, VII. I. 297. *& suivantes.*

Histoire de nôtre tems & la difficulté qu'il y a à la bien dresser, IV. I. 283.

Les plus grands Ministres d'Etat, & les vaillans Capitaines ne sont pas toûjours les plus propres à faire l'histoire de leur tems, *ibid.* 285.

L'Histoire de nôtre tems est un present qui ne doit être fait qu'à la posterité; On peut bien l'écrire, avec dessein de ne la faire voir qu'à l'avenir, *ibid.* 287. *& suivantes.*

L'Histoire du siege de Troye sous le nom d'un Dictys de Crete, IV. II. 29.

OLANDE, ou Batavie si decriée pour la stupidité, est aujourd'hui admirable, VII. II. 215.

OLANDOIS. De l'origine & du progrés de leur Republique, IV. I. 421.

La guerre leur est plus avantageuse que la paix, *là même.*

Comparaison entre leur Republique & celle des Romains, *ibid.* 427.

IOLSACE, ou Holstein, I. II. 95.

IOMERE. Il étoit aveugle, VI. II. 137.

Estimé le Prince & le plus excellent de tous les Poëtes, VII. II. 182.

Grandement cheri par le grand Alexandre, *là même.*

Quoi qu'il soit estimé fort savant, il n'étoit toutefois rien moins que Philosophe, *ibid.* 184.

Les plus celebres dans sa profession, ont fait gloire de l'imiter, *ibid.* 186.

Ses livres ont excité mille contestations parmi les savans, *ibid.* 187.

Homme, de sa creation & de son avantageuse posture, I. I. 20.

Des hommes paroître avoir des têtes de cheval sans magie, *ibid.* 363.

Il doit être mis avec les substances incorruptibles & immortelles, III. I. 446.

En quoi consiste cette ressemblance à Dieu, à laquelle l'Ecriture sainte dit que nous étions faits, *ibid.* 440. 441.

L'homme est composé du corps & d'une ame immortelle, II. I. 226. *& suiv.*

De la malheureuse condition de l'homme, II. II. 356.

Ceux que l'on croit les plus heureux sont bien souvent les plus malheureux, *ibid.* 359.

Semblable à ce Prothée des Poëtes, *ibid.* 284.

C'est le plus sociable de tous les animaux, *ibid.* 216.

L'homme est le plus injuste de tous les animaux, parce qu'il est le plus spirituel, VI. I. 342.

Pourquoi l'homme pleure en naissant, VII. I. 143.

Lui seul entre les animaux nait sans dents, *ibid.* 370.

Naturellement inconstant & changeant, VII. II. 175.

L'homme est le plus divers & le plus bizarre de tous les animaux, IV. I. 105.

Il est propre à l'amour en tous tems, *ibid.* 116.

Hommes sans tête, *ibid.* 157.

Hommes qui ont les yeux au milieu de la poitrine, *là même.*

X ij

Plusieurs animaux lui sont préférables en bonté de memoire, *ibid.* 172.

HONGRIE, sa description, I. II. 76.

Divisée en haute, ou superieure & basse ou inferieure, *là même.*

Honneur, II. II. 179.

Divinité parmi les Romains, III. I. 255.

Honte, I. II. 264.

Hordes, *ibid.* 108.

Horison, qu'est ce. Divisé en deux, grand & sensible, *ibid.* 10. 11.

HORMISDAS Architecte, II. II. 329.

Hospitalité, cause de la grandeur de Rome, II. II. 64.

Entre les amitiés l'hospitaliere est la plus forte, *ibid.* 67.

Hôpitaux fondés pour la guerison des oiseaux malades, III. I. 69.

Les Topinambous pleurent en recevant leurs hotes ou bons amis chez eux, VI. II. 145.

HUENA Isle, I. II. 50.

HUITRES pesant quarante sept livres, VI. I. 38.

Des huitres qui se cueillent sur des Orangers & sur des Citronniers, VI. II. 365.

Humanité & douceur, il faut y porter les enfans autant qu'il est possible, I. 45. & *suiv.*

Humilité, V. II. 233.

Il y a une fausse humilité & un mépris d'honneur plein d'orgueil & de tromperie, II. II. 192. & *suivantes.*

Plus un homme sage est élevé dans les honneurs, plus il s'humilie, VI. II. 143. & *suiv.*

Elle est uniquement cherie de la sagesse, VII. I. 98.

On peut retirer autant d'honneur d'une action basse que d'une plus relevée, par la belle maniere de l'executer, *ib.* 339.

L'humilité n'a jamais été vûë avec toutes ses graces hors de l'Eglise Chretienne, *ibid.* 340.

Enseignée par la synagogue des Juifs, & par a Philosophie païenne, *là même* & *suiv.*

HUNS. Ils demeurent continuellement à cheval, chacun y faisant son metier, y buvant, mangeant, dormant. VI. I. 368.

HUPE, *ibid.* 210.

HURONS de la nouvelle France, & de leur grossiereté, *ib.* 213.

Ils n'usent point de sel, II. I. 86.

Hydrographie, I. II. 3.

HYMENE'E represnté avec une robe jaune, pourquoi, VI. II. 322.

HYMETTE, montagne, I. II. 71.

HYPANIS, fleuve, V. II. 102.

Hyperboles, I. II. 215.

De l'usage de cette figure, II. I. 248.

Il faut fuir les hyperboles d'hyperbole, *là même.*

HYPERBOREES, IV. II. 7.

Hypocondriaque gueri par le moien des voiages, VI. I. 64.

Hypocrysie & hypocrites, VII. II. 28.

HYRCANIE, autrefois affreuse pour son infertilité, est aujourd'hui un païs fort agréable, *ibid.* 215.

Hyver grand & excessif, VI. I. 185.

Grand hyver en France, *là même.*

I.

S. *JACQUES*, île, I. II. 155. *Ialousie, ib.* 264.

Elle a fait d'étranges codicilles & actions tragiques, VI. I. 192.

Elle ose même s'attacher aux ames les plus pures, & surprendre les plus sanctifiées, *ibid.* 193.

IAMAIQUE, Isle, I. II. 36. 162.

JANUS, pourquoi la Theologie des Anciens rendoit ce Dieu à double visage arbitre de la paix & de la guerre, IV. I. 420.

JAPON, Isle, I. II. 136.

JAPONNOIS peuvent être nommés nos Antipodes Moraux, VII. I. 8. *& suiv.*

Iardins. Il y a plus de plaisir à voir les Iardins des autres, VI. I. 458.

Avis nécessaire pour ceux qui en veulent acheter, *ib.* 459.

Un *Iardinier* est fait Vice-Roi pour avoir été vû planter un chou de bonne grace, I. I. 38.

IARSAY, Isle, I. II. 43.

IAVA, Isle, & de ses habitans, II. II. 276.

IAUNE, couleur de deüil, *ib.* 103.

La couleur jaune est la livrée des jaloux, des Iuifs, des femmes de joye, & des traitres, III. I. 117.

Elle est dediée au culte divin, *là même.*

C'est la couleur du Roi de la Chine, *là même.*

Elle sert de fard aux Canariennes & aux Egyptiennes, *ib.* 118.

Iaunisse, couleur la plus agréable parmi les Turques, VII. I. 268.

IAXARTES, I. II. 108.

IBERIE, ib. 119.

ICTYOPHAGES, IV. II. 92.

Ils jettent leurs morts dans l'eau, VI. I. 206.

IDA, montagne, I. II. 117. VI. II. 356.

Idiotisme, VII. I. 279.

IDUMÉE, I. II. 119.

IEANNE, Reine de Naples, I. I. 356.

IENISCEA, fleuve de l'Asie, I. II. 107.

IERUSALEM comprise sous diverses appellations, VI. II. 381.

Si *JESUS-CHRIST* avoit cette beauté extérieure que l'on lui attribuë, VI. l. 145. & *suiv.*

Jeu, il donne parfois au Prince trop d'inclination & de facilité à accorder ce qu'il refuseroit en autre tems, I. l. 240.

Les Chinois font si fort passionnés pour le jeu, que non contens de joüer leurs femmes & leurs enfans pour un certain tems, ils se joüent souvent eux-mêmes, VII. l. 156.

C'est un crime capital au Japon d'y joüer de l'argent, V. II. 250.

Du jeu des echets, & de leur inventeur, III. II. 38. 39.

Cinq sortes de jeux chez les anciens Grecs & Latins, *ib.* 45.

Il n'y en a point qui soit plus expressément defendu que celui des dez, *ib.* 47. *sequ.*

Jeu Neurospastique, I. l. 245.

Jeux floraux, VI. l. 52.

Jeux Olympiques. A qui en appartenoit la surintendance parmi ceux d'Elide, VI. l. 199.

Jeux funebres pourquoi institués, VII. l. 50.

Jeux & passetems auxquels se peuvent adonner les Princes, I. l. 241.

Les Rois ne doivent jamais prendre leur divertissement dans les jeux qui ne le sont que pour eux, & qui donnent de l'affliction aux autres, *ib.* 234.

Jeux de pure récreation, *ibid.* 241.

D'autres Princes se sont adonnés à d'autres plaisirs qui n'étoient pas moins puerils & moins innocens, *ib.* 243.

Observations à ce propos pour ce qui regarde la personne d'un jeune Monarque, *ib.* 245 246.

Jeunesse, II. II. 273.

Souvent ceux qui sont vertueux en leur jeunesse, degénerent & deviennent vicieux en vieillissant, *ib.* 277.

De la jeunesse vicieuse, VII. II. & *suiv.*

S. *IGNACE* de Loyola ne commença ses études qu'après trente ans, II. II. 495.

Ignorance. Tout Potentat ignorant ne peut jamais être heureux, I. l. 155.

De l'ignorance docte & raisonnable, V. I. 302.

Un modeste ignorant est préferable à un vain & presomtueux savant, III. l. 248.

Il n'y a que le véritable savant qui puisse juger de l'ignorance: plaisante rencontre de Petrarque, *ib.* 249.

Nous naissons tous ignorans, VII. l. 185.

ILLYRIE, & son étenduë, I. II. 74.

ILOTES des Lacedemoniens, *ib.* 324.

IMAUS, montagne, *ib.* 127.

Imitation. Il importe fort de prendre de bons Auteurs à imiter en la composition des livres, VII. II. 140.

Autant qu'une belle imitation est loüable, le crime de plagiaire est tout à fait diffamant, *ib.* 141. *voyez* Plagiaire.

DES MATIERES.

Immortalité de l'ame, III. l. 393. seqq.

Impassibilité, VII. II. 216. & suiv.
 L'exemtion de quelques passions honteuses est bonne, *ib.* 217.
 De l'utilité ou inutilité des passions, *voyez* passions.

Impieté, VII. II. 92. & *suiv.*
 On peut errer & dire même des heresies sans être impie, *là même.*
 L'erreur est moins criminelle que l'impieté, *ibid.* 93.
 Du mot d'*impie*, *la même & suivantes.*

Impositions & levées. Plusieurs choses à y observer, par les Souverains, sans quoi leur gouvernement ne peut être heureux, ni l'état de leurs finances bien reglé, I. I. 72.

Impostures & fourbes pour parvenir à une puissance souveraine, VI. I. 233. & *suiv.*
 Autres fourbes pour des fins beaucoup moins élevées, *ib.* 241.
 Il y en a eu qui ont bien osé attenter à la Divinité, *ib.* 242.

Imprecations, I. II. 216.

Imprimerie, *ibid.* 130.

Imprudence, Elle est attachée à nôtre humanité, VI. I. 15.

Impudence, Déesse Athenienne, *ibid.* 46.

INCAS, ou Empereurs du Perou. II. II. 107.

Incivilités, scandaleuses, VII. I. 329. & *suiv.*

Inconstance de nos mœurs, VI. I. 525.

De celle qui se rencontre en l'amour d'une femme, VI. II. 368.
 De l'inconstance & instabilité de l'homme, VII. II. 175.
 L'incontinence est differente de l'intemperance, *Voyez* Intemperance.

Incredulité, VI. II. 405.
 C'est le nerf de la prudence, II. II. 43.

INDE. La plus grande partie depend de l'Empire du Mogol, I. II. 127. 128.

INDIENS, II. II. 335. VI. I. 33.
 Des Indiens de la côte de Malabare, V. II. 149.
 Ils trafiquent sans parler, *ibid.* 85.
 Indiens Orientaux, VI. I. 30.
 Ceux du Roiaume de Siam, comment ils rendent les derniers devoirs à leurs morts, *ibid.* 205.

Indigence meprisée par tout, *voyez* Pauvreté.

INDOSTAN, I. II. 128.

INDUS fleuve de l'Asie, *ibid.* 106.

Inégalité. Il y a peu de personnes, dont les actions & les pensées ne se reprochent rien les unes aux autres, & qui aient cette égalité & cette correspondance, qui est la pierre de touche de la plus haute sagesse, III. I. 482.

Infamie, celle du supplice d'un particulier ne doit rejaillir sur ceux de son sang, VII. II. 57.

De l'*Infidelité* des Romains, *voyez* Romains.

X iiij

Les plus religieuses souverainetés font mine de hair le parjure & l'infidelité, quoiqu'elles soient bien aises d'en profiter, VII. l. 31.

Infinité dans le monde rejettée par Aristote, III. l. 406.

Ingratitude, c'est le vice le plus odieux & le plus abominable parmi toutes les Nations de la terre, *ib.* 39. & *suiv.*

Injures, III. II. 85. Personne ne peut être offensé que par soi-même, V. II. 130 *sequ.*

Du mépris que l'on doit faire des injures, VII. l. 306. & *suivantes.*

INSPRUCH capitale du Tirol, I. II. 91.

Instinct des animaux, & l'avantage qu'il a sur la raison, VII. II. 20.

Institution des enfans, & du soin qu'on doit prendre à les bien élever, *ib.* 44. & *suiv.*

Instruction des enfans nés pour avoir le maniement des sceptres, de combien grande importance est le soin que l'on en doit prendre, I. I. 4. & *suiv.*

Intemperance, en quoi differente de l'incontinence, VII. II. 30.

Interêt particulier, nommé un cinquiéme élement, II. II. 248. Il tient lieu de pere, de frere, d'allié, de patrie, de Dieu même & ruine les plus fortes amitiés, *ibid.* 139.

Interieur de l'homme: comment il peut être connu, II. II. 94.

Interrogations, I. II. 216.

Invariabilité, c'est une heresie, III. l. 279.

Invention Oratoire. De ses regles & argumens pour prouver ou rendre une chose probable, I. II. 177. & *suiv.*

La *Ioie* excessive tuë les personnes, II. II. 369.

Elle se change naturellement en pleurs, VII. l. 144.

IONIE, I. II. 69.

Saint IOSEPH mari de la sainte Vierge eût quelque soupçon de son honneur, VI. I. 193.

IOSEPH, aimé & carressé par Potiphar, estimé par quelques-uns le Serapis des Egyptiens, VII. l. 298.

IOSEPHE, Historien Grec, quoique Iuif de nation. Raisons pour lesquelles il a écrit en grec plûtôt qu'en hebreu, IV. II. 72. & *suiv.*

IOSEPHE GORIONIDE, qui a fait, ou plûtôt falsifié une histoire de la guerre Iudaïque, *ibid.* 87.

Iouailliers & Lapidaires, VII. II. 21.

IOVIEN étoit un Prince très-Chretien quand il parvint à l'empire, V. I. 383.

Honneur qu'il rendit à la memoire de Iulien l'Apostat son predecesseur, *ibid.* 384.

Iours. C'est une erreur populaire, de croire qu'il y ait eu des jours plus heureux ou plus malheureux les uns que les autres, VI. II 291. & *suiv.*

IRIS, autrement l'Arc en Ciel, II. I. 78.

IRLANDE, ou Hibernie, Isle, sa description. Ennemi des serpens, I. II. 46. 47.

Les femmes les plus marquetées y sont les plus belles, VII. l. 269.

IRLANDOIS, tenus pour grands larrons, I. II. 47.

Ironie, ibid. 214.

Ironie & raillerie en grande estime parmi les Atheniens, II. II. 233.

Contre ceux qui ne sauroient souffrir la moindre raillerie, là même. & suiv.

ISLANDE Isle, I. II. 49. II. II. 42.

Isle, I. II. 28.

ISLES Asiatiques, ibid. 123.

Isles flotantes en diverses contrées, ibid. 45.

L'Isle de France, ibid. 100.

ISMAELITES. Ils étoient haïs & persecutés de tout le monde VI. II. 310.

ISOCRATE excellent & parfait Orateur, II. I. 228.

ISRAELITES. Comment ils repeuplèrent la Tribu de Benjamin, sans contrevenir à un serment qu'ils avoient fait, III. I. 146.

ISSEDONS, Nation, VI. I. 210.

Les Issedons du Nort n'ont qu'un œil, VI. II. 134.

Isthme, I. II. 28.

Isthme, ou détroit terrestre de Suez, ibid. 28.

Isthme de Corinthe, ib. 28.

De l'Isthme d'Egypte, VI. II. 359.

ISTRIE, I. II. 66.

ITALIE, menacée d'être reduite sous la sujettion Espagnole, si elle n'est secouruë de la France, IV. II. 372. & suiv.

Sa description, sa longueur, & sa largeur, I. II. 62. & suiv.

ITAQUE, II. II. 57.

Itineraire d'Alexandre Geraldin, Evêque de Saint Dominique, IV. II. 30.

IUDE'E, I. II. 119.

Judiciaire, voyez Astrologie.

Iuge. C'est un crime de prier & de rechercher la faveur d'un Iuge, VI. I. 201. & suiv.

Jugement. Tous les jugemens qui se font des mœurs des hommes par leurs écrits, ne sont pas toûjours recevables, IV. II. 188.

De l'incertitude de nos jugemens, VII. II. 228.

Le jugement humain a beaucoup de vanité & est sujet à de merveilleuses bevuës, XIII. 87.

IUIFS chasseé d'Espagne. Le Pape & plusieurs autres Princes Chretiens les laissent vivre impunement dans leurs Etats, IV. II. 341.

Les IUIFUES allant par le pais ôtent leur masque, XI. 148. 149.

IULE CAPITOLIN, IV. II. 129.

IULE III. Pape, II. II. 459.

IULIEN, l'Apostat, grand & genereux guerrier, I. I. 130.

Ce n'est pas sans sujet qu'il a laissé une mauvaise memoire de lui dans tout le Christianisme, V. I. 352.

Il fut en effet le plus redoutable de tous les persecuteurs de la Foi, & l'Eglise n'a point eu de plus dangereux ennemi que lui, *la même & suiv.*

IULIERS ville & Province, I. II. 93.

De la IUMENT ou cavale de Mahomet, II. II. 404. 406.

IUNON se lavant tous les ans dans une Fontaine, y recouvroit son pucelage, VI. II. 318.

Elle fit une fois divorce avec Iupiter, *là même.*

IUPITER, pourquoi surnommé Mœragere, ou conducteur des parques, VII. I. 68.

Représente avec trois yeux par les Grec, *ib.* 75.

Ruse du diable en lui attribuant des enfans, & de faire sortir Pallas de son cerveau, VII. I. 305.

Les Anciens ont adoré trois cens Divinités sous le même nom, *ib.* 299.

Iupiter Scotite adoré par les Grecs, *ib.* 285.

Iupiter Philius grand Parasite, VI. I. 159.

Iurisprudence, son avantage sur la Medecine, V. II. 391.

Iustice. Elle est le second appui d'une Monarchie, I. I. 31. *& suiv.*

La justice & la verité prises souvent pour la même chose, V. I. 239.

Sa Definition, I. II. 273.

Divisée en generale & universelle, & en particuliere, *là même & suiv.*

La justice particuliere est de deux sortes, distributive & commutative, *ib.* 274.

Elle se doit rendre sans consideration, ni de parens, ni d'amis, ni de faveur, ni d'indulgence, VI. I. 197.

Les formalités judiciaires les plus courtes sont les meilleures, *là même. & suiv.*

Saint IUSTIN Martyr, IV. II. 265.

IUSTIN Historien Latin, IV. II. 261. *sequ.*

IUSTIN I. du nom Empereur. II. II. 412.

JUSTINIEN très-mal-traité avec l'Imperatrice sa femme par Procope, IV. II. 152.

IUTLAND, Peninsule Germanique, I. II. 48.

Iutland de l'Amerique, I. II. 28.

K.

KENOTAPHES, VI. I. 219.

L

L Abdacisme, I. II. 225.

Lacs remarquables pour leurs raretés singulieres, II. I. 59.

Lac dont l'eau force de parler celui qui en a bû, II. II. 117.

La *définition* du LAC, I. II. 30.

LACEDEMONIENS, V. II. 95.

Ils avoient un soin merveilleux de bien élever la jeunesse. VII. II. 45.

LAGENIE, Province, I. II. 46.

LAGUNA, ville, VI. II. 190.

LAHOR capitale de l'empire du Mogol, I. II. 128.

Le LAIT des nourices pourquoi blanchi par la Nature, I. I. 46.

Un homme se contente de lait, sans prendre aucune autre boisson ou nourriture, VI. II. 350.

LAITUES de sept livres pesant VI. I. 460.

Laideur. Les personnes laides & sans beauté, ne sont pas à mesestimer, VI. I. 143. & *suiv.*

Il n'y a point de laideur qui égale celle d'une laide femme, *ibid.* 515.

D'une *Laide* devenuë belle, VII. I. 264.

LALA, fille habile en la peinture, VI. I. 96.

Denis LAMBIN Professeur du Roi, III. I. 24.

LAMIA fille de Neptune, VII. I. 160. *voyez* Pithie.

LAMPRIDE, IV. II. 268.

LAMPROYE, à laquelle on faisoit porter des pendans d'oreilles, VI. I. 31.

Langue, elle est l'organe du gout, II. I. 148.

Un Athenien fit un étui à sa langue, *là même.*

Quelle langue est plus capable de gout, *là même.*

Serpens qui ont la langue fourchuë, *la même.*

Oiseau des Indes qui n'a point de langue, ni ailes, *ib.* 149.

Langage comparé à la monnoie, II. II. 77.

Un langage rationel seroit à souhaiter, VI. I. 311.

Il n'y a point d'animaux qui n'aient quelque discours, & quelque dialecte, *ib.* 312.

Ceux qui ont eu la reputation de l'entendre, *là même.*

Langue Grecque. Pour avoir une parfaite connoissance de la langue Françoise, il est avantageux d'entendre la Grecque, *voyez* Langue Françoise.

Langues Grecque & Latine. Combien elles ont perdu de leur grace, II. II. 13. & *suiv.*

Les Langues sont toutes les servantes des sciences, VI. I. 308.

La connoissance des langues est une belle acquisition: Combien importante, *ib.* 313.

Langue Françoise, II. I. 254. & VI. II. 1.

Langue Hebraïque nommée sainte, VI. I. 307.

Sa grande disette & sa pauvreté, *ibid.* 308.

On s'en peut fort bien passer, *là même.*

Langue Danoise preferée à l'Hebraïque, & estimée la premiere de toutes les langues, VI. I. 309.

Langue Allemande preferée à celle des Iuifs, *là même.*

LANGUEDOC, I. II. 101.

LANGOUSTE, III. 1. 23.

LANTGRAVE de Hesse savant en l'Astrologie, I. 1. 286.

LAPES ou Lapons trafiquent sans parler, & sans voir ceux avec qui ils échangent, III. 1. 85.

LAPPIE ou Lappeland, I. II. 51. 53.

Larcin, qui est un crime quasi par tout, n'a pas laissé d'être honorable parmi quelques Nations, IV. 1. 469.

Condanné par les loix Divines & humaines, VI. 1. 321. & suiv.

Larcin secret. Plusieurs Nations l'ont laissé par leurs loix impuni, ibid. 315.

Quelquefois punis par les Romains, quelquefois impuni, même permis, ibid. 316.

Le metier de voleur en grande consideration en beaucoup d'endroits, ibid. 317.

Un Prince des larrons parmi les Egyptiens, là même.

Capitaine des Coupeurs de bourse à Paris, ib. 318.

Plusieurs sont parvenus à la Souveraineté par le moien du vol, là même.

La qualité de voleur estimée glorieuse, là même.

Le larcin déifié, ib. 319.

Dieu & la Nature semblent convier parfois au larcin, là même & suiv.

Larmes, elles sont une marque de joie & d'allegresse aux Americains Meridionaux, VI. II. 363.

Lassitude, celle dont on ignore la cause, est de mauvais présage au corps, III. 1. 339.

Latitudes, comment elles se comptent, I. II. 25.

Des degrés de latitude comment ils se comptent, là même & 26.

Latitude Meridionale, latitude Septentrionale, ibid. 26.

De la latitude d'un lieu, là même.

LATMUS montagne, I. II. 118.

Sains LAVRENS Isle, ses habitans reconnoissent un Dieu auteur de tous biens, & établissent un Diable auteur du mal, lequel ils craignent plus que le premier, VII. II. 253.

LAVRIER, II. 1. 103.

De la Lecture durant le repas, II. II. 469.

La lecture des livres doit être accompagnée de meditations & de reflexions, qui soient utiles, ibid. 499.

Legs testamentaires en faveur des chiens, III. 1. 68.

LEIPSIC, ville, I. II. 94.

LENA fleuve, ib. 107.

LEON Roiaume & Capitale, ib. 58.

LEON III. du nom Pape, est retabli dans son siége pontifical par les François, IV. II. 392.

LEON X. Pape, un des plus savant hommes de son siécle, III. 1. 410.

LEON IV. Empereur, sa mort attribuée à des pierres precieuses qu'il portoit, VI. I. 28.

LEONIDE précepteur d'Alexandre le Grand, I. I. 11.

LEONTIUS, Evêque d'Antioche dégradé, pour s'être fait châtrer, VII. I. 253.

LEOPOLIS ville Capitale de la Russie noire, I. II. 83.

LESBOS île, *ib.* 124.

LESDIGUIERES, Connétable, ne fut jamais entamé ni de fer ni de bale, quoiqu'il n'épargnât sa personne en aucune sorte de rencontre, I. I. 128.

LESTRIGONS, VII. I. 129.

Lettres. De la façon d'écrire en ce genre, VI. I. 8.

De celles de Seneque, & de leur utilité, *ib.* 9. *& suiv.*

Pourquoi il n'a pas mis dans les siennes les noms de ceux à qui elles s'adressent, VII. I. 220.

LETTRE'S, secte de Philosophes de la Chine, V. I. 316. *voyez* Confucius.

LEUCOTHOE, Divinité parmi les Eleates belle reponse du Philosophe Xenophane, III. I. 266.

LEVARDEN est capitale de la Frise Occidentale, I. II. 93.

Le LI des Chinois, *ib.* 27.

LIÆUS Dieu des festins, II. II. 447.

LIBER, Dieu des festins, *la même.*

Liber & l'Osiris des Egyptiens ne sont qu'une même Divinité, VII. I. 300.

Rapports de Liber avec Moyse, *la même.*

Liberalité. Les Princes & Monarques doivent user de moderation en leurs bienfaits & gratifications, I. I. 37.

Un Etat monarchique peut être incommodé par des largesses excessives, *la même.*

Princes qui ont été contraints de se servir de la loi fiscale, *trop donné soit repeté,* à l'encontre de ceux qui avoient abusé de la facilité de leur predecesseurs, *la même & 38.*

Les gratifications doivent être proportionnées au service & à l'état de celui qui l'a rendu, aussi bien qu'à la condition de celui qui les fait, *la même.*

Les Rois peuvent abuser de la liberalité aussi bien qu'un chacun de nous, *la même & 39.*

Les bons Princes se sont toujours comportés comme s'ils n'étoient que simples usufruitiers de leurs Etats, *ib.* 41.

Un grand Roi doit faire paroitre en toutes occasions une liberalité digne de sa Fortune, y observant les conditions qui rendent cette liberalité plus éclatante, *la même.*

De ceux qui reçoivent les plus grandes faveurs de leur Prince, *ib.* 42.

Un Prince ne doit jamais souffrir qu'on se retire triste de sa présence, *ib.* 41.

Liberté, I. I. 94.

Elle est une des choses les plus precieuses, & les plus agreables de la vie, III. I. 179. *& suiv.*

Grande différence entre la liberté & le libertinage, VII. II. 93.

LIBETHRA Ville renversée par le fleuve Sus, VII. I. 181.

LICENCES, I. II. 216.

LICINIUS Empereur, méprisoit les bonnes lettres, VII. I. 148.

LIEGE, ville Capitale d'un Etat de même nom, I. II. 93.

LIERRE, II. II. 135.

LIEVRE, il ne peut subsister dans l'Isle d'Itaque, II. I. 120.

Affectionné & recherché par les Romains, pour le manger, II. II. 25.

Un lievre met une armée en désordre, III. I. 27.

La rencontre de cet animal en chemin, est estimée de mauvais préfage, VI. II. 334.

Lievres qui ont deux foies, IV. I. 160.

Lieu, fa définition, II. I. 25.

Plusieurs especes ou différences de lieu, *là même*.

Lieux Gymnastiques où les hommes devenoient fous aussitôt qu'ils y étoient entrés, VI. I. 260.

Lieües Françoises & Espagnoles, I. II. 27.

Ligne, *voyez* Equateur.

Ligne Equinoctiale, I. II. 20.

De la difficulté prétendue des vaisseaux à passer cette ligne, VI. II. 357.

Ligne Alexandrine, appellée de Division, ou de Partition ou partage, I. II. 13.

Par qui, quand, & pourquoi établie, *là même*.

LIMBOURG Ville & Duché, I. II. 91. 92.

LIN incombustible, VII. I. 166.

LINOTE, II. I. 110.

Ennemi mortelle du Bruant, IV. II. 319.

LION, il ne peut souffrir la voix du Coq, III. I. 28.

L'Europe n'en nourrit plus, II. I. 220.

Un lion reconnoissant le bien qu'on lui avoit fait, III. I. 41.

Lion apprivoisé, VI. I. 290. 291.

Le lion n'a pas un odorat excellent, VI. II. 392.

La lionne s'étant laissée couvrir par le Pard, se lave incontinent après, VII. I. 396.

Lions dressés pour faire la chasse des bêtes sauvages, VII. II. 31.

Il passe tout son âge dans une fievre continuë, V. II. 387.

LIONNOIS, I. II. 102.

LISBONNE ville capitale de PORTUGAL, *ib*. 58.

LITUANIE, *ib*. 82.

Les femmes de considération y exercent un concubinage public, II. I. 386.

LIVONIE, I. II. 53. 82.

LIVORNE, ville & port de Mer, *ibid*. 66.

Livres. Comme de fort gens de bien en peuvent faire de mauvais, des personnes vicieuses en composent parfois de bons, IV. II. 190.

ils courent leurs destinées aussi bien que les hommes ; & la vie & la mort de ces enfans spirituels, n'est gueres moins hazardeuse que celle des autres, II. I. 271.

Du jugement que l'on doit faire des livres & écrits, II. II. 76.

Il n'appartient qu'à ceux, qui ont leur vie assurée, de faire des livres, *ib.* 69. & *suiv.*

Il n'y a point d'écrit aujourd'hui qui ne trouve des approbateurs, quelque disgracié qu'il puisse être, III. I. 283.

Il n'y en a point qui ne doive être approuvé, quand il est approprié au sujet qu'on traite, *ib.* 285.

Les anciens Auteurs sont préférables aux modernes, *là même* & *suiv.*

Les livres qui sont remplis de grands discours, ne sont pas les plus à estimer, VI. II. 156. *suiv.*

De ceux qui font beaucoup de livres, VII. II. 314. & *suiv.*

Inconveniens auxquels sont sujets ceux, qui pour paroître diligens se précipitent honteusement à mettre leurs ouvrages sous la Presse, *ib.* 315.

Les fautes sont excusables dans un bon livre, *ib.* 317.

Un livre n'a pas le privilege de la Manne, d'être en toutes ses parties agréable à toute sorte de goûts, *là même* & *suiv.*

Livre du Ciel ou Abecé des Cieux, dont parle Porphire, I. I. 284.

LOANDA, Isle, I. II. 149.

LOCRES appellés Ozoles, VII. II. 162.

Logique & la connoissance qu'on en doit donner à un jeune Prince ou Monarque, I. I. 169. I. II. 361.

Peu differente de la Rhétorique, *ib.* 171. I. II. 363.

Division de la *LOGIQUE* en trois parties, I. II. 364.

Logodiarrhée, ib. 227.

Loi, ib. 273.

On doit accommoder les loix à la Republique ou à l'Etat, c'est à dire au naturel des sujets, *ib.* 305.

Les loix & leurs formalités, inventées pour le bien des hommes, sont aujourd'hui ce qui les tourmente le plus, III. I. 268.

Solon dit que le crime est plus grand d'alterer ou corrompre une loi, que de faire de la fausse monnoie, *là même.*

La justice renduë gratuitement dans plusieurs grands Empires, *ib.* 270.

Exemple de beaucoup de jugemens ridicules, qui se rendent assez souvent, *ib.* 271.

Belle pensée à ce propos sur la position du Scorpion ensuite de la Balance, par les Astronomes, *là même.*

La loi est la cause & le fondement de tous les procés, debats, & contestations, VI. I. 342.

De l'imposition de ses noms Grecs & Latin, *là même* & *suiv.*

Loi de Nature. Ceux qui vivoient moralement bien, obfervant ce qui étoit du droit de nature, ont pû se sauver avec l'assistence divine, V. l. 17. 18.

On pouvoit se sauver, encore qu'on ne fût exemt de tout crime, & qu'on eût quelquefois violé le droit de la Nature, *ib.* 19.

Il y avoit des Gentils separés du corps des Fidels, & qui ne servoient pas Dieu comme eux, *ib.* 20. 21.

Loi Mosaïque. Les Gentils ont pû se sauver durant la loi Mosaïque, *ib.* 22. & *suiv.*

Loi Oppia, II. II. 97.

Loix somtuaires, *ib.* 96.

LOIRE, riviere de France, *ib.* 98.

LOITIAS, V. l. 316.

LONDRES, ville capitale de l'Angleterre, I. II. 46.

Longitude Geographique, I. II. 25.

Longitudes, comment elles se comptent, & des degrés de longitude, *ib.* 25. 26.

Loüange. L'excessive est blamable dans l'Histoire, IV. l. 339.

Les loüanges immoderés déplaisent aux gens de bien, III. l. 258.

La loüange est le plus doux son, dont nos oreilles puissent jamais être frappées, VI. II. 150.

Les loüanges excessives & demesurées, & qui ne conviennent point, ne sont pas agréables, *ib.* 147.

C'est une façon ridicule de s'entreloüer les uns les autres, VII. l. 219. 220.

On devroit s'abstenir de donner des loüanges aux personnes vivantes, *là même.*

Raison pour laquelle l'Auteur ne met point en ses lettres les noms de ceux à qui elles s'adressent, *ib.* 221.

Belle reponse d'Antigonus à un Poëte qui le loüoit excessivement, III. II. 79.

LOUIS le Debonnaire, fait de grandes liberalités au saint Siége, IV. II. 393.

LOUIS, le juste, sa belle pensée, I. I. 52. 53.

Saint LOUIS, Roi de France, I. I. 33.

LOUIS XI. Roi de France, II. II. 100. Rigueur excessive, I. I. 47. 48.

LOUIS XII. Roi de France, sa moderation loüable, II. II. 428. 429.

LOUIS XIII. Roi de France, I. I. 100.

Sa grande prosperité & ses inquietudes & mortifications, II. II. 365. & *suiv.*

Il n'aimoit point les Flateurs, III. l. 236.

LOUMOND, lac. I. II. 45.

LOUP. De certains hommes qui faisoient les loups une fois l'année. IV. II. 8.

Il n'y en a point en Angleterre, II. I. 120.

Sa peau étendue sur un tambour, & les cordes faites de son boïau, sont plus raisonnantes que celles des autres animaux, VII. l. 230.

Il étoit en grand respect aux Atheniens, IV. l. 224.

LOUP

DES MATIERES.

LOUP CERVIER, n'a point de memoire, VII. l. 69. 70.

LOUPS-GAROUX, ou sorciers s'il y en a, VI. II. 329.

LOUP MARIN poisson, VI. I. 513.

LUBECK ville, I. II. 95.

LUCOMORIE, ses peuples trafiquent sans parler, & sans voir ceux avec qui ils échangent, III. I. 85.

LUGDUNUM, son Etimologie, VI. II. 383.

LUNE, sa grandeur, I. II. 25. Elle domine les sens, VII. I. 263.

LUPINS detrempés, II. II. 510.

LUQUE ville & Republique, l. II. 66.

LUSACE ou Lusatie, ibid. 90. 94.

LUXEMBOURG Duché & Ville, ibid. 91. 92.

Lycanthropie, VI. II. 330.

LYCHNOPOLIS, ib. 389.

LYCIE Province, I. II. 115.

λυκοφιλία, VI. II. 321.

LYCOSURA, ville, ib. 376.

LYDIE, I. II. 117.

LYDIENS, V. II. 92.

LYON capitale du Lyonnois, I. II. 102.

Lyonnois voyez Lionnois.

LYRE, ib. 116.

M.

MACHOIRE d'Ane, dont se servit Samson Hieroglyphique de l'ignorance sceptique, V. II. 200.

MACRINUS Empereur avoit une oreille percée, VI. I. 29.

MACROBIES, II. II. 475.

MADAGASCAR, Isle en Afrique, I. II. 154. VI. II. 365.

MADERE, Isle en Afrique, ib. 156. 157.

MADRID, Ville Capitale d'Espagne, ib. 58.

MAGES Astronomes en grande estime parmi les Perses, I. I. 268.

Magie & sorcellerie, ib. 353. & suiv.

Raisons & considerations pour servir de preservatifs à un jeune Monarque, contre tous les charmes, dont la Magie se pourroit servir pour ensorceler son esprit, ib. 354. 374.

La Magie est reprouvée de Dieu, & abominée par tous les hommes, à qui il reste la moindre teinture de pieté, là même sequ.

Toute forte de magie n'est pas défenduë, V. l. 256.

Magie naturelle, I. l. 355.

MAGICIENS du tems du Roi Charles, III. l. 265.

Ils ont été condamnés par toute forte de Nations & dans toutes Religions, V. II. 272.

Magistrats. Avant que d'entrer dans les grandes charges & dignités, il est necessaire d'apprendre dans de moindres, ce qu'il faut savoir pour les bien exercer, VI. l. 421. & suiv.

Rencontre de Louis XII. & d'un Conseiller de la Cour dans un jeu de Paume, fort à propos, ibid. 425.

Magistrature. Personne ne devroit exercer aucune charge de Judicature dans son païs, VII. l. 216.

Magnanimité, I. II. 277.

Magnanimité des Vieillards, II. II. 288. & suiv.

MAGNICE riviere, I. II. 150. voyez SAINT ESPRIT.

MAHOMET, l'apprehension seule des femmes Persanes, l'empêcha d'aller en Perse, VII. l. 267.

MAHOMETANS, VI. II. 195.

Mahometanes mal-traitées par leurs maris, ib. 319.

Maigreur, c'est une marque de bonté spirituelle, III. l. 105.

Remede pour faire amaigrir un homme trop gros & gras, là même.

Mail, I. l. 233. & suiv.

Main, elle est en grande veneration parmi les Turcs, II. II. 162.

Une main religieusement gardée en l'Isle de Pathmos, dont les ongles rognés croissent continuellement, VII. l. 293.

La main gauche est reputée la plus honorable parmi les Japonois, VII. II. 205.

MAINLAND, Ville Capitale des Orcades, I. II. 42.

Maisons baties de sel, VI. l. 473.

Maisons bâties d'os de poissons, I. II. 49.

Les maisons de pierre en Ecosse suent & se sechent reglement deux fois le jour, aux heures du flux & reflux de la mer, ib. 475.

Mal de Rate, II. II. 210.

MALACA, ville riche, son Etymologie, VI. II. 385.

Maladie qu'est-ce, II. l. 175. II. II. 273.

Préferée à la santé par Petrarque, II. l. 176.

Remedes superstitieux pour les maladies, là même. & 177.

La maladie & l'infirmité ont quelques avantages, II. II. 204. La maladie a je ne sai quoi qui peut obliger à la rechercher, ibid. 207.

Lenitif contre toute forte de maux, là même & suiv.

Les maladies sont utiles à beaucoup de personnes, VI. l. 435.

Les maladies comparées au dereglement d'une Horloge, VII. l. 43.

Avantages qui se tirent de la maladie, là même.

Malades impitoiablement abandonnés en diverses Nations, ibid. 203.

Maladies Chroniques tant de l'esprit que du corps, VII. ll. 33.

MALDIVES Isles, au nombre de douze mille, 1. ll. 133.

MALLAPUR ville, *ib*. 132. VI. ll. 384.

MALTE Isle de l'Afrique, 1. ll. 157.

MAMME'E Imperatrice, IV. ll. 131. *& suiv.*

MAMMELUCS grands & habiles Cavaliers, IV. I. 370.

MAN île, 1. ll. 43.

Manaige ou l'Art de monter à cheval. La connoissance en est necessaire à un Prince, I. I. 223. *& suiv.*

Extremités vicieuses, qu'un Prince doit éviter en l'art de monter à cheval, *ib*. 224.

Accident malheureux qui arriva aux Sybarites, qui apprenoient leurs chevaux à danser, *là même.*

Amour desordonné de Caligula pour un cheval, *là même.*

Etranges accidens, qui arrivent de monter à cheval, *ib*. 225.

Ceux qui font trop de cheval, font moins propres aux femmes, *ib*. 224. 225.

MANCANARES, fleuve d'Espagne, ll. ll. 140.

MANCHE, 1. ll. 30. *voyez* Detroit.

MANDARINS, *ib*. 314.

Manger. On ne se repent presque jamais de s'être abstenu de manger, VI. ll. 352.

MANGRELIE *voyez* Colchide.

MANIOC, plante de l'Amerique, VII. ll. 16.

Manie, 1. ll. 260.

MANNE, ll. I. 78.

MANOA ville très riche, 1. ll. 165.

MANTOVE, & le Mantoüan, *ib*. 65.

MANUCODIATE, oiseau figuré sans pieds, ll. I. 110.

Mappemonde, 1. ll. 4.

MAR VERMEIO, ou Mer Rouge, *ibid*. 163.

MARAIS, *voyez* PALUS.

MARASCI poisson, qui a neuf rangs de dents VII. l. 364.

MARACAIBO lac, VI. ll. 377.

MARBOURG ville de Hesse, I. ll. 94.

MARC ANTONIN, VI. I. 152.

Marchand ce mot, & celui d'imposteur, pris pour une même chose, III. I. 80.

La marchandise est un moien legitime & naturel, d'acquerir des biens, *là même.*

Le trafic honteux parmi les Romains, *là même.*

Defendu à la Noblesse, *ibid*. 81.

Marchands honorés & reçûs aux plus importantes charges du gouvernement, dans les Etats les mieux policés, *là même & suiv.*

Marais, 1. ll. 30.

MARGAIATS, Nation, *ibid*. 166.

Mariage. Des devoirs du mari & de la femme, *ib*. 290.

Si un homme doit se marier ou non, VI. l. 402.

Qu'un homme se marie ou qu'il ne se marie pas, il aura toûjours sujet de s'en repentir, là même, voyez Femme.

Pourquoi Dieu endormit nôtre premier pere devant que de lui presenter une femme, VI. II. 322.

Le mariage est accompagné de quantité de soucis, d'inquietudes, & de mortifications, là même.

Du mariage des vieilles femmes avec de jeunes hommes, VII. I. 398.

Les filles Banianes des Indes Orientales, se marient dans l'age de sept ou huit ans, VII. II. 205.

MARICHEZ, monstre, III. 1. 174.

MARIENBOURG, Ville Capitale de la Prusse, I. II. 82.

MAROC, Ville & Roiaume, ib. 142.

Le Marquis de MARIGNAN perd la goute d'apprehension, III. 1. 32.

MARS, Enyalius Divinité à Sparte, VII. II. 9.

MARSEILLE, distance entre cette place, & celle d'Alep, VI. II. 357.

Saint MARIN, ville & Repupublique, I. II. 67.

Mascarets de la Garonne & de la Seine, II. 1. 84.

MASOVIE province de Pologne, I. II. 82.

MASSAGETES, ils mangent leurs parens après leur mort, II. II. 275.

MASSE, I. II. 65. 66.

Matelas pour se coucher, V. I. 336.

MATHEMATICIENS bannis & chassés de Rome, I. I. 255.

En grand credit aux Indes Orientales, ib. 258.

Mathematiques en grande consideration, V. II. 79.

Blamées en general des plus grands hommes de l'Antiquité, là même.

Matiere premiere, II. I. 6. & suiv.

On ne la connoit qu'en l'ignorant; & plus on pense la connoitre, plus on l'ignore, V. II. 374.

MAURES, I. II. 121.

De leur façon de trafiquer avec ceux de deserts de Numidie, & de Lybie, sans parler, III. I. 86. 87.

MAUVE, elle est d'un fort bon usage, mais il n'en faut pas manger, ib. 341.

MAXIMUS Philosophe, I. I. 160.

MAYENCE ville & archeveché, I. II. 93.

MEACO ville, ib. 136.

MECENAS, II. I. 264. II. II. 369.

Les Mechans recherchent toûjours compagnie, II. II. 236. & suiv.

Mechant pris pour fin & rusé VI. I. 488.

De mechant homme bon Roi:

Explication de ce proverbe, là même.

MECKELBOURG, I. II. 95.

Medine, diction Arabe, sa signification, VI. II. 384.

MEDINE Talnabi, Ville de l'Arabie heureuse, I. II. 123.

MEDECIN puni pour avoir contraint un malade de manger, I. I. 47. 48.

Medecine, en grande recommandation parmi les Anciens. Jointe à la Roiauté aussi bien que le Sacerdoce, II. II. 202.

Meprisée par les Romains, ib. 214.

Il n'y a point de Medecins au nouveau monde, ni dans la Moscovie, la même.

Honorés comme des Dieux, ib. 202.

Cette science étant toute conjecturale, ses jugemens & ses operations ensuite n'ont pas la certitude qu'on pourroit souhaiter, III. I. 328. & suiv.

Bel éloge en faveur de la Medecine, VII. I. 33. 34.

Pline accusé de fausseté pour le tems auquel il dit que l'usage & la pratique de la Medecine commença dans Rome, ib. 34.

De l'usage & pratique de la Medecine parmi les Chinois, ib. 36. & suiv.

MEDIE voyez Servan.

MEDINE, I. II. 123.

Medisance. Il n'y a rien de plus glorieux, qu'un Prince qui a reçû quelque deplaisir particulier sans ressentiment, I. I. 54.

Il y a quelque chose de roial à entendre de mauvaises paroles pour de bonnes œuvres, sans s'en offenser, là même.

Il n'y a point de Souverains, dont les peuples parlent moins desavantageusement que de ceux qui leur donnent toute liberté de le faire, ib. 55.

La médisance cause souvent de grands desordres, II. II. 450.

Clemence admirable de plusieurs Souverains envers ceux qui parloient mal de leurs Majestés, ib. 432. & suiv.

Meditation, VI. II. 98. & suiv.

Il est beaucoup plus utile de lire dans son propre cœur en meditant & rêvant, que de lire dans une infinité de livres inutilement, III. I. 366.

Il y a un plaisir charmant dans la contemplation, pour ceux qui savent comme il s'y faut prendre, VII. I. 351.

MEGALOPOLIS, grande ville de l'Arcadie, VI. II. 379.

MEIN fleuve, I. II. 87.

MELAN, Peintre & Graveur très excellent, VI. I. 100.

Melancholie. Il y a des personnes à qui les plaisirs mêmes sont des semences de douleur, II. II. 376.

La melancholie a ses charmes aussi bien que la gaieté, III. I. 242.

Les melancholiques sont les plus portés à l'amour, VI. I. 137.

La melancholie appellée le bain du Diable, VI. II. 90.

Y iij

Ceux qui sont d'un temperament melancholique ont ordinairement des notions extraordinaires, *là même*.

MELETIDES étrangement stupide, V. II. 135.

MELETIDES moqué d'avoir pris mal son tems pour secourir Priam, VI. I. 265.

MELINDE, Royaume, I. II. 152.

MELLY, ses habitans trafiquent sans parler, & sans voir ceux avec qui ils échangent, III. I. 86.

MELONS de cent trois livres pesant, VI. I. 460.

Memoire, elle est tellement une des principales parties de l'esprit, qu'elle passe souvent pour le tout, VI. I. 415.

Avantages qui nous reviennent, lorsque nous avons une heureuse mémoire, *là même & suiv*.

Appellée la basse partie de nôtre ame & pourquoi, IV. I. 172. *sequ*.

Elle n'est pas la plus importante de ses facultés, *ib*. 173.

MENECRATES Medecin, II. II. 216.

MENGRELIE païs, IV. I. 225.

Mensonge, I. I. 341.

Le mensonge est un vice d'esclave, pour le moins d'un homme que l'apprehension fait parler contre sa conscience, I. I. 168.

Ce vice est indigne d'un Prince, dont les paroles doivent toûjours être accompagnées de la verité, *là même*.

S'il est permis à un Prince de mentir quelquefois, *là même*.

Difference entre mentir, & dire un mensonge, IV. II. 292.

Il ne faut pas mépriser toute une histoire pour quelque faussetés qui s'y rencontre, *ib*. 288. *& suiv*.

Qu'est-ce que mentir? III. I. 158. *& suiv*.

MENTHE, III. I. 7.

Mépris. Les plus sages souffrent les injures & le mépris avec douceur, VI. II. 154.

MEQUE ville, I. II. 122.

MER. Belles conjonctions de diverses Mers, I. I. 203.

Mer Athlantique, I. II. 29.

Mer Balthique, *là même*.

Mer Caspie, *là même*. VI. II. 355.

Mer Egée, I. II. 73.

De sa longueur, de sa largeur, & de la couleur de son eau, *là même*.

Mer Germanique, I. II. 29.

Mer Mediterranée, *ibid*.

Mer ou Lac de Parime, *ibid*.

Mer Rouge, *ibid*.

De sa nomination, VII. I. 299.

Mer du Sud, autrement Pacifique, I. II. 29.

Mer de Hollande, combien de païs elle a conquesté, VI. II. 361.

Mer Noire dite anciennement Mer Caspie, *voyez* Mer Caspie.

Le MERCURE, II. I. 97.

MERCURE domine la raison, VII. I. 263.

MERE des Dieux, de son Idole,

que les Romains firent venir de Phrygie, IV. II. 128.

Trois Meres d'une excellente beauté, qui produisirent trois difformes enfans, III. I. 133.

Meridiens, de leur nom & de leur nombre, I. II. 11. 12.

Du premier Meridien, & de sa situation, *ib.* 12. & *suiv.*

Meridien pour le commencement des jours, *ib.* 14.

MEROE, Isle, I. II. 87.

MEROPS oiseau qui ne vole vers le Ciel qu'au rebours des autres oiseaux, VII. I. 97.

MESOPOTAMIE, I. II. 119. 120.

Mesures Geographiques, elles sont differentes selon les diverses nations qui marquent les distances des lieux, les unes d'une façon, les autres d'une autre, *ib.* 26. 27.

Metaphore, ib. 211.

Metaux, leur production, II. I. 93.

On en compte sept, selon le nombre des planetes, *là même.*

METELIN *voyez* Lesbos.

Metempsychose de Pythagore, III. I. 426.

Metempsychose, ou Palingenesie d'Empedocle, III. I. 314.

Meteores en general, & leur production, II. I. 68.

De ceux qui se font dans l'air, *ib.* 69.

Meteores qui se font dans l'eau, *ib.* 83. & *suiv.*

Meteores qui se font dans la terre, *ib.* 90. & *suiv.*

Le *Metier* des Rois est l'un des plus importans & des plus difficiles tout ensemble qui se puisse exercer, I. I. 251.

METTIUS Pomposianus, I. II. 4.

Metonymie, ib. 210.

Metriopathie, V. I. 289.

METROCLES, Philosophe, se renferme sans s'oser plus montrer, à cause d'une disgrace, où il étoit tombé, VII. I. 331.

METRODORE, Philosophe & Peintre, VI. I. 86.

Meurtre d'Abel, VI. II. 406.

MEXICAINS. Le diable en a fait son peuple élû, à l'exemple des Israëlites, les conduisant des parties du Nord dans celles qu'on nomme à present la *Nouvelle Espagne,* qu'il leur avoit promis comme un lieu de delices, VII. I. 288.

MEXICO, Ville & Province de la nouvelle Espagne, I. II. 162.

MICHEL-ANGE, incomparable dans toutes les trois parties d'Architecture, Sculpture & Peinture, VI. I. 93. & *suiv.*

MICHEL de Paphlagonie, II. II. 412.

MICHONS des Indes, de leur ressemblance avec nous, III. I. 173.

MIDDELBOURG, ville de Zelande, I. II. 92.

MIEL mis entre les Meteores, comment se forme, II. I. 76.

Miel composé par des hommes, *ib.* 77.

Trois sortes de miel, *ib.* 78.

Il est symbole de mort, II. II. 376.

Celui de Trebisonde guerit les fous, & ôte la raison

à d'autres en le mangeant, III. I. 339.

Il y en a de quatre sortes dans l'Isle de Saint Laurens, III. II. 67.

Il s'en trouve d'amer en Corse, II. I. 382.

MILAN ville & Duché, & ses dependances, I. II. 64.

Milantatori, VII. II. 94.

Milesiennes, VI. I. 49.

MILLET ville de Carie, I. II. 117.

Milieu. Il n'y en a point entre la joie & la tristesse, entre le plaisir & la douleur, VI. II. 118.

Du milieu du monde, I. II. 15. 16.

Milles, avec lesquels les Romains comptoient les distances des lieux, *ibid.* 26.

Du Mille Germanique, *là même*.

MILON Crotonaites, grand de corps & d'esprit, III. I. 102.

MINERVE surnommée Apaturie, pourquoi, VII. I. 387.

Mines d'or & d'argent qui ont fait subsister les plus grands Empires, I. I. 330. *& suiv.*

Les MINES de POTOSI sont les plus riches, I. II. 168.

MINGRELIE, III. I. 93.

Minutes Geographiques, nommées autrement scrupules, I. II. 22.

Miracles, Il n'y a rien dans la Sceptique qui combatte les miracles comme lui objectent les Dogmatiques, III. I. 308. *& suiv.*

MIRANDE ou Mirandole, I. II. 65.

Misanthropie, V. II. 193.

Misere. Rien ne nous peut rendre miserables, si nôtre esprit n'y consent, III. I. 369. *& suiv.*

Misericorde, Divinité, I. II. 263.

MISITHÉE, le plus éloquent homme de son tems, I. I. 166.

Misologie, V. II. 192.

MITHRIDATES, VI. I. 57.

MITYLENIENS, V. II. 93.

Mode, & nouveauté des habits; il faut y donner quelque chose, II. II. 104.

Un chacun est jaloux de la mode de son païs, & l'estime la meilleure & la plus belle, *ib.* 106. *& suiv.*

MODENE, Ville, I. II. 65.

Moderation & tranquilité d'esprit, opposée à la vengeance, II. II. 445.

De la Moderation d'esprit, VI. II. 117. *& suiv.*

La *Modestie* honteuse est toûjours bien-seante à l'un & à l'autre sexe; elle se reconnoit principalement au port & à la démarche, VI. I. 48.

Mœurs des hommes. Elles sont si differentes que ce qui est tenu pour vertueux en un endroit, passe pour vice ailleurs, V. II. 143. *& suiv.*

MOGOL, & de son Empire, I. II. 126. 126. *& suiv.*

Mois. La division de l'année en douze mois doit plûtôt être rapportée à l'institution des hommes, qu'à la Nature, VI. II. 306.

Mois plus grands les uns que les autres parmi diverses Nations, là même & 307.

Mois philosophique, la même.

MOISE, II. II. 281.
Estimée par quelques-uns le même que Liber, VII. I. 301. & suiv.

MOLDAVIE, I. II. 77.

MOLUQUES, Isles, ib. 14. 135.

MOLY, herbe medecinale, II. II. 207.

MOMONIE Province, I. II. 46.

Monarchie, ib. 301. 326.
L'Etat Monarchique reconnu pour le plus ancien de tous, ibid. 302.
De l'excellence de la Monarchie, là même.

Monarchie Françoise, I. I. 64.

MONARQUE. Ce qui est un vice en un particulier passe pour une vertu en un Souverain, VI. I. 488.
De la bonté d'un Monarque, I. II. 339.

MONBAZE roïaume, I. II. 152.

MONDE en general; Opinions differentes, l'une pour la pluralité des Mondes, l'autre pour l'unité de ce monde, V. I. 280. & suiv.
Ses parties nommées Orient, Occident, Septentrion, & Midi, I. II. 7.
Considerées diversement à droite & à gauche, ib. 7.
Diversité d'opinions parmi les anciens Philosophes touchant le monde, II. I. 30. 31.

Une grande partie nous est inconnuë, II. II. 80. & suiv.
Monde intelligible, inventé par Platon, III. I. 124.
Dieu a créé le monde pour sa gloire, VI. I. 508.
Il est comme une Comedie, VII. II. 41.
Nous y sommes comme dans l'Arche de Noë, là même.

MONLUC grand & genereux guerrier; sa mort glorieuse, I. I. 136.

Monnoie. Fausse monnoye. Punition des faux Monnoieurs, V. I. 183.
Opinions differentes touchant l'emploi de la fausse monnoie, VII. II. 34.

MONOCEROS de l'Inde autrement nommé Cartazonon. Il est perpetuellement en guerre avec ceux de son espece, VI. II. 275.

MONOMOPOTAPA; Roiaume, sa situation son étenduë, & ses rivieres, I. II. 149. & suiv.

Monotonie, ibid. 225.

MONS capitale du Hainaut, ib. 92.

Monstres, & leur production, III. I. 165. & suiv.

Le MONT APENNIN, I. II. 63.

MONT CASSIN, VI. II. 359.

Montagnes plus hautes que la moienne region de l'air, II. I. 51.
Montagne qu'il faut passer en sautant & en dansant, autrement on auroit la fievre, VI. II. 120.

Y v

Les plus hautes montagnes autrefois couvertes de la mer, *ib.* 359.

Le Mont ATLAY eſt deſtiné à la ſepulture des Princes des Tartares, VI. I. 216.

MONTECUMA Roi de Mexico, II. II. 105.

MONTGOMMERY noble famille d'Angleterre, *ib.* 64.

MONTMORENCY Connétable, ſa ſupercherie & tromperie à la capitulation de Metz, III. I. 145.

MONTPELLIER, VI. II. 362.

Monts DAMASIENS, I. II. 129.

Monts de la LUNE, *ib.* 139.

Morale troiſiéme & principale partie de la Philoſophie, appellé Etique, V. I. 110. & *ſuiv.*

MORAVIE, I. II. 76. 88.

La MORE'E *voyez* Peloponneſe.

MORISQUES, chaſſé d'Eſpagne, IV. II. 340.

MORPHE'E adoré par les Hurons, II. II. 45.

Mort, VII. I. 44. & *ſuiv.*

Il y a une mort violente qui arrive en pluſieurs façons & une mort naturelle, II. I. 180. La mort eſt un grand mal, II. II. 323.

Elle eſt inexorable & épouventable, *ib.* 320. & *ſuiv.*

Les Cimbres & les Celtiberes chantent en guerre ſans craindre la mort & apprehendent de mourir dans leurs lits ; les Grecs au contraire, V. II. 147.

Il n'y a rien qui nous doive contriſter en la mort, ſi nous l'enviſageons du bon côté. Belles penſées à ce propos, VI. II. 165. *ſeqn.*

Elle eſt la plus terrible de toutes les choſes terribles, III. II. 307.

Mort volontaire. Propoſitions exorbitantes ſur ce ſujet, V. I. 217.

MOSCHETTO oiſeau, VI. I. 513.

MOSCA, un fleuve, I. II. 53.

MOSCO, ville capitale de la Moſcovie, *là même.* 53.

MOSCOVIE, II. II. 83.

Deſcription de cet Empire, I. II. 52.

Du grand Duc de Moſcovie, *ib.* 52. 55.

MOSCOVITES, II. II. 107.

Ils ſont Schiſmatiques Grecs, I. II. 54.

Ils traitent mal leurs femmes, VI. I. 319.

Sont tous vêtus d'une même façon, *ib.* 363.

Dorment tous après le dîner, *là même.*

Les *Moscovites* comptent leurs lieues par *Werſts,* I. II. 27.

Mosquée de Fez, VI. I. 470.

Mot, voyez Diction.

MOTEZUMA, Prince cruel, I. I. 44.

MOUCHE, VI. I. 512.

MOURGUES ou Monaco, Ville & Principauté, I. II. 64. 65.

Mouvement. Sa definition, II. I. 27.

Deux ſortes de mouvement, *ib.* 29.

DES MATIERES.

Ce qui se fait en un instant n'est pas un véritable mouvement, *là même.*

Du mouvement de l'esprit de l'homme, *là même.*

Du mouvement du Soleil contraire à celui du premier Ciel, VI. I. 288.

MOZAMBIQUE, Roiaume, I. II. 152.

Un *Muet* recouvre l'usage de la parole par un transport d'apprehension, III. I. 32.

MULE Athenienne, II. II. 297.

Multitude. Elle est ignorante, indiscrete, injurieuse & inconstante, V. II. 138. *& suiv.*

MUNICH sejour des Ducs de Bavière, I. II. 90.

Muraille fameuse de six cens lieuës Françoises, *ib.* 29.

Les murailles d'Alexandrie baties avec de la farine au defaut de chaux, VI. I. 473.

Muraille qui separe la Chine de la Tartarie, VII. II. 129.

MURCIE, Roiaume & Capitale, I. II. 58.

MUSA domteur de l'Espagne, VII. I. 337.

MUSA, Rheteur, qui avoit plus d'esprit que de jugement, *ib.* 276.

MUSART, VI. I. 1.

MUSQUE. Il passe pour un poison dans Babylone, VI. II. 397.

MUSES, Plusieurs écrits honorés de ce nom de Muses, *ib.* 3. 4.

Leur étymologie, IV. I. 263.

Musique, V. I. 233. C'est une discipline Roiale, I. I. 172. *sequ.*

La Musique grandement estimée par les Anciens, particulierement des Grecs, V. II. 82. *sequ.*

MUSICIENS & joüeurs d'instrumens en fort mauvaise estime, & très peu considerés, comme personnes viles & de peu de consideration, ou même vicieuses & diffamées, V. II. 99.

MUSULMANS, qui portent un coupet de cheveux au haut de la tête, VII. I. 335.

De ceux de Mosambique, *ib.* 381.

MYCERINUS, Roi d'Egypte, II. II. 306.

MYNDIRIDES ou Smyndirides grand amateur du sommeil, *ib.* 55.

MYSIE, I. II. 117.

MYSON un des sept Sages de Grece, ennemi de la conversation, II. II. 218.

N

NABATHE'E, I. II. 122.

NADIR, *ib.* 11.

Nager, l'industrie de nager recommandée par les Loix de Solon, I. I. 232.

Il est bon qu'un Souverain

sache l'art de nager suffisamment pour tirer sa personne d'un peril s'il se présentoit, là même & suiv.

Précautions que doivent soigneusement observer ceux qui auront l'œil sur ses exercices, ibid. 233.

Grande perte arrivée faute de savoir nager, ib. 231. 232.

NAIRES, Gentilshommes Japonois, II. II. 403.

NAMUR ville & comté, I. II. 92.

NANCY ville capitale de la Lorraine, ib, 93.

NANQUIN, ville, ib. 120.

NANTES capitale de la Moienne Bretagne, ib. 103.

NAPLES, ibid. 64.

NARNY. Ingratitude de son terroir, III. I. 59.

Narration. Ce qu'il faut observer pour s'en bien acquiter, I. II. 197. & suiv.

NARSES Eunuque s'offense & se vange étrangement pour une simple parole de mépris qui lui fut dite par l'Imperatrice Sophie, II. II. 431.

NARSINGUE, I. II. 132.

NASTURTIUM, ou Cresson Alenois, pourquoi ainsi nommé, & Cardame, VI. II. 397.

Nativité. Opinion ridicule, que ceux qui naissent le jour du Vendredy saint, penetrent de leur vûë jusqu'au dedans de la terre, ib. 333.

NATOLIE. Sa situation, son étenduë, I. II. 115.

NATURE. Ce mot se prend pour plusieurs choses differentes, II. I. 3.

Adorée comme une Divinité parmi les Grecs, là même.

Natura naturans & Natura naturata, ibid. 4.

La Nature ne peut être contraire à la puissance absoluë de Dieu, ib. 11.

Definition de la Nature, ib. 11. sequ.

Nature humaine considerée depuis la creation du monde, & divisée en trois états, V. I. 17. sequ.

NAUPLIE, place d'Italie aujourd'hui nommée Napoli de Romanie, VI. II. 318.

NAUSIPHANES maltraité par Epicure son disciple, V. I. 268.

Neant mis pour le principe de toutes choses, V. II. 155.

NECAR fleuve, I. II. 87.

Necessité. Il y en a de deux sortes, Consequentis & Consequentia, VII. I. 80.

Necessité ou contrainte d'agir, & son pouvoir, VII. II. 67. & suiv.

NECROPOLIS, ville, VI. II. 388.

NEGRES Ceux de la Guinée abandonnent leurs malades, VII. I. 203.

Il y en a en Grœnland comme en Guinée, ib. 269.

NEGROPONTE capitale d'Eubée, I. II. 12.

NEIGE & comme elle se forme, II. I. 76.

Neige rouge, *là même.*

NEMESIS, pourquoi reprefentée avec des ailes, VI. II. 372.

NEPTUNE pourquoi reprefenté avec la charuë, VI. I. 459.

NEREIDES, III. I. 174.

NERON, des cinq premieres années de fon gouvernement, I. I. 50.

Baffeffe d'efprit de vouloir paffer pour le meilleur Muficien de fon tems, afin de pourvoir à fa fubfiftance par ce moien-là, au cas qu'il fut privée de l'Empire, *ib.* 173.

Il tue fon libertin pour ne lui avoir pas fait raifon en bûvant, II. II. 464.

Paffion indifcrete pour les chevaux, VI. I. 364. *& fuiv.*

NESSUS fleuve de la Thrace, I. II. 73.

NESTOR, grand benveur, II. II. 465.

NEVIUS, hiftorien latin en vers, IV. II. 175.

NEVRES, il devenoient loups tous les ans pendant quelques jours, I. I. 360.

NEZ, VI. II. 394. *& fuiv.*

Le defaut & la privation du nez n'empêche pas de flairer, *là même.*

Le nez blanc & long eft eftimé des uns, le noir & le camus des autres, *ib.* 295.

Le nez camus des Mores & des femmes de Tartarie, les fait eftimer plus aimables, VII. I. 269.

NICARIE île, I. II. 124.

NICE'E, ville de Bithynie, *ib.* 116.

NICOMAQUE, Peintre, VI. I. 95.

NICOPOLIS ville de Bulgarie, I. II. 75.

NICOPOLITAINS moqués par Epictete, III. I. 202.

NICOSIE, ville, I. II. 125.

NIEPER, *ibid.* 53. 83.

NIESTER, fleuve, *ib.* 83.

NIGER fleuve, *ib.* 139.

NIL fleuve, *ib.* 139.

NIPHUS, III. I. 410.

Nobleffe, qu'eft ce? II. II. 401. *& fuiv.*

La Nobleffe & ancienne naiffance eft grandement eftimable, VII. II. 58. *& fuiv.*

NOE' Parallelle entre lui & Adam, VII. I. 300.

NOIR, III. I. 114.

En beaucoup de lieux, il paffe pour un mauvais augure, *ibid.* 115.

C'eft tout le contraire parmi nous, & ailleurs, *là même.*

La fainte Vierge reprefentée de couleur noire, *ib.* 116.

C'eft une couleur de rejouiffance parmi les Iaponnois; le blanc au contraire, VII. I. 8.

La noirceur des Ethiopiennes, a fes charmes auffi puiffans, que la blancheur parmi nous, VII. I. 269.

NOMADES, I. II. 109. *voyez* Tartarie deferte.

NOMBRE DE DIOS ville, I. II. 163.

Noms. Si l'imposition des noms s'est faite casuellement, ou avec discours & connoissance de cause, VI. I. 295.

Si les noms signifient la matiere, la forme, ou le composé, *ibid.* 296.

Nombres. On leur fait dire aussi aisément, qu'aux cloches, tout ce que l'ont veut, VI. I. 396.

Des nombres de Platon, *ibid.* 397.

Les nombres pris pour la cause efficiente de toute sorte de bien par Platon ; & par saint Augustin pour Hieroglyphiques de toute sorte de mal, *la même & suiv.*

NOMINAUX & Terministes, VII. II. 199.

NORMANDIE, I. II. 100.

NORVEGE, *ib.* 48.

NOSTRADAMUS le jeune, I. I. 314.

Notions communes, VI. I. 262.

Contre les *NOVATEURS*, VII. II. 13.

Nourriture du corps, combien puissante & considerable pour l'esprit, *ib.* 46.

LA NOVE. Grande moderation à souffrir les injures & les offenses, *ib.* 154.

NOVOGROD, ville, I. II. 54.

Nouveauté. C'est une arrogance & une temerité, de condanner tout ce qui nous paroit nouveau, V. II. 141.

Elle a de merveilleux charmes pour la rendre agréable, VI. I. 288.

Elle fait honorer & respecter les inventeurs de ce qui n'avoit point encore été vû, *ib.* 289. *& suiv.*

Nouvelles de la Cour, VI. II. 140. *& suiv.*

NOYERS de Canada, II. I. 104.

NUIT, representée comme la mere nourrice du sommeil & de la mort, *ib.* 180.

Les nuits sont plus froides sous l'Equateur, que par tout ailleurs, II. II. 82.

A Sparte il n'étoit pas permis de porter de la lumiere la nuit, VII. I. 155.

NUMANTINS, II. II. 328.

NUMIDIENS, ils ont coûtume de se couvrir la bouche, VII. II. 173.

NUREMBERG, ville du Haut Palatinat, I. II. 90.

Nymphes, de leur excroissance aux femmes, & de leur retranchement, VII. I. 255.

O

Obeissance, de celle que les sujets doivent à leur Prince, VI. I. 492.

OBDORA, Province, I. II. 54.

OBY, fleuve, *ib.* 107.

OBIDOVO, lac, *ib.* 78.

Oblations, celles qui se font du

vol, des concussions, & des larcins, sont desagréables à Dieu, III. I. 266.

Obligations contractées moralement, *ib.* 46.

Obscurité des Ecrivains en écrivant leurs ouvrages, IV. II. 235.

Obsidienne, II. I. 92.

Occasion, VI. I. 263. *& suiv.*

Il importe grandement de se bien servir de l'occasion en tems & lieu, *là même & suiv.*

OCEAN, I. II. 29.

Ocean Caledonien, *ib.* 44.

Ochlocratie, *ib.* 302.

Octonaire, VI. I. 396.

ODER, fleuve, I. II. 87.

Odeur, c'est une qualité où domine la secheresse, non une substance, II. I. 145.

Les odeurs mauvaises font mourir certains peuples, VI. I. 43.

Les bonnes odeurs sont estimées des uns, & blâmées des autres, VI. II. 396.

De l'odeur parmi les peuples de la nouvelle France, VII. II. 201.

L'odorat, pourquoi placé au milieu des cinq sens, II. I. 141.

L'odeur est son objet, *là même.*

Du milieu qui sert de trajet, & de vehicule à l'odeur, *ibid.* 142. *sequ.*

De tous les animaux l'homme est celui qui a le moins d'odorat, VI. II. 390. *& suiv.*

L'odorat des Iaponois, fuit presque généralement tout ce qui plait au nôtre, VII. I. 8.

Oeconomie, c'est la seconde partie de la Morale, I. II. 287.

Pourquoi elle doit préceder la Politique, *ib.* 287. 288.

Qu'est-ce, *ib.* 289.

Ses parties principales, *la même & suiv.*

Des loix œconomiques, en ce qui touche principalement l'acquisition, la conservation, & la dispensation des biens, *ib.* 292.

Savoir bien regler sa maison, est une grande vertu, II. II. 761.

Quelle est la maison la mieux accomplie, *là même.*

L'abondance des valets est plus préjudiciable, qu'avantageuse, *là même.*

OEIL son excellence, VI. II. 123. *& suiv.*

Sa situation, *ib.* 127.

Formé le dernier de tous les membres, *ibid.* 134.

OEIN fleuve, I. II. 87.

OETA montagne, *ib.* 71.

OEVF, celui de serpent donne la faveur des Princes, I. I. 365.

Oeufs excellens sans sauce, & cuits sans feu, VI. II. 351.

L'œuf dont Leda étoit accouchée, religieusement gardé, VII. I. 292.

Offense, Il est plus honorable & plus avantageux de recevoir des injures & des offenses, que de n'en point du tout recevoir, II. II. 421.

Le mepris des offenses, est une chose loüable & genereuse. Divers exemples, *là même & suiv.*

Officiers. Le trop grand nombre d'officiers de judicature est préjudiciable à un Etat, VII. I. 216.

OIE, elle est seule entre tous les animaux, qui se fait mourir, V. I. 120.

OISEAUX. Leur industrie à faire leur nids, II. I. 108.

Les plus petits sont les plus feconds & les plus éloquens, III. I. 103.

Le plus grand, & le plus petit, VI. II. 512.

Le plus vite, *là même. &* 513.

Oiseau mouche, *là même,*

Les oiseaux n'ont point de dents, excepté la Chauvesouris, VII. I. 364.

Oisiveté. Loi rigoureuse obligeant tout le monde de rendre compte de son loisir, II. II. 159.

Il n'y a rien de plus infame que l'oisiveté, *ib.* 170.

L'oisiveté punie parmi les Atheniens, VI. II. 101. *& suiv.*

Elle enerve l'esprit, *ib.* 280.

Il faut éviter soigneusement les charmes d'une vie oisive, *ibid.* 279.

Chacun dans sa condition se peut loüablement occuper, *là même.*

C'est la mere nourrice de tous les vices, II. I. 327.

Elle passoit chez les Spartiates pour le plus beau metier

que puissent exercer des hommes libres, *ib.* 387.

OISONS, qui des Paisbas vont à Rome à pied, VII. I. 326.

OLIGARCHIE, I. II. 302.

OLIVIER, IV. II. 318.

OLMUTS, ville, I. II. 90.

OLYMPE montagne, *ib.* 71.

OMBRIE, *ib.* 66.

ONGLES des mains, V. II. 181.

ONOCEPHALES, III. I. 177.

ONOGORIS forteresse de la Colchide, IV. II. 167.

Operations, elles montrent les essences, II. I. 128.

Dieu & la Nature operent toûjours par la voie la plus courte, V. II. 187.

Opinion. C'est un vice importun en compagnie, de vouloir maintenir son opinion avec trop d'obstination & d'animosité, III. I. 299. *& suiv.*

OPHIONEUS, quoiqu'aveugle de naissance, ne laissoit pas de prédire les choses futures, VI. II. 280.

OPISTODACTILES, III. I. 177.

OR. Du desir commun de tous hommes de posseder ce metail, II. I. 93.

De l'art de le multiplier *voyez* Chymie.

L'or le plus estimé est celui des rivieres, II. I. 95.

Le plus mol & maniable est le plus estimé, *la même.*

De l'or & de l'argent, II. II. 245.

Illusions d'esprit & extravagances causées par la convoitise, & envie d'avoir de l'or, VII. I. 327.

Superstitions

Superstitions observées par les Americains, & par les Espagnols à leur imitation, *là même*.

Remarque curieuse de l'Auteur, & du Milord Digby, *ib.* 328.

Oracles, soupçonnés d'impostures par Aristote & par beaucoup d'autres, *ib.* 157.

Explication du mot d'*Oracles*, *là même*.

De leur commencement & ancienneté, *ib.* 159.

De ceux que la Pythie a prononcés, *voyez* Pythie.

Du tems & des causes de leur cessation, *ib.* 164. & *suiv.*

Oraisons funebres. Les Espagnols n'en prononcent jamais en faveur de personne, VII. II. 113.

Oraison, prise quelquefois pour un des membres de la periode, II. I. 195.

ORATEUR, *ib.* 261.

Trois perfections d'un Orateur, *ib.* 229. & *suiv.*

ORCADES Isles, I. II. 41.

Ordre, IV. I. 293.

Ordre historique, IV. I. 293.

OREB montagne, I. II. 122.

OREILLE, elle est le canal de l'ouïe, II. I. 138. & *suiv.*

Oreilles d'homme étrangement grandes, VI. I. 30.

Oreilles percées, marque de servitude, *ib.* 29.

Tout le monde presque s'est plû à y porter des bagues pendues, & des anneaux de prix, *là même* & *suiv.*

ORGIES, IV. II. 128.

ORLEAN capitale de l'Orleanois, I. II. 103.

ORLEANOIS, *ibid.* 103.

Orgueil. C'est le plus ancien, & le plus abominable de tous les vices, II. II. 180.

Comparé au Crocodile, *ibid.* 181.

Orgueil des grands intolerable en compagnie, *ib.* 230.

Origine, Elle est égale entre les hommes, *ib.* 413.

ORME, IV. II. 318.

ORMUS Isle du Roiaume de Perse, I. II. 126.

Le Maréchal d'ORNANO avoit deux uretaires d'un côté, IV. I. 160.

ORPHEE, II. II. 241.

Orthographe. Cassiodore en fit un traité étant âgé de quatre vints treize ans, VI. II. 3.

Os fossiles ou d'Elephant, au lieu d'os de Géans, III. I. 94.

OSCHOPHORIE fete celebrée parmi les Atheniens, *ib.* 71.

OSSA montagne, I. II. 71.

OSSAT Cardinal. La bassesse de sa premiere condition ne l'a pas rendu moins considerable, II. II. 410.

OSTIUS fut le premier qui commit le crime de parricide dans Rome, III. II. 204.

OSTRACISME des Atheniens, I. II. 318.

OTACILIUS de portier esclave, parvint par son bel esprit à être précepteur de Pompée le Grand, IV. I. 287.

Il fut le premier des Libertins, qui entreprit d'écrire l'Histoire parmi les Romains, *là même*.

OTTOCORA montagne, I. II. 129.

Oubli ou oubliance. L'art d'oubliance en choses fâcheuses & déplaisantes, feroit à préférer à la memoire, *voyez* Memoire. VI. I. 417.

OVIEDO ville capitale des Asturies, I. II. 58. VI. II. 377.

OVRSE, constellation, I. II. 5.

OURS, III. I. 102.

OÜYE c'est le sens qui fait les Savans, II. I. 136.

L'oreille est nommé l'organe & le sens des Disciplines, VI. II. 125.

Belles remarques à la recommandation de l'ouïe, *là même*.

Plus sujette à être trompée que la vûë, *là même*.

OXFORD, I. II. 46.

OZIAS Roi de Iuda se plaisoit à planter des vignes, I. I. 185.

P

PADOUAN, I. II. 66.

PAGURES Poissons, VII. I. 5.

PAIENS. Ceux qui ont bien vécu moralement depuis la venuë du Messie, ont pû se sauver aux endroits où la foi de Iesus-Christ n'a jamais été publiée, V. I. 23. *& suiv.*

PAILLE. Brins de paille convertis apparemment en serpens sans magie, I. I. 363.

PAIN peu estimé des Tartares, II. II. 474.

Correction du proverbe qui dit, que la repletion du pain est la pire de toutes, VI. II. 255.

Du pain salé ou sans sel, *ib.* 347.

Pair & impair, VI. I. 396.

Paix, une paix certaine est en beaucoup de façons préferable à une victoire douteuse, I. I. 140.

On n'entre en guerre que pour arriver à une bonne paix, *là même*.

On peut faire la paix avec honneur, quoiqu'après des succés desavantageux, *là même*.

La paix combien agréable, & combien à souhaiter, *ib.* 142.

Ce qui doit apparemment éloigner un Prince victorieux de donner la paix à ses sujets, *ib.* 143.

Belles considerations d'un Ministre d'Etat à ce propos, *ib.* 144.

La grandeur d'un Etat, sa vigueur & sa puissance, consistent principalement en la joüissance d'une bonne paix, *là même*.

Il n'y a rien de plus magnanime que de traiter de paix sur son avantage, & de l'accorder à ceux qui la demandent, *ib.* 145.

Une paix certaine vaut beaucoup mieux qu'une victoire esperée, VII. II. 8. 9.

Sans la paix on ne sauroit se promettre aucun solide contentement, *ib.* 9. 10. *& suiv.*

Palais d'Agram très superbe, I. I. 202.

Palais magnifique du Roi de Golconda, où ce que nous faisons ici de fer, est d'or massif, *là même.*

Palais dont la couverture est de pieces d'or en forme de tuiles, *là même.*

PALAMEDES, I, I. 8.

Grand ami des bonnes lettres, & nous est representé l'un des infortunés Princes de la terre, *ib.* 149.

Inventeur de tous les jeux, III. II. 41.

PALOS promontoire, I. II. 57.

PALATINAT, *ib.* 90.

PALESTINE, *ib.* 119.

PALLADIUM d'Enée, IV. II. 148.

PALLAS. Pourquoi seule sans mere entre toutes les Déesses, VI. I. 403.

Pourquoi representé armée, VII. I. 231.

Sortie du cerveau de Iupiter, *ib.* 305.

Pourquoi choisir l'Olivier pour son arbre, VII. II. 10.

Pallas & Mercure depeints ensemble par les Grecs, pourquoi, VII. I. 276.

PALMIERS, IV. II. 318.

PALMIER, II. I. 104.

Ils ne fructifient que par l'approche du mâle & de la femelle, VI. I. 456.

Les poutres de Palmier excellentes pour les bâtimens, *ibid.* 475.

PALUS ou Marais Meotide, I. II. 30. 54.

PAMBECUS, Astrologue prostitué sa femme à un certain Sasanus, VII. I. 400.

PAMPELUNE, ville Capitale de la Navarre, I. II. 58.

PAMPHAGES, peuple d'Ethiopie, II. II. 455.

PAN Dieu de la Nature, II. I. 1.

De Pan fausse Divinité, VII. I. 305.

PANATHENAIS, fille du Sophiste Herode, VI. II. 204. 205.

PANNONIE voyez Hongrie.

PANOPÆUM, ville de la Phocide, VI. II. 388.

PANTARBE, pierre, II. I. 92.

PANTHERE, Elle attire par ses agréables exhalaisons tous les animaux, excepté l'homme, VI. II. 396.

PANTOMIMES, I. II. 228.

PAOLO ERIZZO, scié par le milieu du corps par le moien d'une équivoque, III. I. 142.

PAON, II. I. 114.

PAPES, ils ont toûjours été bien traités par les François, IV. II. 390. *& suiv.*

En leurs plus grandes afflictions, ils n'ont point cherché, ni trouvé de protection plus présente ni plus utile, que celle des Rois de France, *ib*. 393.

Papes empoisonnés, VI. l. 481. Depuis quel tems nos Ss. Peres ont pris de nouveaux noms, *ib*. 299.

Du Pape Marcel & de la prédiction de Gauric, faite avant son Pontificat, I. l. 270.

Parabolani, VII. l. 94.

Paradoxe, il n'a rien en soi de mauvais pourvû qu'il ne soit point paralogue, V. II. 203.

Opinions paradoxiques utiles aux Sceptiques, *là même*.

Paralleles, I. II. 21.

Paralleles entre quelques actions des anciens Patriarches & celles des Heros, VI. II. 398. *& suiv*.

PARALLELES géographiques, I. II. 21.

Paralytique gueri par un transport de peur, & d'apprehension, III. l. 32.

Paranymphe toutes les douceurs n'en sont pas agréables, *ibid*. 283.

Parasanges, avec lesquels les Perses mesurent la distance des lieux, I. II. 27.

Paraselines, II. l. 78.

PARASITES, autrefois en grande consideration, VI. l. 157.

D'un Parasite fameux de ce tems là, *là même & suiv*.

Pardon. Il n'y a rien de plus glorieux que de pardonner genereusement à nos ennemis, VI. II. 317.

Pareties, II. l. 78.

Parens. Ceux qui sont reveches avec leurs propres parens, ou peu sociables envers eux, sont semblables au Monoceros de l'Inde, VI. II. 275.

De l'obligation d'assister nos parens, VII. l. 348.

Un parent ne sert de rien s'il n'est ami, *ib*. 348.

PARESSE animal, VI. l. 514.

PARESSEUX, animal, *voyez* Unau.

Parfum. Un jeune homme privé d'une préfecture par Vespasien, parce qu'il étoit trop parfumé, *ib*. 43.

Un Proscrit decouvert à l'odeur des parfums qui le trahirent, *là même*.

Les bonnes odeurs & parfums ne doivent pas être absolument condamnés, *ib*. 44.

Ceux qui ne les peuvent souffrir sont semblables aux Vautours & aux Escarbots, *ib*. 45.

La puanteur, punition divine, *là même*.

Les parfums font enrager les chats, VI. II. 396.

Parjure. Puni de mort, III. l. 127.

Le parjure ou faux serment est pire que l'Atheïsme, VII. l. 27. 28.

Observation remarquable des Païens, quand les jeunes gens vouloient jurer par le grand Hercule, *ib*. 28.

PARIS, Ville capitale du Roiaume de France, de son nom, de sa grandeur, de sa beauté & de son sejour, VI. II. 185. *& suiv*.

PARME, Ville & Duché, I. II. 65.

PARNASSE, montagne, *ib*. 71.

DES MATIERES. 357

De la *Parole* & du trop parler, VII. l. 93.

Dernieres paroles d'un ami mourant, *ib.* 206. *& suivant.* *Voyez* Diction.

Des trois PARQUES, & de la connoissance des tems qui leur est attribuée, VI. l. 444.

PARRHASIUS est le premier qui a enrichi la peinture de la Symmetrie, ou proportion que doivent avoir les parties entre elles, *ib.* 93. 94.

PARRICIDES, III. II. 204.

Solon ni Romulus n'établirent aucune peine contre les Parricides, & pourquoi, *la même.*

PARTISANS, du mal qui peut venir de leur part. Appellés ordinairement les sangsues du peuple, & les Harpies des Rois, I. l. 77.

Il y a des tems où l'on ne se peut passer d'eux, *là même.*

PAS de Calais, I. II. 30. 44.

PASCHAL II. du nom Pape, honoré & favorisé par les François, IV. II. 390.

PASSAGE hardi de Cesar, I. II. 63.

PASSAU, ville, I. II. 90.

Passions en general, I. II. 244. *& suiv.*

Il n'y a point d'ame si pure ni si privilegiée, qui ne ressente le mouvement des passions, *ib.* 246.

Passions primitives & generales, *là même.*

Passions mixtes, *ib.* 247. 262.

PATAGONS, Géans en l'Amerique Meridionale, I. II. 167.

PATHMOS, île, *ib.* 124.

Patience, VI. II. 205.

La principale doctrine, & la plus grande gloire de l'homme en procedent, *là même.*

Patrie. La passion pour sa patrie & pour ceux de sa nation, II. II. 350. *&* VI. II. 231.

Patrie d'election aussi bien que de naissance, II. II. 60. *& suiv.*

De l'amour que nous devons avoir pour nôtre patrie, V. II. 161.

Exemples de plusieurs personnes qui ont préferé l'amour & l'affection de leur patrie, à celle même de leurs enfans, & de leurs amis, *là même.*

Traîtres à leur patrie, punis de mort, *ib.* 162.

PATRIMOINE de S. Pierre, I. II. 66.

PAU ou Po, fleuve, *ib.* 63.

PAUL grand Theologien d'Etat des Venitiens, II. I. 225.

PAUL II. du nom Pape, se fardoit le visage, III. I. 121.

Sa mort attribuée à des pierres precieuses qu'il portoit, VI. I. 28.

Il avoit une forte haine contre les hommes studieux, VII. I. 150.

Paume, Jeu, I. I. 233.

PAVOASAN ville, I. II. 155.

PAUSIAS, Peintre, VI. I. 96.

PAUSILIPPE montagne, I. I. 357.

Pauvreté. Elle est negligée & méprisée par tout, II. II. 250. *& suiv.*

Z iij

La pauvreté est le fondement de l'Empire Romain, VI. l. 179.

Autel dedié à la pauvreté, V. ll. 311.

Peau. L'homme est celui des animaux qui a la peau la plus douce, II. l. 152.

Peccatum & son étimologie, II. ll. 283. 284.

Du peché & de ses distinctions & divisions differentes, ib. 283.

PECQUIGNY & Pecqueny, VI. l. 310.

Pedant. De celui qui merite le nom de Pedant, VII. l. 51.

PEGASE cheval celebre & renommé. Belle mythologie, VI. l. 367.

PEGU, Roiaume. Ses habitans trafiquent sans parler, III. l. 85.

PEGUIN, ville admirable pour sa grandeur, VI. ll. 379.

PEGUINS, leur origine, III. l. 170.

Peinture, II. l. 266. I. l. 219.

Maltraitée par Seneque, VI. l. 84.

Considerable pour son antiquité & pour son utilité, là même & suiv.

Estimée & cultivée de plusieurs grands Princes, des Philosophes & des plus beaux esprits, ib. 85. & suiv.

Peintres, II. ll. 498.

PELASGIENS, nom des anciens Grecs, au lieu de celui de Pelargiens, VI. l. 49.

Pelerinages. Les vœux ou presens qui s'y font, en usage dans l'une & dans l'autre Inde, & parmi les anciens Grecs, VII. l. 289.

PELION montagne, I. ll. 71.

PELOPONESE Isthme, dite aujourd'hui la Morée, ibid. 26. 70.

PELORE, cap ou promontoire de Sicile, IV. ll. 45.

Pendans d'oreilles portés par une Lamproie, & par des Anguilles, VI. l. 31.

De tout tems & en tous lieux, les femmes en ont fait une de leurs plus grandes vanités, ib. 30. & suiv.

Reproche & plainte de Seneque, qu'elles portoient deux ou trois patrimoines au bout de chaque oreille, ib. 31.

En usage presque par tout le monde, ib. 31. & suiv.

PENELOPE. La jalousie de son mari l'obligea de le quitter, & à s'éloigner de sa compagnie, VI. ll. 318.

PENEUS, fleuve, I. ll. 71.

PENIE Déesse de l'Antiquité, II. ll. 253.

Peninsule. I. ll. 28.

Pennaches prohibés dans Venise, II. ll. 102.

Pentagone, VI. l. 396.

PEONIENS, ils jettent leurs morts dans les étangs, ibid. 207.

PEPIN donne l'Exarchat au S. Siége après en avoir chassé les Lombards, IV. ll. 391.

PEQUIN capitale de la Chine, I. ll. 130. VI. ll. 379.

DES MATIERES.

PERDRIX, son vol donne de l'épouvante, III. l. 25.

Celles de Paphlagonie ont deux cœurs, IV. l. 160.

Pere. Un pere épouse ses propres filles, I. l. 60.

Pouvoir du pere sur ses enfans, l. II. 290.

Pere & mere. Du respect qui leur est dû par leurs enfans, V. II. 156.

Deux filles qui ont nourri de leurs mammelles dans la prison, l'une son pere, l'autre sa mere, *ib*. 157. *& suiv*.

Peres étant vieux sont mangés par divers Nations, VII. l. 12.

Perfection, la plus raffinée a toûjours quelque trait d'imperfection, V. l. 105.

PERGAME ville de la grande Mysie, l. II. 117.

PERIANDRE, un des sept sages de la Grece, VI. l. 218.

PERICLES, I. l. 165.

Moderation admirable à souffrir le mepris & les injures, VI. II. 153.

PERIOECI, serviteurs qui labouroient la terre, II. l. 101.

Periodes. De la peine excessive que se donnent certaines personnes en la composition d'une periode, II. l. 221. *sequ*.

PERIPATETICIENS & leurs erreurs contre la foi & la religion, III. l. 306.

Peripateticiens, ou Secte peripatetique, *voyez* Aristote.

Periphrase, l. II. 211.

PERLES & leur production, II. l. 58.

Belle remarque des moindres Dames Romaines qui en vouloient porter, II. l. 89.

Perles grosses comme l'œuf d'une poule, ou d'une oye, & admirablement rondes, VI. l. 39.

Peroraison, à quoi elle s'emploie, I. II. 203.

Préceptes de grande importance pour la Peroraison, *ib*. 206.

PEROU. ib. 168. De la conquete païs par les Espagnols, & de la justification ridicule du droit des mêmes Espagnols sur ce même pais par Sandoüal, IV. II. 324. *& suiv*.

PERUSIN, l. II. 66.

PEROVIENS. Ils ne mangent jamais de viande, pour le moins en une contrée, II. II. 474.

PERROQUETS. La femelle honore son mâle, III. l. 325.

PERSE. Sa situation & sa description, ses principales Provinces, I. II. 125. *& suiv*.

PERSES. Ils se fioient grandement aux prédictions des Mages qui étoient leurs Astronomes, I. l. 268.

De leurs festins, *voyez* Festins.

De la sepulture de leurs morts, VI. l. 209.

Ils se plaisent à avoir les ongles jaunes, VI. II. 362.

Les femmes y sont fort belles, VII. l. 267.

PERSE'E tué en dormant, III. l. 141.

PERTINAX Empereur, II. II. 412.

Z iiij

PESCHER, consacré au Dieu Harpocrate par les Egyptiens, pourquoi, VII. l. 276. 277.

Des PESCHES en Perse, VII. I. 116.

Peste. La peste a fait cesser les Oracles, ib. 166.

Les pestiferés ne sont point abandonnés en Egypte comme ils le sont ailleurs, ib. 203.

La peste y commence presque toûjours au mois de Mars, & n'y dure que trois ou quatre mois jusqu'aux grandes chaleurs, ib. 204.

PETALISME des Syracusins, I. II. 318.

Le Pere PETAU trop rigoureux censeur des œuvres de Ioseph Scaliger, VII. I. 126.

Peter ou lacher vent en compagnie, est une vilaine action, & une liberté scandaleuse. Remarques curieuses, VII. I. 331.

PETERSBOURG, I. II. 54.

Petitesse, Elle est souvent le symbole des choses precieuses, III. I. 103.

PETRA Ville capitale de l'Arabie Petrée, I. II. 122.

PETRARQUE. Son grand savoir le rendit suspect de magie, V. II. 275.

Peuple fort changeant & constant de sa nature, VII. II. 152.

Comparé au Peuplier, & aux épis de blé, là même.

PEUPLIER, arbre changeant, là même.

Peur, I. II. 257. voyez Crainte.

PHALANTUS trompé par le moien d'une équivoque, III. I. 139.

Phare, d'Egypte, VI. II. 359.

PHARISIENS. Ils faisoient seuls profession de la Politique, & avoient part au gouvernement de l'Etat, VI. II. 86.

PHASIS fleuve, I. II. 120.

PHEACIENS, peuple, II. II. 250.

PHEMONOE, voyez Pythie.

PHENGITES, pierres de marbre, VI. I. 476.

PHENICIENS, I. I. 271.

Phenomenes, II. I. 78.

PHERECIDES Précepteur de Pythagore, n'étoit pas Assyrien, I. I. 366.

Avoit l'odorat très subtil, VI. I. 40.

Il prédit un tremblement de terre, VI. II. 213.

PHILAGER, Sophiste, ennemi de la conversation, & hypocondriaque, II. II. 218.

PHILENES, deux freres que l'amour de la patrie fit mourir glorieusement, IV. II. 182.

PHILETAS, Poëte, avoit le corps étrangement petit & leger, III. I. 98.

PHILIPPE de Macedoine. Moderation admirable à souffrir les offenses, II. II. 427.

PHILIPPE II. Roi d'Espagne, peu respectueux envers le Pape & le S. Siege, IV. II. 399.

Il a voulu confondre parfois la cruauté avec la justice, I. I. 55.

DES MATIERES.

Acte d'une grande clemence, *ib.* 54. 55.
Il dépensa de grandes sommes d'argent à la Chymie, *ib.* 328.
Ennemi de la Magie, *ib.* 375.
Il n'avoit point du tout d'odorat, VI. l. 39.

PHILIPPINES, îles, I. II. 135.
PHILOCTETE, II. II. 321.
PHILOLAUS le Corinthien, *ib.* 65.
PHILONIDE grand & diligent Pleton, VI. l. 255.
Philosophie & Philosophe, origine de ces noms, V. l. 232. & *suiv.*
Philosophie, II. II. 489.
 Qu'est-ce ? C'est une chose plûtôt à souhaiter qu'à esperer, de lui voir porter le Diademe, I. I. 159.
 De la Philosophie morale en général, I. II. 239.
 Trois façons de Philosopher, V. l. 292.
 De la Philosophie de Platon, II. II. 12.
PHEBUS, surnommé λοξίας, VII. I. 174.
PHOENICIE, I. II. 118.
PHOQUES Marins, leur familiere conversation avec les Ethiopiens Ichthiophages, III. I. 174.
PHOSPHORE, ou Lucifer, V. l. 235.
PHRYGIE la petite, I. II. 117.
PHRYGIENS, V. II. 135.
Physionomie, I. I. 367.
 La plûpart de ses jugemens sont fondées sur la ressemblance des hommes avec les animaux, *là même.*
 Les plus fortes inclinations se prennent du visage, les moindres du ventre, & les moiennes de l'estomac, des pieds & des mains, *ib.* 368.
Physique. Il n'est pas mal à propos qu'un Monarque en ait la connoissance, I. l. 183. II. l. 1. & *suiv.*
 C'est la science des choses naturelles, ou de tout ce qui se passe dans la Nature, II. l. 1. *& qu.*

PIC de la Mirande, & la prédiction qui lui fut faite de sa mort, I. l. 271.
PICARDIE, I. II. 100.
PICARRE, riche Marchand, III. l. 92.
PICOS FRAGOSOS montagnes, I. II. 139.
PIEMONT, *ib.* 64.
PIERRES. Elles sont mixtes parfaits, II. l. 91.
 Sont des corps fossiles ou tirés de la terre, *la même.*
 Estimés les os de la terre, *là même.*
 Il n'y en a pas par tout, *là même,*
 Il semble qu'elles vegetent, ou croissent dans la terre, *là même.*
 Il s'en engendre dans les corps des animaux, *là même.*
 D'autres pierres considerables par quelques vertus & qualités particulieres, *ib.* 92.
PIERRE Philosophale, I. I. 328.
 Le desir de posseder cette pierre imaginaire s'est emparé de l'esprit même des plus grands Monarques, *ibid.* 328, 329.

Z v

Figure des chercheurs de cette pierre fantastique, *ib.* 343.

Le témoignage de ceux qu'on veut qui aient possédé cet inestimable trésor, & qui en aient donné des preuves par de véritables projections n'est fondé que sur des narrations fabuleuses, *ib.* 345.

Des raisons que l'on allegue en sa faveur, *ib.* 347. & *suiv.*

Il n'y a point de raisons physiques qui montrent évidemment l'impossibilité de faire artificiellement de l'or, *là même.*

Saint Thomas n'en a jamais parlé affirmativement, comme on le veut absolument, & on lui attribuë faussement des Traités entiers de la Chimie aussi bien qu'à son précepteur Albert le Grand, *ib.* 347. 348.

Moralement parlant, la pierre philosophale ne peut pas être trouvée, *ib.* 348. 349.

Beau trait d'un Chiaoux du Grand Seigneur, *ib.* 350.

Vraisemblablement la pierre philosophale n'a jamais été trouvée, *ib.* 352.

PIERRE le cruel, Roi de Castille, V. ll. 160.

Saint PIERRE de Rome est la plus spacieuse Eglise du Christianisme, VI. l. 471.

PIE IV. Pape maltraité par les Espagnols, IV. l. 358.

Pilotes, I. l. 207.

Il y a beaucoup de choses dans cet Art, dont un Roi de France entre tous les autres, doit être particulierement informé, *là même.*

Armées navales dressées promptement, *ib.* 209.

Une galere assemblée & dressée en deux heures de tems, *ibid.* 211.

PIN, II. l. 104.

PINDE montagne, I. ll. 71.

PISANDRE avoit peur de rencontrer son ame, III. l. 26.

PISE ville & Republique, I. ll. 66.

PISISTRATIDES, VII. l. 172.

PISTACHIERS, *ib.* 256.

PITTACHUS, un des sept sages de Grece, I. l. 227.

PIURY, Ville des Grisons entierement ruinée par un tremblement de terre, VI. ll. 211.

Plage, I. ll. 30.

Plagiaire, crime infame de certains Ecrivains, qui s'attribuënt des travaux d'autrui sans leur en faire aucune reconnoissance, IV. ll. 161.

Plainte contre certaines personnes, qui ne s'entretiennent jamais en compagnie que des malheurs du tems, II. ll. 233.

PLAISANCE, ville, I. ll. 65.

Du *Plaisir* d'une joüissance paisible, & des disgraces du contraire, VI. ll. 369.

PLANETES, I. l. 294.

Plante. Chaque plante a quelque chose de singulier, II. l. 103.

Plante sensitive ou herbe sensitive, appellée encore de divers autres noms par les Modernes, II. I. 97.

Plante dont les fleurs changent de couleur trois fois le jour, VII. II. 175.

PLANTE-AGNEAU VI. l. 455.

PLATINE, blâmé pour ses invectives contre les Papes, VII. I. 150.

PLATON. Sa doctrine estimée moins préjudiciable à la Religion que la Peripatetique, III. l. 409.

En très grande estime & reputation, surnommé le Divin, II. II. 9.

De sa naissance que l'on a fait miraculeuse, V. l. 132.

Particularités considerables touchant sa mort, ibid. 133. & suiv.

PLATONICIENS, ils avoient de l'aversion pour leurs peres & meres, V. II. 160.

PLATTA riviere, dite autrement, la Riviere d'argent, I. II. 166.

Pleonasme, ib. 218.

PLESCOV, ville, ib. 54.

Pleurs. Elles adoucissent nos afflictions, III. l. 290.

Il peut y avoir de l'excés, ib. 291.

PLINE le jeune, VI. II. 256.

De sa moderation, II. II. 271.

PLUIE, ce que c'est, II. l. 74.

Pluïes extraordinaires & prodigieuses, là même.

De la pluïe de sang, ib. 75.

Superstition des Anciens pour faire pleuvoir, la même.

De la plus grande pluïe, ib. 76.

Les Turcs prennent à bon augure, si la pluïe les surprend en sortant, & cheminent alors plus volontiers, VII. l. 155.

PLUTON avoit une concubine outre Proserpine sa femme, VII. l. 393.

PLUTUS estimé le plus beau & le plus desirable des Dieux, II. II. 244.

PODELASSIE, province, I. II. 82.

PODOLIE, province, là même.

Poësie, I. I. 213. & suiv.

Ce n'est point une occupation absolument indigne de l'esprit d'un Souverain, là même.

Princes sans nombre de diverses Nations qui s'y sont adonnés, là même & suiv.

Instance contre l'honneur de la Poësie, ib. 216.

Les Poëtes en mauvaise estime parmi les Romains, là même & suiv.

Poëte flateur maltraité par Attila, III. l. 237.

Des Poëtes, voyez Poësie.

Poil. Nôtre corps devient droit velu comme celui de la plûpart des animaux, si ce n'étoit l'attouchement de nos habits qui l'empêche par une continuelle attrition, III. l. 175.

Hommes aux Indes garnis de poil & de plumes presque comme les oiseaux, là même.

Poison, V. I. 219. & VI. I. 479.

Ce que la réligion a de plus saint emploié à divers poisons, ib. 480.

En combien de façons on a

voulu pratiquer le poiſon, *ib.* 481. & *ſuiv.*

Poiſſons. Combien il y en a d'eſpeces, II. 1. 114.

Pluie de poiſſon, *là même.*

Poiſſons terreſtres, autrement foſſiles dans la terre, *là même.* & *ſuiv.*

Le poiſſon eſt plus delicieux que la viande, VI. II. 347.

Poiſſon qui croit à vûe d'œil, & dont l'augmentation ſe remarque de jour en jour, VII. II. 52.

Poiſſons volans, II. 1. 98.

Poiſſons terreſtres, *ib.* 98. Le poiſſon ſacré, *ib.* 118.

Poiſſons ſans nageoires, I. II. 45.

POLEMON Sophiſte grand parleur, ſe fait enterrer à la hâte tout en vie, II. II. 200.

Poles Arctique & Antarctique, I. II. 5.

La terre eſt habitable ſous les Poles, II. II. 81.

POLESINE, I. II. 66.

Police. Elle ne peut ſubſiſter ſans la Morale, V. I. 297.

POLISTRATE & Hypoclides grands amis, II. II. 142.

Politique en general. Cette ſcience eſt naturelle à l'homme, I. II. 299.

Du prix & de la dignité de la Politique, *ibid.* 300.

Avantage qu'elle a ſur toutes les autres profeſſions, *là même.*

Les Souverains ſont plus obligés que perſonne d'en faire cas, & de la cultiver ſoignement, *ib.* 301.

POLOGNE, ſa deſcription, d'où ainſi nommée, I. II. 80.

Diviſée en grande, qui eſt baſſe Pologne, & en petite qui eſt la haute Pologne, 81.

POLYBE, excellent Hiſtorien IV. II. 32.

Son hiſtoire eſt univerſelle *ib.* 34. *ſequ.*

POMMES que l'on dit avoir le dedans plein de cendres, VI. II. 331.

POMONA, voyez Mainland.

POMPEE. Son impieté. IV. I. 183. 184.

POMPEIA femme de Ceſar, IV. II. 102.

Pompes funebres, elles contentent pour le moins les vivans, ſi elles ne ſervent aux defunts, VI. I. 204.

Differentes façons de rendre les derniers devoirs aux morts, *ib.* 205. & *ſuiv.*

Diverſes ceremonies obſervées aux pompes funebres, *ib.* 211. & *ſuiv.*

POMPONACE, III. I. 410.

M. POMPONIUS Marcellus excellent Grammairien, II. I. 200.

PONT EUXIN, I. II. 73.

PORCELAINE, VI. II. 104.

Fort plein de poiſſons apprivoiſés pour le divertiſſement des vieilles gens, II. II. 294.

PORTO BELLO ville, I. II. 163.

PORTUGAL, Couronne & Royaume, & de ſes dependances, I. II. 61.

Un Portugais infolent & impie, III. l. 207.
POSNANIE, ville, I. II. 81.
Poſſedés, VI. I. 89
POSSIDONIUS, I. I. 160.
Poſtes, & de leur établiſſement, VI. l. 256. & ſuiv.
POSTHUMIUS Albinus, IV. II. 175.
POTAMON d'Alexandrie, Chef d'une ſecte de Philoſophes nommés Eclectifs, ou Electifs, V. I. 327.
Poudre de projection, I. I. 333.
POULE, Remarques particulieres, II. I. 112.
Poûs des malades, VII. I. 37.
Pratiques des Chinois, & de ceux du Perou, pour l'obſervation du poûs, là même.
Le POURCEAU ordinaire ne peut s'élever en Arabie, II. I. 120.
Pourceaux engraiſſés de cannes de ſucre. Leur chair eſt eſtimée la plus delicate, II. II. 475.
POURPRE, couleur, Elle a toûjours été une marque de ſouveraineté, III. I. 120.
C'eſt le ſymbole de la grandeur, IV. I. 243.
PRAGUE, Ville capitale de Boheme, I. II. 90.
PRAXITELE Peintre, VI. I. 98.
PREADAMITES, VI. II. 357.
Précepteurs. Ceux des Rois font des nourriciers ſpirituels qui doivent imiter la Nature, I. I. 46.
Prédeſtination, VI. I. 447.
Prédiction. C'étoit un art de charlatanerie parmi les Païens, comme elle l'eſt encore dans toutes les provinces de l'Amerique, VII. I. 195.
PRESBOURG ville principale de la Hongrie du côté du Nord, I. II. 76.
Preſéance. Celle des Rois de France ſur les Eſpagnols comme fils aimés de l'égliſe, IV. II. 368.
Préſomtion. En matiere de crimes, la preſomtion va contre ceux qui en profitent, IV. I. 249.
Prêtre-Iean, I. II. 143. & ſuiv.
Prêtre-Iean, en Aſie, ib. 112.
Prêtres. Ceux de Mexique ſe vantoient de conferer avec leurs Dieux, après s'être frotés d'un certain onguent abominable, I. I. 359.
Pretendientes, Eſpagnols, VII. I. 3.
Préventions. Elles ſont puiſſantes ſur les eſprits, même les plus éclairés, VII. I. 6.
Prévoïance de la mort, VI. II. 162. & ſuiv.
Princes & Monarques. Ils ſont la forme de la plûpart des actions de leurs peuples, I. I. 4.
Redevables à Dieu plus que perſonne, ib. 21.
Il doivent donner à leurs ſujets l'exemple d'une vraïe devotion, ib. 22.
La plûpart des Rois de la terre ont joint le ſacerdoce à leur diademe, là même.
Du PRINCE d'Orange, I. I. 100.
Un Principe, veritable ne ſe peut diviſer en d'autres principes, II. I. 5.
Diverſité d'opinions touchant les principes de tous les Etres, là même.

L. *PRISCILLIANUS*, vaillant & hardi Capitaine, III. l. 19.

Prison. C'est une peine & une espece de supplice, VI. I. 383. 384.

La prison qui sert de peine à quelques-uns est un sujet de gloire aux autres, *là même*.

Privation, qu'est-ce, II. l. 10.

C'est un troisiéme principe de la génération, *là même*.

Procés. L'homme est le plus contentieux de tous les animaux qui se plaît à l'injustice, VI. I. 341.

Les Chrétiens sont entre tous les hommes les plus hargneux & les plus processifs, *là même*.

De l'inclination naturelle de l'homme au procés, & de la cause generale de tous les procés, debats, & contestations, VI. II. 252. *& suiv.*

PROCOPE, Historien Grec, n'étoit pas Chretien, IV. II. 144. *& suiv.*

Superstitions païennes qui paroissent dans tous ses livres. *ib.* 146. *& suiv.*

PROCOPE Gazæus, autre que Procope l'Historien, *ib.* 166.

Prodigalité criminelle parmi les Corinthiens, II. II. 461.

Il n'y a rien de plus infame, condamnée & puni par les Anciens, VI. l. 247.

Prodiges & superstitions païennes, IV. II. 212. 213.

Il ne faut pas deferer à l'autorité de ceux qui ont recité tant de merveilleux prodiges, VI. II. 240.

Les plus celebres Historiens Grecs & Latins ont rempli leurs ouvrages d'une infinité d'impostures, qu'ils font passer pour des miracles, *là même & suiv.*

Productions. Celles de l'ame sont en leur commencement de la Nature des vins nouveaux, II. l. 222.

C'est une legereté trop grande de condamner toûjours les premiers expressions, pour en mettre d'autres, qui souvent ne les valent, *ib.* 223.

Profusion des Princes, VI. II. 169. *& suiv.*

Promenade, IV. I. 21.

L'aversion contre un si agréable diversissement est presque toûjours la marque d'un esprit chagrin & de petit talent, *ib.* 22.

Elle est le propre des Philosophes & des personnes savantes, *là même sequ.*

Promesse. Il faut user d'une grande retenuë, quand il est question de promettre quelque chose, VI. I. 112.

Il faut se montrer religieux observateur de ce que l'on promet, *ib.* 113.

La conduite des grands & le procedé même de la plûpart des hommes doivent avoir des regles bien differentes, *là même*.

On ne doit jamais rien promettre sans dessein de l'esse-ctuer, *là même*.

PROMETHE'E esclave de sa renommée, II. II. 189.

Patron de la prudence humaine, VI. II. 165.

Promontoire, I. II. 28.

Promontoire sacré, *ib.* 57.

Prononciation, *ib*, 222. & *suiv.*

Prophetie. Tous ceux qui ont eu le don de prophetie n'étoient pas saints, VI. II. 126. VII. I. 294.

PROPONTIDE, I. II. 73.

Proportion d'Arithmetique, & proportion Geometrique, *ib.* 267.

Propos & entretiens de table, II. II. 468.

Proposition. Si deux propositions contradictoires peuvent être vraies en même tems, V. II. 155.

Les propositions *de futuro in materia contingenti*, doivent être determinement vraies, VII. I. 8.

Prose chagrine, son stile & sa façon de parler, III. I. 378.

Prosopopée, I. II. 214.

Prosperité. Elle n'est qu'une apparence trompeuse, n'a rien de solide, & ne subsiste qu'en l'imagination, II. II. 360.

Prosperité admirable de deux grands Monarques, accompagnée de grandes disgraces, adversités & mortifications, *ib.* 362. & *suiv.*

PROVENCE, I. II. 101. 102

Providence divine, VI. I. 446.

Des dix-sept *Provinces* des Païsbas, I. II. 91.

Prudence Morale, & sa definition, *ib.* 269.

Regles de la prudence, *ib.* 270. & *suiv.*

Diverses sortes de prudence *ib.* 273.

De la prudence naturelle, *ib.* 269.

La prudence & la fortune sont ennemies irreconciliables, II. II. 352.

La prudence & la sagesse viennent de Dieu, VI. I. 17.

Le sage est extraordinairement rare, *ib.* 16.

Pourquoi il est difficile à trouver, *là même.*

Des sept sages de la Grece, *ibid.* 17.

De l'excellence de la Prudence. Bel éloge, *ib.* 20. & *suiv.*

De l'oiseau consacré à cette Déesse, *ibid.* 21.

PRUNIER. D'où vient le proverbe, *Sot comme un Prunier*, II. I. 101.

PRUSSE, Province de la Pologne, divisée en Prusse Roïale, & Prusse Ducale I. II. 82.

PSYLLES, IV. II. 119.

Ils guerissent la morsure des Serpens en Afrique, VII. I. 416. 417.

PTOLOME'E Philadelphe, II. II. 210.

Le *PU* des Chinois, I. II. 27.

PUCE, VI. I. 289.

Remede pour se préserver des puces, *ib.* 475.

Pucelage. Les Turcs se promettent qu'ils retrouveront leurs femmes pucelles en l'autre monde. VI. II. 319.

Fontaine où Iunon se lavant tous les ans, recouvroit son pucelage, *ib.* 318. *voyez* Iunon.

La *Pudeur* & la honte differente l'une de l'autre sont souvent prises l'une pour l'autre, VI. I. 45.

De la pudeur & modestie honteuse, requise aux hommes aussi bien qu'aux femmes comment elle se reconnoît en une personne, *ib.* 47.

Du soin qu'avoient les Romains de la pudeur de leurs femmes, *ib.* 48. 49.

Pudeur & honte louable des filles Milesiennes, *ib.* 49.

De la *Puissance* d'un Monarque, I. II. 347.

Nous devons admirer la puissance de Dieu, & les œuvres de la Nature, & ne les pas mesurer à la capacité de nôtre esprit, III. I. 183.

La puissance de Dieu est limitée par sa volonté, VII. I. 78.

Punition des crimes. Elle est une partie essentielle de la justice, VI. I. 378.

Les punitions qui se font de jour, sont plus utiles que celles qui se font de nuit, *ibid.* 379.

Pusillanimité, vice, II. II. 178.

PUTIPHAR, sa femme veut en vain corrompre Joseph, VII. I. 298.

PYGMÉES en guerre perpetuelle avec les Grues & les Perdrix, III. I. 99. *seqq.*

Pyramides superbes d'Egypte, I. I. 198.

PYRENÉES Montagnes, I. II. 57.

PYRRHON Chef & Fondateur de la secte Sceptique, nommée autrement des Pyrrhoniens Ephectiques, Zetetiques, & Aporetiques, V. I. 285. *seqq.*

PYRRHONISME, III. I. 301. & *suiv.*

Les doutes du Pyrrhonnisme tout pur, qui n'est point circoncis ni soumis à la foi, sont dangereux, *ibid.* 315.

PYTHAGORE aimoit grandement la Musique, V. II. 85.

Sa doctrine touchant la transmigration des ames en grande estime parmi les Anciens, III. I. 425. & *suiv.*

Fondateur de la Philosophie Italienne, & de la secte Pythagorique, V. I. 228. & *suiv.*

PYTHAGORICIENS, & leur présomtion, III. I. 205.

Pythagoriciens Sebastiques, Mathematiciens politiques, V. I. 247.

PYTHAGORIENS, *ib.* 148.

PYTHAGORISTES, là *même.*

PYTHEAS, conte fabuleux touchant la fin du monde, VI. II. 353.

PYTHE, Prêtresse ou Religieuse d'Apollon, rendoit des oracles à ceux qui la consultoient dans Delphe, VII. I. 159.

Qui elle étoit, & en quel tems elle rendoit ses oracles, *là même.*

Estimée de quelques-uns la Sibyle Daphné, *là même.* & *suiv.*

PYTHO, Déesse à Sparte, VII. II. 9.

QUADRIGARIUS

Q.

QUADRIGARIUS Historien Latin, IV. II. 176.

Les *Qualités* secretes & occultes de la substance des choses sont des asyles de l'ignorance humaine, IV. II. 321.

QUEBEC, place principale de la nouvelle France, I. II. 160.

QUILOA roiaume, *ib.* 152.

QUINSAY, ville merveilleuse, & admirable pour sa grandeur, *ib.* 112. VI. II. 380.

QUINTE-CURCE, Historien Latin, en quel tems il vivoit, IV. II. 222.

De son histoire, de la perte que nous en avons faite d'une partie, & du supplement qui nous en a été donné, *ib.* 224.

QUIVIRA, païs & contrée de l'Amerique Septentrionale, I. II. 163.

R.

Rade, I. II. 30.

RAGOUSE, Ville & Republique, I. II. 75.

Les *Railleries* & les mots piquants en table, causent du desordre dans une compagnie, VI. II. 339. *& suiv.*

Raison, elle est un joüet à toutes mains, que le mensonge manie comme il veut, & dont il s'aide aussi bien souvent avec plus de grace que ne fait la vérité, V. II. 168.

La raison est fille du Ciel, & elle n'est point contraire à la Réligion, VII. I. 74.

Raisonnement des hommes, combien different, VII. I. 203. *& suiv.*

RANCONNET, President Mathematicien, I. I. 269.

RAPHAEL Urbain, Peintre excellent, VI. I. 94.

Rapports qui se trouvent de l'Histoire-Sainte avec la profane, ne doivent point être censurés, VI. II. 399. *& suiv.*

RATISBONE, ville, I. II. 90.

RATS qui ruinèrent l'armée de Sannacharabus, VII. I. 304.

Un rat chatré fait fuir tous les autres, VII. I. 256.

RAVES de deux aunes de longueur, VI. I. 460.

Recitations en usage parmi les Anciens, II. II. 68. *& suiv.*

Du recit d'un ouvrage, VII. I. 274. *& suiv.*

Reconnoissance des bienfaits, *voyez* Gratitude.

Records de sergens, & leur origine, VII. I. 57.

Recreations honnêtes, VI. II. 256. *& suiv.*

De la *Redondance* dans un discours, I. II. 221.

REGGIO, ville, *ib.* 62. 63. 65.

REIMS capitale de la Champagne, *ib.* 101.

Tome VII. Part. II.   A 2

Rejoüissance appellée *Vitulation* par les Romains, II. II. 398.

Religion, c'est le premier appuy d'une Monarchie, I. I. 18. 20. & *suiv.*

Le prétexte de la Religion vaut beaucoup aux choses temporelles, & son unité fort importante à un Etat, IV. II. 338. & *suiv.*

Avantage que savent en prendre les Espagnols *voyez*, Espagnols.

Les plus modérés Theologiens condamnent d'irreligion la violence au fait de la conscience, & de la Religion qui veut être encore plus libre que la volonté, *ib.* 342.

De la vraie & essentielle devotion des François *voyez* François.

Contre les abus qui se commettent dans nôtre religion, III. I. 263.

La plûpart des abus qui se commettoient dans la religion des Anciens, se pratiquent dans la religion Chretienne, *ib.* 264. & *suiv.*

Les Mahometans ne permettent point d'en discourir, ni d'user de raisonnement touchant la Divinité, VI. I. 227.

Les Pythagoriciens tenoient l'extremité contraire, *là même.*

Le Christianisme tient une voie moienne entre ces deux extremités, *ib.* 228.

La religion n'est point contraire à la sagesse, ou a la raison VII. I. 74.

Religion Catholique, elle a senti de merveilleux effets de la devotion & pieté des François, IV. II. 395.

Elle a fort peu d'obligations aux Espagnols, *ibid.* 400. & *suiv.*

Reliques & l'honneur qui leur est dû, en usage parmi les anciens Paiens & au nouveau monde, VII. I. 292.

Remarques nouvelles sur la langue Françoise, VI. II. 1. & *suiv.*

Remarques Geographiques, VII. II. 214.

Reminiscence, elle est distincte de la memoire, VII. I. 58.

Quelquefois elle se confond avec la memoire, & avec la souvenance, *ibid.* 57.

Reminiscence reservée à l'homme seul par Aristote, *là même.*

La reminiscence d'Aristote est differente de celle de Platon, *ibid.* 58.

REMORE, II. I. 117.

RENES ou Rangiferes, animaux d'une grande vitesse, VI. I. 259.

RENNES capitale de la Haute Bretagne, I. II. 103.

Renommée ou reputation. Belles remarques, II. II. 184. & *suiv.*

Repas. Plusieurs personnes de qualité très eminente, qui prenoient leur repas à toute heure indifféremment qu'ils avoient appetit, VI. I. 161.

D'un grand bûveur, *là même.*

Repos. Belles remarques en sa faveur, II. II. 164. & *suiv.*

Le repos étoit une Divinité

parmi les Romains, VII. I. 283.

Du repos sans oisiveté, *ibid.* 284.

Repugnance & contrarieté naturelle, observée dans tous les ordres de la Nature, IV. II. 317. *& suiv.*

REPUTATION, II. II. 405.

De celle des parens, *là même.*

Nous devons avoir soin de nôtre reputation, VI. II. 274. *& suiv.* it. VII. I. 94. *& suiv.*

Nous sommes obligés de conserver nôtre bonne renommée, VI. I. 342.

Reticence, I. II. 214.

Retour des ames, I. I. 373.

Retraites paisibles des hommes studieux, & le profond loisir ou les plus grands hommes de tous les siécles ont souvent cherché leur quiétude, III. I. 356.

La retraite de la Cour & le retour dans une vie Philosophique n'est point blamable, VII. I. I. *& suiv.*

Revelations surnaturelles d'avis & de nouvelles, VI. I. 261.

RHA, fleuve, I. II. 53.

RHEGIO, ville de la Calabre, I. II. 62.

RHENE, Isle, VI. I. 211.

Rhetorique, c'est une faculté si roiale, qu'elle donne le commandement souverain parmi les hommes à ceux qui la possedent, I. I. 165.

On doit soigneusement cultiver ce qu'un jeune Prince ou Monarque peut avoir de naturel à l'Eloquence, *ib.* 166.

Conditions requises à l'Eloquence d'un Prince, *ib.* 167.

Qu'est-ce, & en quoi elle consiste, I. II. 175.

Ses principales parties, & en quoi elles s'emploient, *ib.* 176. 177.

Des lieux generaux dont se sert la Rhetorique, *ibid.* 182. 183.

Des lieux particuliers, qu'on emploie dans le genre demonstratif, *ib.* 183. *& suiv.*

Des lieux utiles au genre deliberatif, *ib.* 186.

Des lieux propres au genre judiciaire, *ib.* 187. *& suiv.*

RHIN fleuve d'Alemagne, *ibid.* 87.

RHODES, Isle, *ib.* 124.

De sa perte, IV. I. 360.

Elle a été utile & avantageuse aux Rhodiens, VI. II. 217.

RHODIENS, IV. II. 103.

RHODOPE, montagne, I. II. 73.

RHONE, riviere de France, *ib.* 98.

RHUBARBE, *ib.* 112.

Rhume, VI. II. 390.

Du Cardinal de RICHELIEU, II. I. 258. *& suiv.*

Richesses. Quoi qu'elles ne doivent pas être mises au rang des choses bonnes, elles sont neanmoins très utiles à la vie d'un homme sage, V. I. 332.

Le sage les possede d'une autre façon que les autres hommes, *ib.* 334.

Remarques curieuses, tant des Poëtes que des Philosophes en leur faveur, II. II. 244.

A a ij

Il est presque impossible d'être riche, & d'être homme de bien, III. I. 272.

Les nouveaux enrichis sont ordinairement insolens, VI. I. 173.

C'est une ignorance extrême à ces richards, lors qu'ils mes-estiment ceux qui trouvent plus de satisfaction dans une mediocre fortune, & dans la frugalité, qu'eux parmi le luxe, & dans leur opulence, *ib.* 174. *& suiv.*

Les richesses & l'appetit insatiable d'en amasser, sont un grand aveuglement d'esprit, VI. II. 198. *& suiv.*

C'est un indice d'esprit dereglé, de ne les pouvoir souffrir, & d'en avoir trop d'aversion, VII. II. 254.

RIGA, ville de Livonie, I. II. 53. 83.

Le *ris* demesuré cause la mort, V. I. 223.

Rivieres. De leurs parties à droit & à gauche, I. II. 7.

Rivieres plus considerables pour leurs raretés singulieres, II. I. 603.

Fleuves souterreins, dont les poissons ne voient pas plus que nos taupes, *là même.*

ROBERT, Roi de France, I. I. 8.

Rocher merveilleux nommé le sourd, I. II. 45.

RODOLPHE qui rendit la maison d'Autriche souveraine, étoit issu des Comtes de Tierstein & d'Hasbourg, IV. I. 303.

Il se plaisoit à la Chimie, I. I. 328.

ROIS appellés Pasteurs des Peuples, V. I. 249.

Si les Rois sont tellement au dessus des loix qu'elles ne les regardent point, I. I. 59. *& suiv.*

Entre tous les Monarques Chrêtiens, il n'y en a point qui aient tant de cette autorité absoluë, & de cette souveraineté independante comme nos Rois de France, *ib.* 62.

Un Roi de la Chine, se pend à un Prunier, desesperé de ne pouvoir resister aux Tartares, VII. I. 350.

ROIS de France qui se sont rendus recommendables en beaucoup de sciences, I. I. 7. 8.

De leur respect & reverence envers le saint Siege, & jusqu'où s'étend cette grande soumission du fils aîné de l'Eglise, *ib.* 24. *sequ.*

Ils étoient seuls autrefois de tous les Monarques avec l'Empereur, qui eussent le droit de faire empreindre leur Image dans la monnoie d'or, IV. II. 171.

Rois de Perse, I. I. 46.

Rois de Sparta, *ib.* 6.

Roiaumes souvent comparés à des Vaisseaux, *ib.* 73.

ROMAGNE, I. II. 66.

ROMANELLI excellent Peintre, VI. I. 96.

ROME Ville Capitale de l'Italie, I. II. 63.

Son ancien nom, & son enceinte, VI. II. 380.

Grande diversité d'opinions touchant sa fondation, V. II. 451.

ROMAINS, VI. I. 305.

Ils paroiſſoient ponctuels aux moindres affaires, & trompoient aux grandes, III. l. 144. ſequ.

Romans & livres d'amour. D'où vient qu'ils plaiſent d'avantage à la multitude impertinente qu'aux hommes ſavans & judicieux, II. I. 269.

Il ne faut pas abſolument condanner toute ſorte de Romans, ib. 270.

Ils ſont recherchés & lûs plus avidement que les livres de ſcience, & pourquoi, ibid. 271. & ſuiv.

Rondeur ou Rotondité. De la figure ronde, & de ſon avantage ſur les autres figures, VII. II. 25. 26.

ROSCIUS tres habile Comedien, VI. II. 262.

ROSE, II. I. 103.

ROSEAU, ennemi naturel de la fougere, IV. II. 318.

ROSE'E, & comme elle ſe forme, II. I. 76.

Roſée de May, ib. 89.

ROSOMACHA, animal qui ne fait que manger toute ſa vie, s'il trouve de quoi, VI. I. 163.

ROSSIGNOLS, II. I. 111.

Il ſe trouve des perſonnes qui n'en peuvent ſouffrir le chant VII. I. 133.

ROSTOC ville, I. II. 95.

ROSTOU, ville, ib. 54.

Roture elle eſt avantageuſe parmi les Suiſſes, & à Strasbourg, II. II. 408.

Elle ne doit point être ſi fort mépriſée, puis qu'elle n'eſt pas incompatible avec la ſouveraineté, ib. 412.

ROUEN capitale de la Normandie, I. II. 190.

ROUGE, il eſt en recommandation en beaucoup de lieux, III. I. 120.

Il ſert de fard aux femmes, ib. 121.

ROXOLANIE, I. II. 52.

ROIAUMONT ou KOENIGSBERG ville capitale de Pruſſe, I. II. 82.

RUBENS Peintre très-excellent, VI. I. 92.

RUBICON, riviere, I. II. 63.

RUBIS, long d'une palme, & gros comme le bras, VI. I. 37.

RUCH grand oiſeau, I. II. 154.

RUE herbe, VI. I. 321.

Ruſes & ſtratagemes de guerre, grandement à eſtimer, ibid. 325.

Diverſes ruſes par le moien des bœufs, & d'autres animaux & oiſeaux, ibid. 326. & ſuiv.

RUSSIE diviſée en blanche & noire, I. II. 52.

La Ruſſie noire eſt une Province de Pologne, là même.

Diviſée en Ruſſie habitée & Ruſſie deſerte, là même.

Ruſſie noire, Province de Pologne, ib. 83.

A a iij

S.

SABE'E, I. II. 123.

SABINIANUS, II. II. 452.

SABINS, ib. 44.

Sacagement de Rome par les Espagnols, IV. I. 321.

Sacerdote ioint à la Roiauté, I. I. 22.

Sacremens en usage au Perou avec les principales ceremonies de l'Eglise, VII. I. 289.

SADREGISILE, gouverneur de Dagobert, I. I. 12.

SADUCE'ENS, VI. I. 439.

Ils croioient l'ame mortelle, IV. II. 85.

Sage, combien estimé parmi les Stoiciens; ils l'estimoient même plus considerable que Jupiter, III. I. 204.

Des avantages qu'ils lui donnoient même au dessus des Dieux, IV. I. 175.

Tous les biens des autres hommes lui appartenoient, ib. 176.

Il étoit impeccable selon Diogene, là même.

Toutes sortes de larcins lui étoient permis par Theodore surnommé l'Athée, là même. sequ.

Le sage tire plus de profit du fou, que le fou n'en tire du sage, ib. 188.

Des sept Sages de Grece, V. I. 108.

Ils n'ont pas fait moins de folies en leur tems, que d'actions de sagesse, IV. I. 192.

Sagesse. Propositions extraordinaires & extravagantes des Stoiciens touchant leur sage & sa sagesse, V. I. 213. sequ.

La sagesse accompagne rarement l'homme superbe & orgueilleux, VII. I. 98.

C'est une folle entreprise de vouloir rendre sages tous les autres, VI. II. 400.

La seule crainte de Dieu donne la sagesse, IV. I. 179.

Elle n'entre jamais dans une mechante ame, là même.

Elle est un don du Ciel, là même.

La véritable ne peut jamais être excessive, ib. 180.

Difference de la sagesse & de la prudence, ib. 181.

Sage-femme, III. I. 133.

SAINT, arbre merveilleux, dit autrement Garoë par ceux du païs, I. II. 156.

SAINT ESPRIT riviere, ib. 139. 150.

SAINT SAUVEUR, ville, ibid. 148.

La Salive de l'homme à jeun tuë les serpens, les crapaux, & les Scolopendres, VI. I. 487.

SALLUSTE, pourquoi mis le premier des Historiens Latins, y en aiant eu tant d'autres auparavant lui, IV. II. 175. sq.

SALLUSTE, Philosophe, IV. II. 272.

SALLUSTE, chef de la milice Pretorienne sous Valentinien, là même.

SALOMON, sage en ses jeunes ans devient fou dans sa viellesse, II. II. 277.

Est estimé avoir eu l'intelligence du langage des animaux, VI. l. 312.

Salutation. Façon de s'entresaluer parmi les Allemans, V. ll. 182.

SAMARCAND, ville Capitale de la Tartarie Zagatée, l. ll. 110.

SAMARIE, son étimologie, VI. ll. 381.

SAMOGITIE, Province, l. ll. 82.

SAMOGITIENS, peuples Moscovites, lll. l. 101.

SAMOIEDES, peuple & nation, dont les vestes & robes sont troüées vers les yeux pour regarder au travers, Vll. ll. 214.

SAMOS, île, l. ll. 124.
Pourquoi ainsi nommée, VI. ll. 383.

SAMSON, figure d'un Philosophe Sceptique, V. ll. 196. & *suiv.*

Sens allegorique & moral tiré de son histoire, *là même.*

Ses forces corporelles prises pour celles de l'esprit, *ib.* 297.

SANDOVAL, Chroniqueur du feu Roi d'Espagne Philippe III. IV. l. 291.

Observations faites sur l'histoire qu'il a faite de la vie & des actions de l'Empereur Charles-Quint, *ib.* 291. & *suiv.*

Ses erreurs historiques, *là même.*

Sang, Celui du Basilic donne la faveur des Princes, l. l. 365.

Laurent SANNUT Venitien, devient gris en quatre heures de prisons, ll. ll. 373.

Santé, & ce que c'est, ll. l. 175.

Santé souhaitable, *ib.* 176.

SARAYE, autrefois ville d'une enorme grandeur, IV. l. 112.

SARDAIGNE, l. ll. 64.

SARDES, ville Capitale de la Lydie, *ib.* 117.

SARK ville, *ib.* 54.

SARRAGOCE ville capitale d'Aragon, *ib.* 58.

SARRAZINS, *ib.* 121.

SATURNE, nommé le pere de l'histoire, IV. ll. 309.
Ses rapports avec Adam, Vll. l. 300.

SATURNE, planete, l. l. 310.

SATYRUS, sa mort prédite par un oracle, Vll. l. 180.

SAUTERELLES estimées fort excellentes, ll. ll. 475.

Conjurées & excommuniées, VI. l. 359.

Sauterelles qui ont écrits sur leurs aîles ces deux mots, *Boze Gnion,* c'est à dire, *Fleau de Dieu,* IV. l. 225.

SAVEUR, elle est l'objet du goût, & en quoi elle consiste, ll. l. 147.

Plusieurs especes de saveurs, *ibid.* 146.

Les elemens sont insipides ou sans faveur, *là même.*

Le doux & l'amer sont les deux saveurs extremes; les autres sont moiennes, & entre ces deux, *là même.*

SAVOYE, l. ll. 64.

SAUVAGES, paissans l'herbe comme les bêtes, lll. l. 172.
Sauvages en Dauphiné, *ibid.* 165.

A a iii

D'où ils peuvent être venus en ce lieu, *ib.* 181.
D'où sont procedés ces Sauvages, *là même.*
Un homme sauvage velu par tout le corps, aiant même beaucoup de mousse entre le poil & la peau, paroît au Mont S. Claude, *ib.* 182.
Sauvages decouverts en Espagne, *ib.* 182.

SAVUS, fleuve, I. II. 75.

Iule SCALIGER parut trop critique en la censure des œuvres de Cardan & d'Erasme, VII. I. 225. *voyez* Cardan.

Ioseph SCALIGER traité trop rigoureusement par le Pere Petau, *ib.* 226.

SCAMANDRE, *voyez* Xantus.

SCANDIE, I. II. 50.

SCANDINAVIE, *là même.*

SCANIE, *ib.* 48.

SCARABE'ES, VI. I. 11. IV. I. 225. *voyez* Escarbot.

SCENITES, I. II. 121.

Sceptique, V. I. 285. *& suiv.*

SCHETLAND, Isles Britanniques, I. II. 42.

SCHÆNI, cordes avec lesquelles les Égyptiens mesuroient la distance des lieux, *ib.* 27.

SCIAPODES, III. I. 177.

SCHIBBOLETH, VI. I. 310.

Science. La plûpart des sciences ont besoin d'être adoucies par les divertissemens du jeu, I. I. 249.

Reprimende que fit Pline le vieil à Pline le jeune son neveu, qui avoit donné quelques heures à la promenade, *ib.* 250.

Il y a quelques sciences qui sont manifestement si éloignées de la condition des souverains, que ce seroit se mocquer d'eux, de les vouloir obliger à s'y appliquer, *là même & suiv.*

Bon trait d'Alphonse Roi d'Arragon, I. II. 328.

Sciences & Arts liberaux. Il est de la grandeur aussi bien que de la bonté d'un Monarque, de les proteger toutes, & d'user de liberalité envers ceux qui excellent en chacune de leurs professions, I. I. 159.

De la science d'un Monarque, I. II. 328. *& suiv.*

Science œconomique, I. II. 287. *& suiv.*

De ses principales parties, *ib.* 289.

De ses loix, *ib.* 292. *voyez* Oeconomie.

SCHOUTEN fait le circuit de la terre, I. II. 40.

SCIPION l'Africain grand & genereux guerrier, I. I. 133.

SCIPION Emilien, III. I. 84.

Scoti Ecossois, I. II. 44.

SCRIOFINNIE, *ib.* 51.

Scrupules, *voyez* Minutes.

Sculpteurs. II. II. 498.

SCYTHES, aujourd'hui Tartares, I. II. 53. *ib.* 127.

De leur usage lorsqu'ils devoient être long-tems sans manger, II. II. 449.

Ils etranglent leurs peres & meres sexagenaires, V. II. 158.

Moins propres à la generation pour être trop ordinairement à cheval, VI. I. 377.

SEBASTOPOLIS, ville d'un grand trafic, III. 1. 93.
SEBENICO ville de la Dalmatie. l. II. 75.
SECHE, III. l. 31.
Secret, V. l. 246.
Si on le doit confier à un ami, II. II. 116. & suiv.
Secte Eristique, & ses fondateurs, VII. I. 259.
SEIN, voyez Golphe.
SEINE riviere de France, l. II. 98.
SEL de la mer & sa production, II. I. 8;. sequ.
Le premier qui fit mettre un impôt sur le sel parmi les Romains, l. I. 63.
Commencement, progrès & augmentation de l'imposition sur le sel en France, ib. 76.
SELANDE, île, l. II. 48.
SELENITE, pierre pretieuse, VI. l. 26.
SELEUCIDES, III. l. 179.
SELEMNE, fleuve, qui a la vertu de faire oublier à tous ceux qui s'y baignent, l'amour qu'ils avoient en y entrant, VII. l. 343.
SELEUCUS, sa mort prédite par l'oracle d'Apollon, ib. 179.
Semaine. La distribution des jours de la semaine, selon les sept planetes, est arbitraire. Par qui premierement établie, VI. II. 305.
Semaine des Ieudis, ib. 306.
Semaines plus grandes les unes que les autres, là même.
SEMIRAMIS, l. I. 117.
Elle fut la premiere qui fit châtrer les hommes, VII. I. 256.
SEMPRONIUS Historien Latin, IV. II. 176.
SENEGA, riviere, l. II. 139.
SENEQUE, Maltraité en son honneur, & en sa reputation, ib. 117. 118. II. II. 494.
Il a pû prendre connoissance de l'Évangile, V. I. 325.
De sa façon de philosopher, là même & suiv.
SENETIO, extravagant, qui n'aimoit rien que de grand, II. II. 512.
Sens. Leur situation, VI. II. 127.
Ils sont les organes du corps, sont exterieurs, & au nombre de cinq, II. I. 131. & suiv.
Sens interne ou commun, ce que c'est de son operation, II. I. 155. & suiv.
Comment se doit entendre ce proverbe, N'avoir pas le sens commun, V. II. 133.
SENSITIVE, plante admirable, VI. I. 53.
Sentimens, & leur diversité, VI. II. 107. & suiv.
Septenaire, VI. I. 396.
Septentrion, appellé Vagina mundi, IV. l. 407.
SEPTIMIUS SEVERUS, II. II. 337.
Sepulcres & tombeaux, VI. I. 205.
Les Princes & Souverains ont ordinairement un lieu affecté & destiné pour leur sepulture, ib. 216.
Une piéce de monnoye ou une perle mise dans la bouche d'un mort, ib. 217.

A a v

Tombeaux vuides pour ceux dont les corps ne se pouvoient trouver, *ib.* 219.

Du sepulcre d'Orphée, VI. II. 276. 277.

On ne doit être ni superflu, ni sordide dans les funerailles, VII. II. 109.

Sepultures. Ceremonies Paiennes dont on usoit en la sepulture & consecration des Empereurs, IV. II. 125.

De la sepulture & inhumation des morts, VI. I. 204. VII. II. 109. & *suiv.*

SERAPIS des Egyptiens, son étymologie, VII. I. 298.

Son rapport avec Ioseph, *là même.*

SERES, peuple, I. II. 112. 129.

Ils trafiquent sans parler, III. I. 85.

SEREIN, IV. II. 319.

Serment. On peut quelquefois contrevenir à son serment, lorsque sans faire tort à personne, il est plus utile en toutes façons de n'y pas satisfaire, III. I. 146. *sequ.*

Sermons & prédications. Comparaison de ceux qui se font aux marchés publics, & d'un sermon à une étuve, VII. II. 257.

SERPENS, VII. I. 5.

Païs & contrées où ils ne peuvent vivre, I. II. 42.

Il n'y en a point en Irlande. *ibid.* 47.

Du Serpent devenant Dragon, II. II. 263.

Ils reconnoissent leurs bienfaiteurs, III. I. 42.

Serpens & crapaux mangés aux Topinambous, VII. I. 155.

Serpent qui tuë tous les autres par son seul attouchement, appellé Serpent sacré; *ib.* 244.

SERVAN province, I. II. 126.

SERVIE, *ib.* 74.

Serviteur. Le plus grand nombre n'en est pas le meilleur dans une maison, *ib.* 293.

On doit faire état des personnes industrieuses, *la même.*

Les Atheniens leur permettoient l'action en justice pour avoir raison de l'injure qui leur avoit été faite, III. II. 278.

Coûtume barbare des Lacedemoniens envers leurs serviteurs, *ib.* 279.

Fêtes établies en leur faveur chez plusieurs Nations, *ib.* 280.

Servitude. L'abondance en est plus préjudiciable qu'avantageuse, II. II. 175.

Son origine & sa premiere cause, III. I. 193.

L'usage des serviteurs defendu parmi les anciens Indiens, *là même.*

La servitude detestée par les Pythagoriciens, *ibid.* 197. & *suiv.*

SEVADILLA, *voyez* Gaiatena.

Severité trop grande de plusieurs Princes, I. I. 45.

On ne doit jamais proposer des exemples de severité, & d'une trop grande rigueur, à un jeune Prince, que pour lui en donner de l'aversion, *ib.* 45.

SEVILLE ville capitale de l'*Andalousie*, I. II. 58.

SEVONS, peuple, *ib.* 51.

SEVERUS, Empereur & des honneurs funebres rendus à ses cendres, transportées d'Angleterre à Rome, IV. II. 125.

SEXTUS Aurelius Victor, IV. II. 269.

SEXTUS, surnommé l'Empyrique, & ses écrits contre les Dogmatiques, III. I. 302.

SHIRES, I. II. 46.

SIAM, Roiaume, *ib.* 130.

SYBARITES grands amateurs du dormir, II. II. 54. 55.

Ils apprenoient leurs chevaux à danser, VI. I. 370.

SICILE, I. II. 64.

SICILIENS trompés par les Locriens, par le moien d'une Equivoque, III. I. 139.

SIDERITE, pierre, VI. I. 342.

SIDON, ville, I. II. 118. 119.

SIENE, ville & Republique, *ib.* 66.

SIERRA LIONA montagne, *ib.* 139.

Signes du Zodiaque & leurs logemens, I. I. 290.

Silence. Il est le grand confident, & l'ami particulier de la meditation, VII. I. 357.

Il n'est pas absolument contraire à l'action, *là même &suiv.*

SILESIE, I. II. 95.

SILLERY, Chancelier de France. Exemple d'une grande moderation à souffrir le mepris, VI. II. 154.

SILLI îles, *voyez Sorlingues.*

SIMOIS, riviere, I. II. 117.

SIMONIDE professe humblement ne pouvoir connoitre l'essence Divine, VII. I. 286.

Saint SIMON Conseiller à Bourdeaux, III. I. 24.

Sinæ, peuple, I. II. 129.

Sinaï montagne, *ib.* 122.

Singapura, Cap ou Promontoire, *ib.* 131.

SINGES, II. I. 119.

Beaucoup considerés dans le Roiaume de Pegu, *là même.*

Ils servent comme de Valets en la Guinée, *là même.*

Pourquoi leur corps est ridicule, *ib.* 128.

Des singes d'Afrique, VI. II. 280.

On les mange en l'Amerique, *ib.* 350.

Singui, VI. II. 384.

SINOPE, ville celebre de la Galatie, I. II. 116.

SIVAS, ville de la petite Armenie, *ib.* 116.

SIXTE V. du nom. Souverain Pontife, quoique de basse extraction, II. II. 100.

SLATABADA, idole. I. II. 54.

SLESVIC ville, *ib.* 95.

SMINDIRIDES Sybarite, II. I. 378.

SOCOTRA île, I. II. 154.

SOCRATE, V. II. 109.

Pourquoi appellé le pere commun de tous les Philosophes, vû qu'il s'en trouve plusieurs qui ont vécû auparavant lui, *ib.* 107.

Il établit le premier cette troisiéme & principale partie de la Philosophie, appellée Ethique, *ib.* 111. *& suiv.*

Sa grande discretion, en donnant jugement des livres d'Heraclite, II. ll. 21.

Surpris par Alcibiade, tenant un bâton entre ses jambes, qu'il nommoit son cheval, & courant la bague avec ses enfans, V. ll. 185.

Reponse à une Courtisane qui se vantoit d'avoir plus d'Ecoliers que lui, VII. ll. 16. 17.

SOFALA ou CEFALA, païs fertile en or, I. ll. 152.

SOGDIENS, Nation, II. ll. 275.

Soie. L'usage de la soie prohibé & defendu parmi les Romains & les François, II. ll. 97.

Bas de soie, qui le premier en porta en France, *ib.* 98.

Solœcisme, I. ll. 216. 217.

SOLEIL, V. ll. 166.

De sa grandeur, I. ll. 25.

Ses Distances, *là même. &* 26.

Son apogée, I. l. 296.

Du centre du Ciel de ce luminaire, *là même.*

Des taches ou macules que l'on a vûës dans le Soleil, *ib.* 297.

Ceux qui sont au delà du Tropique de Capricorne ont le Soleil à la droite, & l'ombre à la gauche, venant de la mer Erythrée dans la Mediterranée, IV. ll. 5.

De son levant & de son couchant, VI. ll. 360. 364.

Adoré par ceux du Perou, VII. l. 120.

Nommé le Dieu visible de la Nature, *ib.* 136.

Caprice merveilleux de ceux qui considerent le Soleil, comme le centre de la plus basse partie de l'Univers, *ib.* 137.

Il y a même des esprits si bizarres, qu'ils y établissent un Enfer, du moins un Purgatoire, *là même.*

SOLIMAN, II. ll. 340.

Solstice d'Eté, I. ll. 17.

Solstice d'Hiver, *là même.*

Solitude, ou vie Solitaire, VI. l. 102. *& suiv,*

Elle rend les personnes hypocondriaques, II. ll. 218. *& suiv.*

Sommeil, qu'est-ce, II. l. 177.

C'est une espece de mort, III. l. 141.

Pris pour une Divinité, VI. ll. 106.

De ses effets, VI. ll. 248. *& suiv.*

Songes, IV. l. 256. VI. ll. 94.

Entre tous les animaux, l'homme est le plus sujet aux songes & reveries en dormant, II. l. 179.

Songe plaisant, *ib.* 165.

Ils étoient en grande consideration parmi les Anciens, II. ll. 27.

Trois sortes de songes, selon les Peripateticiens, *ib.* 30. *& suiv.*

SOPHIE ville de Bulgarie, I. ll. 75.

SORBET, espece de breuvage, VII. ll. 16.

Sorciers, loup garoux, *voyez* Loup-garoux.

Sorcieres Espagnoles, qui gueriffent par leur feul attouchement, VI. II. 332.

SORLINGUES, îles, I. I. 42.

SOSTRATE Eginete, riche marchand, III. I. 92.

Souhaits, I. II. 216.

Le SOURD rocher merveilleux, ib. 45.

SOURIS appellées les Parafites de Diogene, VI. II. 337.

Souvenance. Celles des joies paſſées eſt ſeule capable de nous donner une entiere & véritable satisfaction, VII. I. 54.

Le souvenir même de nos ennuis & de nos maux paſſés, nous donne du contentement & de la satisfaction, ib. 55. & ſuiv.

Souverain. Si un Souverain en son abſence, doit commettre à un ſeul le commandement abſolu de ſes forces; ou s'il eſt plus à propos de le diviſer entre pluſieurs Generaux, I. I. 114. & ſuiv.

SPALATRO, ville de la Dalmatie, I. II. 75.

SPARTE ou Lacedemone, ville, ib. 70. VI. II. 378.

SPARTIAN, IV. II. 268.

SPARTIATES, VI. I. 323.

La Speculaire, II. I. 92.

SPHYNGE, VI. II. 196.

Sphynges poſés par les Egyptiens au devant de leurs temples, VI. I. 229.

SPIZBERGE, païs & contrée, I. II. 56.

SPOLETE, Duché, ib. 66.

Squelettes de petits Singes vendus pour ceux de Pygmées, III. I. 95.

Stades, avec leſquelles les Grecs comptoient les diſtances des lieux, I. II. 26. 27.

Statues & repréſentations, IV. II. 104.

Stature de l'homme. On ne doit pas faire mépris d'une perſonne, pour être d'une petite ſtature, VI. II. 184.

STEGANOPODES, III. I. 177.

STERCUTIUS Divinité des Romains, I. I. 186.

STETIN, ville capitale de la Pomeranie, I. II. 95.

Du Stile que doit avoir un Auteur, IV. I. 296. & ſuiv.

STILPON, Philoſophe, IV. I. 99.

STIRIE, I. II. 76.

STOCKHOLM, ville capitale du Roiaume de Suede, ib. 51.

STOICIENS, ſecte de Philoſophes la plus auſtere de toutes, V. I. 203. ſeqn.

STRASBOURG, ville, I. II. 89.

STRYMON, fleuve, ib. 72. 73.

STUTGARD, ville, ib. 90.

Stupidité groſſiere, V. II. 135.

STYMPHALE, montagne, I. II. 71.

SUACHEM, port de la Mer Rouge, ib. 141.

SUABE, ib. 89.

SUBADIBES, îles ſous l'Equateur, ib. 15.

Subſides, extraordinairement grands ſous Chilperic, I. I. 70. Le peuple de Dieu n'en fut pas exemt ſous le regne de Salomon, ib. 71.

Un bon Prince n'en doit exiger, que dans une extrême néceſſité, s'il veut gagner l'affection de ſes ſujets, VI. l. 493.

Comment les Souverains ſe doivent gouverner en matiere de ſubſides, *voyez* Finances, Tributs, Impoſitions.

SUCRE, II. l. 78.

SUEDE, Roiaume, ſa deſcription, l. II. 51.

SUETONE, Hiſtorien Latin. Son premier emploi honorable, diſgrace étrange, mais utile au public, IV. II. 254. *ſq.*

SUETONE Paulin n'eſt pas le même que Suetone l'Hiſtorien, *ib.* 258.

SUEUR. De celles de l'Empereur Maximin, l. l. 234.

SUISSE. Elle eſt compoſée de treize Cantons, l. II. 89.

SULVAY, fleuve, *ib.* 44.

SUMATRA, île contenant trente Roiaumes, *ib.* 134.

SUND, détroit de la mer Balthique, *ib.* 50.

Superſtition, combien deteſtable, VI. II. 398.

Superſtitieux de diverſes eſpeces, *ib.* 406.

Supplice. Inventions abominables pour rendre une mort ſenſible, VI. l. 382. *voyez* Chatiment, Punition.

Surdité, combien facheuſe, II. l. 137.

La ſurdité du lievre le rend gras, *là même.*

Surnoms donnés aux premieres perſonnes de quelques familles, qui ne ſont que ſimples Epithetes, VI. l. 169.

Surnoms plaiſans, *ib.* 170. & *ſuiv.*

SULUC, plante, *ib.* 451.

SUSE, forterefſe très ſomptueuſe, l. l. 201.

Appellée *Lilium*, VI. II. 381.

Suſpenſion d'eſprit. Elle vaut mieux que les aſſertions de la plûpart des Dogmatiques, III. l. 301.

SYBARITES, Ils faiſoient danſer leurs chevaux au ſon des inſtrumens, l. l. 224.

Infames dans l'Hiſtoire pour avoir été les plus voluptueux des hommes, l. II. 256.

SYBILLE. Pluſieurs ont taché de la corrompre par argent, VII. l. 171.

Elle parloit groſſierement, & en termes impropres, *ib.* 175.

Elle refuſoit ſouvent de monter ſur le trepied, *là même.*

Par reſpect, perſonne n'oſoit la convaincre de menſonge, *ib.* 184.

Iettée dans le feu par les Bœotiens, *ib.* 185.

SYCOMORE Le bois du veritable ſycomore, ſeche & perd ſon humidité dans l'eau, VII. l. 139.

SYLLA préfera la vie champêtre au commandement abſolu, l. l. 187.

Sa fin malheureuſe, II. II. 356.

Sympathies, & Antipathies. La partie la plus impure de toute la Philoſophie, eſt celle, qui traite de ce ſujet, IV. II. 319.

Il s'en trouve dans tous les ordres de la Nature, *voyez*

DES MATIERES.

Convenances, Repugnances, & Antipathie.

Il est difficile, & presque impossible de rendre raison, & d'assigner la cause de ces inclinations & aversions naturelles, *ib.* 320. *& suiv.*

SYNECDOCHE, I. II. 210.

Synonimes, *ib.* 218.
SYRACUSE, VI. II. 189.
SYRENES, III. I. 174.
SYRIE, I. II. 118.
Antitheses & grandes differences entre les façons de faire & de vivre des Syriens & les nôtres, III. I. 320. *& suiv.*

T.

TABAC, de son usage. Qui le premier en a apporté l'usage en Europe, VII. II. 352.
TABIN promontoire, I. II. 111.
Tables de bois de grand prix, V. I. 337.
Table de cuivre, I. II. 4.

Les tables solitaires ne sont point à condamner, quoiqu'elles le soient par Epicure, VI. II. 336.
Des longues tables, *ib.* 338. *& suiv.*

Tablettes combien necessaires, pour ne point perdre le fruit de nos meditations, VII. I. 69.
Tableaux de Parrhasius, II. II. 509.
TABOR roiaume, I. II. 114.
TACITE Historien Latin. De son Histoire; s'il l'a composée avant ses Annales. De son stile & genre d'écrire, IV. II. 233. *sequ.*

Sa façon d'écrire est differente de celle de Salluste *ib.* 179.

Taille, VI. I. 183.

Le premier de nos Rois qui la leva, I. I. 70.

TAJO fleuve, I. II. 59.

TALISMANS, pierre precieuse, VI. I. 27.
TALNABI, I. II. 123.
TAMERLAN, *ib.* 110. 128.
TAMISE, fleuve, *ib.* 46.
TANA dite Asac ville, *ib.* 80.
TANAIS, fleuve, *ib.* 78.
TANGUT roiaume, *ib.* 112.
TARENTINS, II. II. 106.
TARSE, Ville, I. II. 116.
TARTARES, habiles Cavaliers, VI. I. 370.

Ils mangent peu de pain ne se nourrissant guere que de chair II. II. 474.
Estiment ridicules nos plus serieuses actions, & reputent criminelles celles que nous tenons indifferentes, V. II. 148.
Les petits Tartares naissent aveugles, VI. II. 133. 134.

Tartares Precopes, I. II. 53.

TARTARIE, son étenduë, sa situation & ses principales parties, I. II. 107. *& suiv.*

De la Tartarie ancienne, sa situation, son étenduë de ses Provinces & Peuples, *ib.* 113.

Tartarie deserte, de ses peuples errans nommés Nomades & Hamaxovies, *ib*. 108. 109.

Tartarie Precopite, ou petite Tartarie, & de son étenduë, *ibid*. 78.

Grande Tartarie, *ib*. 78.

Tartarie Zagathée, Roiaume faisant partie de la grande Tartarie; sa situation & description, *ib*. 107. 110.

D'un *Tavernier*, VI. I. 18. 19.

TAVILA, ville capitale des *ALGARBES*, I. II. 58.

TAUPE, si elle est aveugle, VI. II. 134.

TAURIS, ville capitale de Medie, *ib*. 126. VI. II. 386.

TAURUS, montagne celebre, I. II. 106.

Tautologie, *ib*. 218.

TAXILLE, la plus grande ville de l'Inde Orientale, VI. II. 377.

Temperament, les divers temperamens causent la varieté de nos pensées & de nos raisonnemens, III. II. 178.

Temperance, sa definition, I. II. 279.

Son objet, *ib*. 280.

Elle se nomme quelquefois Abstinence, Sobrieté, & Humilité, selon la diversité de ses objets, *là même*.

Elle n'est pas ennemi de voluptés, *là même*.

Son utilité, *ib*. 281.

Temperature. De la Religion la plus temperée, *ib*. 16. 17.

Tempêtes. Des exciteurs de tempêtes, VI. II. 335.

Temple des Graces au milieu des villes, I. I. 36.

Temple dont la couverture est d'or massif, *ib*. 202.

Punitions Divines des profanateurs & des spoliateurs des Temples de l'Antiquité, VII. I. 296.

Temple d'Amphiaraüs, II. II. 28.

Temple de Diane à Tarente. *ibid*. 106.

Temple de Pasiphaë, *ib*. 28.

Temple de Seraphis, *là même*.

Temple de l'impudence, III. I. 277.

Temple de la Contumelie, *là même*.

Temple de la Crainte, auprès du Tribunal de la Justice, VI. I. 379.

Temple dedié à l'heure, *ibid*. 262.

Du Temple de Samos, *ib*. 470.

Temples de Ceres, VI. II. 404.

Temple du Repos, VII. I. 283.

Tems, la connoissance en est très difficile, II. I. 24.

Diversité d'opinions, touchant le tems, *ib*. 25.

Des parties du tems, *là même sequ.*

Pourquoi Platon attribuë la connoissance des choses passées à Lachesis, celle des presentes à Clothon, & celle des futures à Atropos, VII. II. 68. 69.

TENDUC, Roiaume en Asie, I. II. 112.

TENERIFE, Isle de l'Afrique, *ib*. 156.   *TER-*

TERCERES, Isles en Afrique, dites autrement Flandriques ou Flamandes, ib. 157.

TERGOVISTE, ville Capitale de la Valachie, ib. 77.

Des Termes Géographiques, ib. 27.

Ternaire, VI. I. 396.

TEROVENNE, son étymologie, VI. II. 384.

TERRE, de sa grandeur, I. II. 22.

De son diametre & demidiametre, ib. 23.

De l'espace qu'il y a de la terre jusqu'au Ciel de la Lune & du Soleil, ib. 24.

Combien il y a de la terre au Tartare, ib. 24. 25.

Du lieu que la terre occupe, & de son immobilité, V. I. 290.

Divisée en plusieurs parties generales & particulieres, I. II. 30.

Bel éloge que Pline lui donne, II. I. 64.

Adorée comme une Divinité, VI. I. 205.

Estimée la premiere qui prophetisa, ou qui rendit des Oracles, VII. I. 162.

Terre sigillée, II. I. 95.

Terres minerales de grande consideration, là même.

Terre Antichtone, I. I. 298.

Terre Australe, autrement terre inconnuë, I. II. 31. 38. 169.

Nommée encore Magellanique, ib. 31.

Terres Septentrionales, proche ou sous le Pole Arctique, ib. 56.

Terre ennemie des serpens, ib. 47.

Tome VII, Part. II.

TERREURS PANIQUES, ibid. 258.

TESSET, ville de Numidie. Il n'y a que les femmes qui étudient, & qui s'adonnent aux choses de la Religion, II. I. 359.

TETE-CHEVRE, figure bien expresse de l'ingratitude, III. I. 43.

THALES, Auteur de la Philosophie Ionienne, V. I. 228.

THEAMEDES, II. I. 93.

THEBAINS, V. II. 93.

THEBES, Ville, I. II. 70.

Thebes l'Egyptienne, & de son antiquité, VI. II. 375. 376.

THIBET, Roiaume en Asie, I. II. 112.

THEMIS, sœur des Titans, donna les premiers oracles au Gentilisme, & fut la premiere inventrice de cette sorte de devination, VII. I. 162.

THEMISTOCLE, II. II. 276.

THEODEBERT Roi de France, resolu de mettre le siége devant Constantinople, & pourquoi, IV. II. 171.

THEODORE, Grand Duc de Moscovie, prenoit plaisir à sonner des cloches, I. I. 244.

THEODORE Imperatrice, femme sage & vertueuse, IV. II. 152.

Son Epitaphe, IV. I. 246.

Theologie. Il n'y a que des controverses & des contestations, excepté ce qui est de la foi, qui ne doit jamais être disputé, V. II. 189.

THEOMBROTION, herbe medicinale, II. II. 207.

B b

THEOPOMPE, Historien, IV. II. 263.
THERIAQUE, VI. II. 315.
THERSITE le plus grand parleur, I. II. 227.
THESSALIENS, bons Cavaliers, VI. I. 372.
S. THOMAS, Isle de l'Afrique, I. II. 155. VI. II. 384.
THRACE, dite aujourd'hui la Romanie, sous la domination du Grand Seigneur, I. II. 73. 74.
THUCYDIDE, de son histoire, IV. II. 17. & suiv.
THUEDF, I. II. 24.
THULE, I. II. 42. 49. VI. II. 353.
THYLINSEL, Isle, ib. 42.
THYMELEE. Celle qui nait seule dans un champ est la plus à redouter, III. II. 218.
TIBERE, Prince cruel, I. I. 45. Curieux touchant l'Astronomie judiciaire, ib. 280.
Clemence admirable envers ceux qui parloient mal de lui, II. II. 332.
TIBET Roiaume, VI. I. 209.
TIBRE, voyez Tybre.
TIGRE, il a peur du son du tambour, III. I. 28.
Tigre dont la chair se trouve fort delicate, VI. II. 350.
Il ne peut souffrir l'harmonie, II. I. 340.
TIGRIS fleuve de l'Asie, I. II. 106.
TIMANTHE Peintre, donnoit toujours davantage à comprendre dans ses ouvrages, que son pinceau ne representoit, ib. 214.
La Timidité à demander produit le refus, VII. I. 241.

Les hommes peureux sont ordinairement ingenieux, III. I. 34. Voyez Crainte.
TIRESIAS aveugle, grand Prophete parmi les Gentils, VI. II. 137.
Mort pour avoir bû avidement de l'eau d'une fontaine, IV. I. 104.
TIROL, Province, I. II. 91.
TISAMENE, II. II. 65.
Tisserans, I. I. 206.
TITE-LIVE. Historien Latin en grande estime & reputation, IV. II. 201. & suiv.
Toison d'or, Fable, I. I. 340.
TOLEDE, Primat d'Espagne, I. II. 59.
TOMBUT, roiaume, ib, 146.
TOMI, ville, ib. 78.
TONNERE, sa definition, II. I. 69.
Belles & curieuses observations sur le Tonnere, ib. 70. 71.
De la foudre, & de ceux qui en étoient frappés, ib. 71.
Les plus gens de bien sont exposés comme les méchans à ce genre de mort, là même.
TOPASES, VI. I. 24.
TOPINAMBOUX, Nation, I. II. 166.
Topographie, qu'est-ce, ib. 4.
TORPILLE, II. I. 117.
TORTUE, ib. 135.
Elle couve & fait éclorre ses œufs en les regardant, là même.
TOULOUSE, capitale du Languedoc, I. II. 102.
TOULON, ville & port, ib. 102.

Du Cardinal de *TOURNON*, III. l. 137.

Tours dont la couverture est de fin or, l. I. 202.

Tourmente sans vent, l. II. 45.

TOSCANE, du grand Duc de Toscane, *ib.* 66.

Traduction. Presque toutes les Traductions font perdre beaucoup à leurs originaux, II. II. 16.

Transmigration des ames, *voyez* Pythagore.

TRANSYLVANIE, sa situation, l. II. 77.

Pourquoi ainsi nommée, *là même.*

TRAPEZUS, ou Trebisonde, ville capitale de la Capadoce, l. II. 116.

TRASULLE, Mathematicien, fort savant en la science des Chaldéens, sa fin malheureuse, l. I. 280. & *suiv.*

Travail. Belles remarques à sa loüange, II. II. 155. & *suiv.*

Trebellius Pollio, IV. II. 268.

Tremblemens de terre, & ce qui les cause, *ib.* 275. VI. II. 211. & *suiv.*

Tremblement de terre horrible prédit par Anaximandre, l. I. 366.

TRENTE, Ville, l. II. 63.

Trépied qui servoit aux Oracles de Phœbus, VII. I. 81.

Trépied Delphique, & de son usage & commencement, *ib.* 160. 161.

Trésor litigieux adjugé à l'acheteur du champ où il avoit été trouvé, II. II. 255.

Les trésors publics doivent être religieusement gardés, VI. I. 183.

De la *Trève* proposée aux Païs-Bas par les Espagnols en 1633. si elle leur doit être utile ou dommageable, IV. I. 417. & *su.*

TREVES, ville & archévêché, l. II. 94.

TREVISAN, l. II. 66.

TRIBADES, VII. I. 256.

TRIBALES. Ils immolent leurs péres & méres vieux, V. II. 158.

Tributs, impôts & subsides, l. I. 69. & VI. I. 183.

TRICALA ou Triocala, d'où ainsi nommée, VI. II. 383.

Du *Trictrac*, l. I. 236.

TRIGNES, constellation, l. II. 5.

TRIPOLI ville & Roiaume, *ib.* 140.

De sa denomination, VI. II. 383.

TRIPOLI de Syrie, l. II. 119.

TRIPOLIUM, plante dont la fleur change de couleur trois fois de jour, VII. II. 175.

TRITONS, III. I. 174.

TROCHILE, oiseau, *ib.* 40.

TROGLODITES, Nation, II. II. 275.

TROGUE Pompée, Historien Latin, son extraction, en quel tems il vivoit, & de son histoire, IV. II. 261. & *suiv.*

TROIE, ville de la Phrygie, l. II. 117.

Elle ne fut nullement prise, VII. II. 185.

Il n'y a gueres de verité dans la narration de son siége, V. II. 447.

Du *Trompette* Misene, VI. II. 311.

Tropes ou figures, ce que c'est, II. I. 245.

B b ij

Il n'en faut pas user avec excés, *là même.*

Des deux *Tropiques*; l'un nommé le Tropique du Cancer, l'autre le Tropique de Capricorne, 1. II. 17.

Lorsque le Soleil est au Tropique du Cancer, nous avons l'Eté en Europe, & l'Hyver quand il est au Tropique du Capricorne, *ib.* 18.

D'où surnommés de Cancer & de Capricorne, *là même.*

TRUFLES, II. I. 97.

TUAM, I. II. 47.

TUBINGUE, ville capitale de Vurtemberg, *ib.* 90.

Tuiles d'argent, I. I. 201.

TUNIS, ville & Roiaume, I. II. 140.

TURC, & de son Empire, *ib.* 67. *& suiv. ib.* 115.

Pourquoi appellé Grand Seigneur, *là même.*

TURCS, II. II. 161.

Leur façon de trafiquer, III. I. 84.

TURCOMANIE, & ses dependances, I. II. 119. 120.

TURIN, ville Capitale du Piemont, *ib.* 64.

TURPILIUS Peintre, le premier qui peignit de la main gauche, VI. I. 101.

TURQUESTAN, Roiaume, faisant partie de la Tartarie, I. II. 110.

TURQUIE. De la beauté des femmes, VII. I. 268.

TURQUOISE, pierre precieuse, VI. I. 24.

Vertu fabuleuse qu'on lui attribuë tombant d'une bague, *ib.* 26.

Tutelle. De celle des jeunes Monarques, IV. II. 172. 173.

TYBRE, fleuve, I. II. 63.

TYCHO-BRAHE, celebre Mathematicien, *ib.* 50.

Foiblesse d'esprit, VI. II. 334.

TYLINSEL, I. II. 42. 49.

Tympan de l'ouye.

TYR, ville, I. II. 118. 119.

TYRIDATES, Roi d'Armenie-estimé le plus grand Magicien de son tems, I. I. 372.

V.

VACHES estimées immortelles, III. I. 423.

Celles d'Islande sont nourries de poisson au lieu de fourrage, II. II. 478.

VACIA, homme fort riche, & de race Patricienne, de sa retraite oisive, & honteuse auprès de Cumes, III. I. 357.

VACUNA Déesse, II. I. 327.

Vaillance, I. II. 278.

VALACHIE, *ib.* 77.

VALENCE, Roiaume & Capitale, *ib.* 58.

VALENS Empereur, menacé de sa fin par un oracle, VII. I. 183.

VALENTINIEN, se plaisoit à faire des images de cire, I. I. 243.

VALENTINIEN le jeune, St Ambroise n'a fait nulle difficulté de lui ouvrir le Paradis nonobstant le defaut du Bâteme, V. I. 35.

L. *VALERIUS* Heptacorde, institué son ennemi capital son heritier, V. II. 153.

Un *Valet* de pied, celebre coureur, VI. I. 255.

Valetudinaires, II. II. 206.

S. *VALLIER*, III. I. 23.

VALLONA port fameux de l'Albanie, I. II. 75.

VALSTEIN, General d'armée, I. I. 324.

VAN, forteresse, I. II. 120.

Oliv. *VAN DER NORT* fait le circuit de la terre, *ib.* 40.

Vanités Espagnoles, IV. I. 334. & *suiv.*

VAR, rivière, I. II. 62. 96.

VARSOVIE, ville capitale de Pologne, *ib.* 83.

De *VATAN* accusé de magie, I. I. 362.

VAUTOUR, II. I. 111.

Les Vautours ont un admirable odorat, VI. I. 42.

Les parfums les font perir, *ib.* 45.

VEAU marin, sa peau garde des coups de tonnerre, I. I. 364.

Veau d'or des Israelites, VI. II. 406.

Vegetaux, II. I. 99. & *suiv.*

Ce ne sont point de vrais animaux, quoi qu'ils ayent une ame vegetante, *là même.*

Ils ont quelque espece de sentiment, & je ne sai quoi de fort analogue & rapportant à nos sens, *là même.*

VELLEIUS PATERCULUS Historien Latin, sa naissance & ses honorables emplois, IV. II. 217. & *suiv.*

Venerari pris par les Latins pour *venerem exercere*, VI. II. 367.

Vengeance. Elle cause de grands desordres dans une ame, II. II. 444.

La seule pensée de nous venger de nos ennemis, nous fait plus de mal, qu'ils ne nous en veulent, VI. II. 316.

En usage parmi les Anciens, VII. I. 311.

VENISE, Ville & Republique, & ses dependances, I. II. 66. 67.

VENT, sa matiere & formation, II. I. 79.

Leur exaltation, où ils regnent, & leur utilité, *ib.* 80.

Borée adoré comme une Divinité, *là même.*

Les vents Cardinaux n'ont pas de si mauvais effets que leurs collateraux, *ib.* 81. *sequ.*

Vents qui se vendent en Norvege & parmi les Lapons, VI. II. 335.

VENUS representée toute armée, I. II. 309.

Pourquoi placée dans le Ciel par les Anciens, III. I. 348.

Belle consideration de S. Augustin là dessus, *là même.*

Pourquoi les influences de Saturne, & celles de Venus sont si contraires, qu'elles se détruisent, *la même.*

Pourquoi Venus est representée nue, & au milieu des flots de la mer; *ib.* 351.

Venus Ambologere, VII. I. 5.

Bb iij

Pourquoi furnommée par les Grecs *Machinatrix*, VI. ll. 367.

Pourquoi l'aînée des Parques, *ib*. 369.

VERD, couleur, III. 1. 118.

Il eſt le blazon de ceux qui eſperent, *là même & ſuiv*.

Verité, V. 1. 239.

Priſe pour une même choſe que la Juſtice, *ib*. 240.

Extravagance ridicule de la placer au fond d'un puits, III. 1. 375.

Verité, comme une Déeſſe, *ib*. 123.

VERONOIS, I. ll. 66.

VERRUES ſon étymologie, VI. ll. 384.

VERS à ſoie mangés étant en feve, VII. 1. 155.

Vertu. La recompenſe qu'elle doit recevoir. III. 1. 447.

Elle merite d'être honorée, V. 1. 1. *& ſuiv*.

Vertu Morale, qu'eſt-ce, I. ll. 264.

Difference entre les vertus morales, & les vertus Chrétiennes, *ib*. 346.

Difference entre les paſſions, & les vertus ou les vices, *ib*. 265.

Difference entre la vertu morale & les vertus intellectuelles, *là même*.

La vertu gît en la mediocrité, *ib*. 267.

Trois préceptes generaux à obſerver, *là même*.

Vertus infuſes, *ib*. 265.

Vertus Cardinales, *ibid*. 268. 269.

De la *Vertu* des Païens, V. 1. 1. *& ſuiv*.

Vertu pris pour une qualité naturelle, *ib*. 266.

VESEL ville, *ib*. 94.

VESPASIEN, fort adonné à l'Aſtrologie judiciaire, I. 1. 256.

VESPER, Etoile, VI. 1. 138.

VESTALES, VI. ll. 224.

Diſpenſées de faire ſerment, III. 1. 156.

Veſte ou Symarre riche & precieuſe, II. ll. 99.

VESTERNES, *voyez* Hebrides.

VUËE. Comment ſe fait la viſion, II. 1. 132.

Les plus grands yeux ne ſont pas les meilleurs, *là même*.

Les petits yeux & un peu enfoncés ſont les meilleurs, *là même. & ſuiv*.

La vûë eſt le plus noble de nos ſens, VI. ll. 125.

Ses avantages au deſſus de l'oüye, & des autres ſens, *là même & ſuiv*.

VEYSSEMBOURG, ville, I. ll. 77.

Vice. Ce qu'il y a de commun entre lui & la vertu, *ib*. 282.

Difference entre le vice le peché & la malice, *ib*. 283.

De la *Viciſſitude* de toutes choſes, III. 1. 93. 94.

Victoires. Comment ſe doit comporter un Prince après avoir emporté une victoire entiere, I. 1. 142.

DES MATIERES. 411

Victoires glorieuses & admirables, VI. l. 270. & suiv.

La victoire obtenuë par l'adresse & le bon sens des Generaux est le plus à estimer, que celle qui se gagne à la pointe de l'épée, ib. 326. & suiv.

De celles qui se remportent durant la guerre, VII. II. 8. 9.

Victoire representée sans ailes, là même.

Vie. Plusieurs grands hommes ont eux-mêmes décrit leur vie, IV. II. 78. 79.

De la belle vie, VII. II. 36.

Longue vie proposée aux Patriarches pour une recompense, là même.

Jamais on ne souhaita plus la vie, que l'on fait aujourd'hui, & jamais on ne songea moins au moien de la prolonger, ib. 37.

Comme on la doit desirer, ib. 39.

Nous ne devons pas trop aimer la vie, ni craindre excessivement la mort, ib. 76. & suiv.

De la vie solitaire, voyez Solitude.

Vieillesse. Elle a beaucoup d'incommodités à souffrir, II. I. 174. seqq.

Elle est universellement honorée & respectée de tous les peuples, II. II. 293. & suiv.

L'age ne nous empire pas tous également, ib. 280.

Avantages de la vieillesse, là même & suiv.

Un Roi d'Arragon prisoit & estimoit cinq choses vieilles, III. I. 282.

C'est la plus ennuyeuse & la plus fâcheuse à supporter de tous les ages de l'homme, VI. II. 221. & suiv.

VIENNE ville capitale de l'Autriche, I. II. 90.

VIGNAL, Professeur en langue Hebraïque mort âgé de cent cinq ans, IV. I. 58.

VIGNE, II. II. 466.

Elle est ennemie naturelle du Chou & du Laurier, IV. II. 318.

VIGTH Isle, I. II. 43.

Villes bâties sur pilotis, ib. 51.

De la grandeur que doit avoir une ville, VI. II. 188. & suiv.

Des Fondateurs & bâtisseurs de villes, ib. 192. & suiv.

Villes les plus anciennes & les plus remarquables, VI. II. 375. & suiv.

VIN. Il rend la personne de meilleure humeur, II. II. 447.

De l'antipathie qui paroissoit entre Eschines & Demosthenes, ib. 448.

Appellé le lait de Venus, VI. I. 535.

Adoré comme un Dieu, ibid. 536.

C'est un remede souverain contre la melancolie, là même & suiv.

VINAIGRE fait des cannes de sucre, VII. I. 144.

VINCENT le Blanc, VI. II. 353.

Conte fabuleux touchant le bout du monde, ib. 354.

VINCENTIN, I. II. 66.

B b iiij

Bernhard de *VINERO* Arragonnois, ll. ll. 63.

VIPERE, ll. ll. 475.

VIRGILE, Sa defenſe contre ceux qui ſe mêlent de corriger ſon Latin, ll. ll. 15.

VIRGINIE, païs & contrée de l'Amerique Septentrionale, dite autrement la nouvelle Angleterre, l. ll. 41.

VIRGINIE païs & contrée, là même.

VIRGINITE' blâmée au Levant, V. ll. 150.

VIRTZBOURG ville, l. ll. 90.

VISMAR ville, *ib.* 95.

VISTULE, fleuve, *ib.* 82. 87.

VITTEMBERG, ville, *ib.* 94.

VITULE, ou *VITULINE*, Déeſſe, ll. ll. 398.

Vitulation, voyez Rejoüiſſance.

ULADISLAUS Roi de Pologne, n'avoit qu'une coudée de hauteur, lll. l. 104.

ULPIUS MARCELLUS, ll. ll. 455.

ULTONIE, province, l. ll. 46.

UNAU, animal de l'Amerique, que nous appellons le *Pareſſeux*, *ib.* 167.

Univerſité de Paris, V. l. 158.

Voïage. La decouverte des païs inconnus honorable & glorieuſe, ll. ll. 79. *& ſuiv.*
De la lecture des livres de voiage, Vll. l. 354.
Les plus belles & plus utiles promenades ſont celles de voiager, *ib.* 236.
De ceux qui voiagent, Vll. l. 325.

Voielles. Tout rencontre de voielles n'eſt pas vicieux en nôtre langue Françoiſe, ll. l. 240.

Voiles. Qui en inventa l'uſage, V. ll. 117.

Voix, l. ll. 223. *& ſuiv.*
C'eſt la lumiere de l'entendement, ll. l. 137.
La voix ne ſert pas moins à reconnoître que la face, *ibid.* 141.
Chacun a la ſienne differente, *là même, voyez* Ouïe.
La voix belle & agréable eſt grandement à eſtimer, Vll. ll. 211.

Volatiles. Il n'y a point d'oiſeau, qui ſoit purement aërien, comme le poiſſon eſt aquatique, ll. l. 109.
Il n'y a point d'oiſeau ſans pieds, & pourquoi, *ib.* 110.

Volerie, ou chaſſe des oiſeaux, l'uſage en eſt très ancien, l. l. 190.

VOLGA, fleuve, l. ll. 53.

VOLINIE, province, *ib.* 82.

Volones, l. l. 105.

Volonté, l. ll. 240. *& ſuiv.*
C'eſt un principe interne de nos actions, *là même.*
De la liberté de la volonté, *là même.*

VOLONTAIRES, Les Romains n'en vouloient point, l. l. 105.

Volupté, l. ll. 253.
Il y en a de ſpirituelles & de ſenſibles, *ib.* 253.
Divers ſentimens des anciens Philoſophes touchant la volupté, *ib.* 254.

Les voluptés mises au rang des passions, *là même*.

Le souverain bien ne doit pas être mis dans la volupté, *ib.* 255.

L'issue des voluptés n'est jamais sans disgrace & deplaisir, *là même*.

Peuples les plus voluptueux, *voyez* Sybarites.

La volupté, la joie, & le plaisir pris pour synonimes, *ibid.* 253.

VOPISCUS, IV. II. 268.

Versts dont se servent les Moscovites à compter les distances des lieux, I. II. 27.

Vraisemblance. Il faut acquiescer, & suivre les apparences des choses autant de tems qu'elle dure, V. II. 192.

URANIUS, Medecin, VII. I. 42.

URBIN, Duché, I. II. 66.

URANOBURGUM, *ib.* 50.

Urbs æterna, VI. II. 386.

Urinateurs, I. I. 232.

USBEQUES, I. II. 110.

Usure, *voyez* Avarice usuriere.

Vuide, II. I. 24.

VULCATIUS, Gallicanus, IV. II. 268.

X.

XACA, grand Philosophe, sa doctrine, V. I. 318.

Il avoit deux doctrines differentes, II. I. 383.

XANTUS, fleuve, nommé autrement Scamandre, I. II. 117.

Le P. XAVIER ne voulut aller visiter sa mere, comme on le lui proposoit, VII. I. 347.

XENOCRATE dispensé de faire serment, III. I. 156.

XENOPHON, grand voyageur, grand Philosophe, grand Capitaine, & grand Historien, surnommé l'Abeille & la Muse Athenienne, son Dialecte & son genre d'oraison, IV. II. 24.

Le premier des Philosophes qui se soit appliqué à composer une histoire, *ibid.* 25. *& suiv.*

Y.

YEAL, île, I. II. 42.

YEUX. Belles remarqués, II. I. 132. *sequ.*

Ceux qui ont la vû courte, sont presque toûjours effrontés, ou impudens, VI. I. 47.

YORCK, ville, I. II. 46.

Yvresse. On se peut enyvrer par

les vapeurs des viandes, VI. II. 352.

Yvrognerie. Elle cause de grands desordres, II. II. 467.

Un Irlandois enterré vif jusqu'au menton, pour temperer l'ardeur du vin & de l'eau de vie, dont il étoit rempli, *ib*. 468.

De l'état ridicule, & brutal auquel est réduit celui qui prend du vin immodérément & avec excés, VI. I. 531. *& suiv*.

Remedes & moiens dont se servirent les Lacedemoniens pour faire detester le vice d'yvrognerie à leurs jeunes gens, *ib*. 532.

Punition établie contre les yvrognes, *ib*. 533.

L'usage du vin defendu en divers endroits, *voyez* Vin.

L'aveuglement de la Reine Lamia, attribué à son ebrieté, *là même*.

Z.

ZACUTUS, Medecin Iuif, IV. I. 158.

ZAIRE, fleuve, I. II. 139.

ZAMOLXIS, II. II. 240.

ZANTE, île, I. II. 67.

ZANZIBAR, païs, *ib*. 151.

ZARA, ville de la Dalmatie, *ib*. 75.

ZAVOLHA, *ib*. 109.

ZEILAN, Isle divisée en neuf Roiaumes, *ib*. 134.

Zéle inconsideré, VI. I. 399. *& suiv*.

Zenith, I. II. 11.

ZENOBIE, Reine, I. I. 118. IV. I. 61.

ZENON. Il y en a plusieurs de ce nom, V. I. 203.

Zenon l'Eleate, *là même*.

Zenon Cypriot de la ville de Cirie, chef & fondateur de la Secte des Stoiciens, *là même*.

Zenon Isaurique, II. II. 412.

Zetetique genre de Philosophie, VII. I. 386.

ZEUXIS qui excelloit en la peinture, pour ce qui est des ombres; repris en quelque autre chose, VI. I. 91.

ZIBIT, capitale de l'Arabie heureuse, I. II. 123.

ZIDEN, port de la Meque, *ib*. 123.

ZIPANGU, île, *ib*. 217.

ZODIAQUE, & de son nom, I. II. 8. 9. 10.

ZONES. Il y en a cinq, deux habitées, comme étant temperées, les trois autres inhabitables, *ib*. 19.

Les deux Zones ou Regions froides, *ib*. 20.

Des deux Zones temperées, *là même*.

Zone torride ou brûlée, *ibid*. 19.

ZOOPHITES, III. I. 445.

ZOOPHITE, Plante - Agneau,

appellé Boranets, plante merveilleuse, l. ll. 55. 109.

ZOROASTRE, ll. ll. 240.

ZOSIME. Plusieurs Ecrivains de ce même nom, IV. ll. 134.

Zosime d'Alexandrie, different de Zosime l'Historien, *ib.* 135.

Zosime de Gaza, ou d'Ascalon, different de Zosime l'Historien & de l'Alexandrin, *là même.*

Zosime l'Historien Grec. Diverses observations sur son Histoire, *ib.* 135. *& suiv.*

ZUAMA, riviere, l. ll. 139.

FIN.

Imprimé à PFOERTEN,
Chez ERDMANN CHRISTOFLE BENEKE.

Contraste insuffisant
NF Z 43-120-14

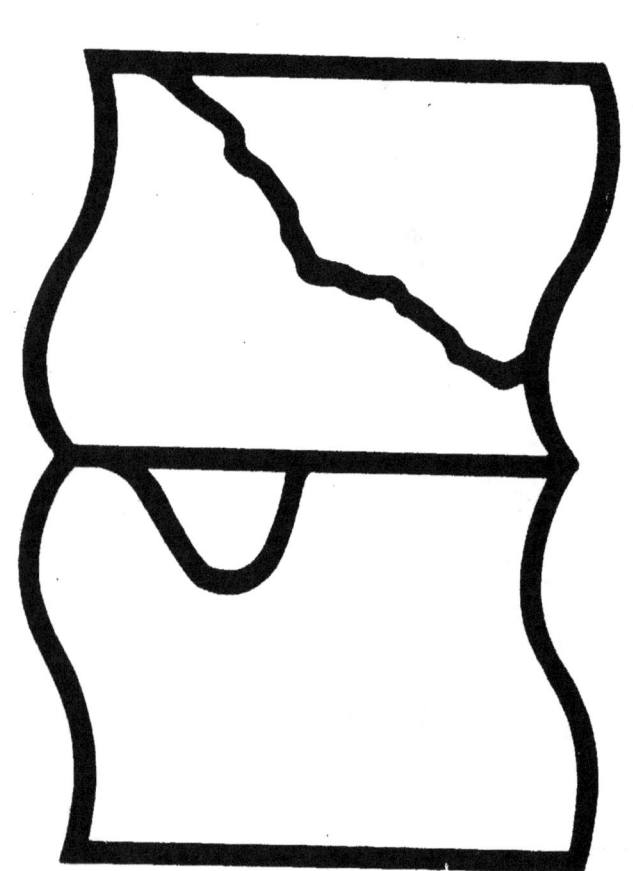

Texte détérioré — reliure défectueuse

NF Z 43-120-11

www.ingramcontent.com/pod-product-compliance
Lightning Source LLC
Chambersburg PA
CBHW052033230426
43671CB00011B/1638